ツァーリと大衆

近代ロシアの読書の社会史

巽 由樹子

東京大学出版会

Tsar and the Masses:
A History of Reading in Imperial Russia

Yukiko TATSUMI

University of Tokyo Press, 2019
ISBN 978-4-13-026161-6

ツァーリと大衆／目次

序論　ツァーリと大衆——問題の所在

パーヴェル・ワシーリイチとスチョーパは、並んで腰かけ、たがいに頭をくっつけあっている。そしてテーブルの上にかがみこんで、一八七八年の『ニーヴァ』誌を見ている。

「『ミラノのヴィクトル・エマヌエル美術館まえのレオナルド・ダ・ヴィンチ像』か。なんとまあ……。まるで凱旋門みたいだな……。貴婦人をつれた騎士か……。遠くに人間が見えるね……」

「この人は僕らの中学校のニスクービンそっくりだよ」とスチョーパが言う。

「もっとめくってごらん……。『顕微鏡で見たふつうの蠅の吻』か。これが吻か！　いやはや蠅だとさ！　いったいどうだろな、坊主、南京虫を顕微鏡で見たら。たまらんな！」

〔チェーホフ『大斎期の前夜』（一八八七年）松下裕訳『チェーホフ全集（四）』ちくま文庫〕

ロシアの絵入り雑誌

一九世紀後半、ロシアに新しい出版メディアが現れた。絵入り雑誌と呼ばれる、薄手の週刊誌である。一八七〇年代末にわずか七誌だったこのメディアは、次々に創刊されて一八八〇年に一八誌、一八九〇年に二九誌を数え、一九〇〇年には四一誌に至った。(1) このうち、ナンバーワン雑誌『ニーヴァ』は最大二三万五千部を売り上げ、(2) 他にも、『アガニョーク』『全世界画報』『ロージナ』などの人気誌がロシア帝国各地の読者の手許に届くようになった。

その誌面は、名前の通り挿絵であふれていた。まず、一八七八年の『ニーヴァ』の表紙［図1］を見てみよう。表題の下、飾り枠の中の左奥に、正教会のいわゆるネギ坊主形の屋根が並び、手前には赤の広場の「ミーニンとポジャルスキー像」が描かれている。右奥に見えるのは山と大河、サモワールを扱う農民女。右下の円内には彫像や骨董品、ハープなど芸術に関わるものが、左下の円内には望遠鏡、地球儀、フラスコなど科学に関わるものが収まる。そして中央に座る三人の男女は、よく見ると『ニーヴァ』と記された冊子を広げている。どうやら周囲に描かれた事物は、いま彼らが誌面に眺めているものらしい。

毎号の誌面にも、さまざまな挿画が解説記事付きで掲載された。たとえばモスクワ・クレムリンの景観［図2］や、各地方の民族衣装の女性たちの姿［図3］など、ロシアの風物を知らせるもの。あるいは、伝声器のような科学的発明品の解説［図4］、そして、見開き二頁ぶち抜きで掲載された名画の複製［図5］。

ただし、こうした解説記事は必ずしも真面目で教育的だったわけではない。「動物学博物館での蛇の給餌」と題した挿画［図6］には、蛇たちが動物を絞め殺し、大きく口を開いて飲み込むグロテスクな姿で目を惹こうという意図が垣間見える。「イギリスでの最新の室内遊び」と題した記事［図7］では、正装の紳士たちが腰を落としてテーブルの上のタバコを吹き転がす姿が、ほとんど滑稽である。

絵入り雑誌は、ファッション記事も掲載した。『ニーヴァ』は「パリのモード」と題する付録冊子を年四回刊行し、流行の婦人服、子供服を四季ごとに紹介している［図8］。そうした衣装は、手の届かない西欧の流行だったのではない。ロシア全国の衣料品店の広告が、アドレス付きであわせて掲載されたからだ。たとえば、一八九五年の『ニーヴァ』に載ったペテルブルクの靴メーカーの広告［図9］は、帝国内諸都市をアルファベット順にアクモリンスクからフェオドシヤまで並べて自社製品の取扱店約二八〇軒の住所を載せ、店頭での注文や通信販売を受け付けるものであった。絵入り雑誌は、西欧のライフスタイルを届ける通販カタログの役割をも果たしたのである。

図1　1878年の『ニーヴァ』合冊版表紙

西欧のライフスタイルとして紹介されたのは、衣装だけではない。絵入り雑誌各誌は毎年一二月になると、クリスマス・ツリーのもとに家族が集まる情景を描いた。たとえば、一八八〇年の『ニーヴァ』が掲載した「クリスマスの飾りつけ」と題する挿画［図10］では、西欧風の身なりの子供たちがロシア風衣装の乳母を片隅に従えて、父母が見守る中でツリーを飾りつけ

図 2　モスクワ・クレムリンの景観

Нива. 1880. No. 20. C. 404.

図 3　民族衣装の女性たち

Нива. 1880. No. 13. C. 265.

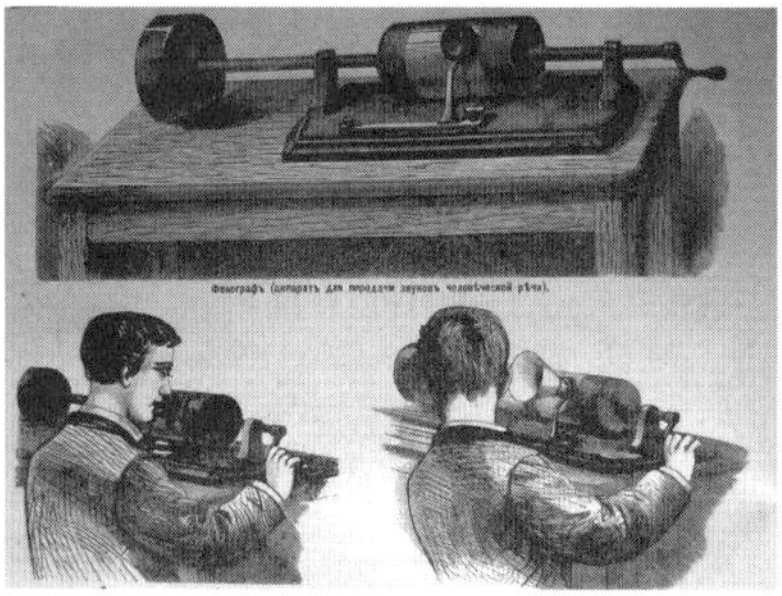

図 4　伝声器

Нива. 1878. No. 15. C. 268.

図 5　ヴラジーミル・マコフスキー『モスクワのトルクチー市場』(1880 年)

Нива. 1895. No. 46. C. 1092–1093.

図6　動物学博物館での蛇の給餌
Нива. 1888. No. 45. С. 1128.

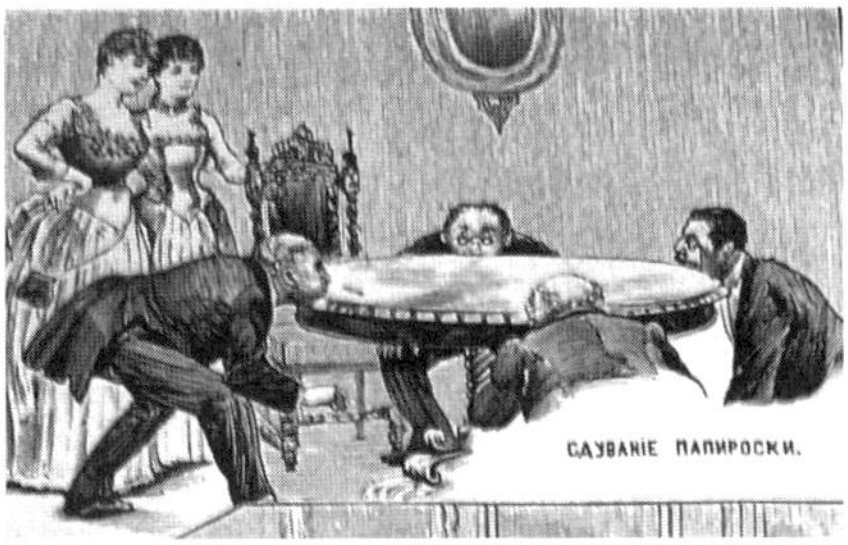

図7　イギリスでの最新の室内遊び
Нива. 1888. No. 18. С. 468.

図8　パリのモード
Парижские моды. 1885. январь. С. 6.

図9　短靴とサンダル
Нива. 1895. No. 12. С. 296 «Г».

図 10　クリスマスの飾りつけ

Нива. 1880. No. 52. С. 1081.

図 11　ウィンザー城のクリスマス・ツリー

The Illustrated London News, Christmas supplement, 1848, p. 409.

図 12　執務室でのヴィクトリア女王

Нива. 1880. No. 36. С. 725.

ている。これは、イギリスの『イラストレイティッド・ロンドン・ニュース』が一八四八年に掲載した、ヴィクトリア女王夫妻と子供たちのクリスマスの情景［図11］によく似ている。家族でツリーを囲んでクリスマスを祝うスタイルは、ヴィクトリア女王一家に端を発した流行だった。ロシアの絵入り雑誌は流行に自国の流儀を加えながら、好ましい祝日の過ごし方を示したのだ。ヴィクトリア女王は一九世紀後半の西欧で最大のセレブリティの一人として、『ニーヴァ』はじめロシアの絵入り雑誌各誌にしばしばその姿が登場した［図12］。

このように絵入り雑誌が西欧の事物を好んで紹介したのは、このメディアがロシアで生まれた出版物ではなかったからである。絵入り雑誌とは、既に触れたイギリスの『イラストレイティッド・ロンドン・ニュース』の他に、フランスの『イリュストラシオン』、ドイツの『イリュストリールテ・ツァイトゥンク』『ガルテンラウベ』などを代表とする、一九世紀前半から西欧で人気を博したヴィジュアル・メディアだった。ロシアの絵入り雑誌はそれを模倣して一八七〇年代以降に広まったものであり、誌面に現れたさまざまな挿画は、外国誌の体裁を踏襲していたのだ。

西欧において、絵入り雑誌は市民社会のメディアだった。一八世紀以来、宗教的権威から離れて世俗的な社会が形づくられる中で、国家と、個人や家族とのあいだに新たな領域が創出されていった。公共圏と呼ばれるその領域で主人公となったのは、都市中間層《ミドルクラス》を中核とする市民たちだ。彼らは本や新聞、雑誌といった活字メディアを読み、多様な事象を論じあって、世論を形成した。そして一九世紀を通じて教育体制が整備され、リテラシーが普及すると、読書の慣習はさらに下層の人々へと広がる。すなわち、近代化する西欧の社会では「読書のデモクラシー」が起きたのだ。(3) そこで登場したメディアのひとつが、絵入り雑誌だった。

だが、ミドルクラスが読書する主体となって市民社会のメディアが現れた、という西欧の図式を、ロシアにそのままあてはめることはできない。なぜならロシアは、はたして西欧なのか否かが問われつづけてきた国だからである。

「見失われた」メディア

ロシア史の一般的な理解は、おそらく次のようなものだろう。ロシアは一〇世紀にビザンツ帝国から正教を受容し、一三―一四世紀には約二四〇年間にわたってモンゴルの支配下に置かれたために、ルネサンス、宗教改革という、西欧キリスト教世界の歴史的経験を共有していない。そのため一八世紀、ピョートル一世は自国の遅れに危機感を抱き、徹底的な西欧化改革を断行した。だが、上からの性急な改革はさまざまな歪みをロシアにもたらした。特に問題だったのは、この国が農奴制に立脚しつづけたことだ。皇帝専制のもとで、農民たちは抑圧され、その暮らしは貧しかった。それゆえ一九世紀に入ると、インテリゲンツィヤ[4]と呼ばれた知識人層が農奴解放を叫び、その影響のもと、学生たちが民衆を救おうと農村に向かうナロードニキ運動が起きた。ドストエフスキーやトルストイの大作をはじめとするロシア文学もまた、民衆の悲惨を告発した。やがて改革の精神は社会主義者たちに継承され、第一次世界大戦に参戦して国内情勢が不安定化する中、一九一七年一〇月、ボリシェヴィキが労働者、兵士、農民を組織して史上初のプロレタリア革命を成功させた――。

こうした理解からすれば、ロシアは西欧に近づこうとしたが成功せず、固有の歴史をたどった国だということになる。ミドルクラスや市民社会は存在しない。しかし、一九世紀後半のロシアにもたしかに絵入り雑誌というメディアが存在し、西欧社会に匹敵する規模で広まったのである。一体、誰がこれを読んでいたのだろうか。ロシアには、本当に中間的な階層が存在しなかったのか。

ここで留意すべきは、先に述べたようなロシア史の理解には、ソ連史学の強い影響があったことだ。すなわち、社会主義革命によって成立した国家の歴史学研究では、革命への道程こそが研究されるべき重要な課題だった。その際、ブルジョア市民は「革命の敵」であり、必ずしも充分にとりあげられなかったのである。そうした理解の枠組みは、程度の差はあれ、国外のロシア史研究にも影響を及ぼした。一九八〇年代初頭、北米を代表する歴史学者マルク・ラエフが帝政期ロシア社会の構造を論じたとき、彼もまた、専制の維持を意図するツァーリ体制側の支配エリート（君主、官僚、地主貴族ら）と、改革を主張するインテリゲンツィヤという教養エリートが指導的役割を果たし、彼らの衝突が、ロシア史上の政治的、社会的転換をもたらしたと説明した。そして、その狭間で彼らに支配されたのが民衆《ナロード》、すなわち農民たちである、とした[5]。ここでもロシア史の主要な登場人物は、皇帝とその周辺、インテリゲンツィヤ、ナロードだったわけだ。ただし同時に、ラエフは指摘してもいた。専制とインテリゲンツィヤとのあいだには都市中間層が存在したはずであり、それを含めた近代ロシア史研究が展開される必要がある、と[6]。

実際、一九世紀後半のロシアでは都市化が進行した。一八五六年に五二〇万人（総人口比七・五％）だったロシア帝国の都市人口は、農奴制廃止によって移動の自由を得た農民が出稼ぎ労働者として都市に流入したことを一因として、六九年に六二四万人（同七・九％）、九七年には約一二〇〇万人（同一二・七％）まで増加した[7]。首都サンクトペテルブルクへの人口流入は特に著しく、一八六三年に五四万人だったその住民数は、九七年には一二〇万人超に及んだ[8]。県都をはじめとする地方都市も成長し、郡部には郊外都市《バショーロク》が形成された[9]。

それゆえ、一九九一年にソ連が消滅して理論的枠組みが転換すると、歴史学者たちの目はミドルクラスに向きはじめた。過去に実在したかもしれない主体を発見しようという機運が高まったのである。この時期に北米で刊行された二つの論文集が、『ツァーリと民衆の間』および『ロシアの見失われた《ミッシング》ミドルクラス』とタイトルを掲げたことは示唆的だろう。一九六〇年代にチェルニャフスキーによって著された帝政ロシア史の古典的名著が『ツァーリと民衆』と題したのに対して[10]、その「間」にあって「見失われてしまった」存在に光をあてるという意図をあらわにしたのだ。これらの論文集では、西欧の「新中間層」にあたる企業家と専門職者が近代ロシアにも存在し、微弱とはいえ、公共圏を生じさせたと結論された[11]。また、ヴラジスラフ・グロスルは、ロシアにおいても「社会《オブシェストヴォ》」という概念とその構成者が変遷し、一九世紀後半には地主、官吏、専門職者が運営するさまざまな協会が、そこで自律的な役割を果たしたと論じた。(12) ジョーゼフ・ブラッドリーはそうした自発的結社《ヴォランタリー・アソシエーション》の存在をより積極的に評価し、ロシアにも市民社会が成立したと主張した。(13)

しかし、ロシアに公共圏や市民社会を見出そうとする議論に対しては、西欧的枠組みを単純に適用している、との批判もやはり根強い。たとえばローラ・エンゲルステインは、ロシア帝国の公共圏は、スラヴ派知識人や正教会などの伝統主義的勢力、マルクス主義者をはじめとする急進的勢力も加わって、より複雑に構成されていたはずだと反論した。(14) そしてグリゴリー・フリーゼやエリス・ウォートシャフターの研究(15)に立脚する論者たちは、一九世紀のロシアに見出されるのは市民社会の成立よりもむしろ身分制の強化であり、法的身分が人々のアイデンティティやキャリア・パターンに作用しつづけたと考えるほうが適切だ、と指摘した。

このように、「ミドルクラス」は西欧社会の形成史を念頭に置いた分析概念であるため、それをロシアに適用すると枠組み自体についての批判が惹起される。この国のミドルクラスは、今なお論争を伴う存在なのである。「絵入り雑誌はロシアでも、市民社会のメディアだった」と言い切ることは少々難しい。

こうした問題状況のもと、やや異なるアプローチとして現れたのが、ルイーズ・マクレイノルズによる都市大衆の研究であった。彼女は述べる。それまでの研究は、西側のモデルこそ正常だとの前提に立ったために、ロシアのミドルクラスが自分たちの政治制度を築けたか否かに関心を集中させた。だが、彼ら自身がその生成に全く関与したことのない諸制度を評価軸にして、歴史上の意義を判定されるのは奇妙なことである。政治参加の意識が生じるには、まずその前に自分や社会に対する認識が変化し、成熟する必要がある。だとすれば政治構造、経済構造だけでなく、個々人の嗜好もまた分析の対象となるのではないか、と。そこでマクレイノルズは、一九世紀後半のロシアの諸都市に営利的な新聞、雑誌が普及し、さらに小説、歌謡、大衆演劇、映画、スポーツ、観光といった商業的娯楽が登場したことに着目した。(16) そして、娯楽産業はロシアに特有の国家体制や社会通念に影響を受けつつ定着し、都市民は余暇の楽しみを自ら選択して購買して、西欧と同様、消費者として個人意識を持つようになった、と主張した。すなわちマクレイノルズは、ロシアの中間的階層を政治的側面より論じることから離れ、都市の商業的な文化に生きた大衆《マス》として分析する可能性を示したと言える。

同様の視角に立つ研究は、他にも現れた。サリー・ウェストは、一九世紀後半からロシアに現れた商業広告のレトリックが消費者の自律的な心性を育てたと論じ、[17] マージョリー・ヒルトンは一八八〇年代から一九三〇年代までの、モスクワの百貨店と都市大衆との関係の変遷をたどった。[18] クリスティーヌ・ルーアンは革命前ロシアの服飾産業史をとりあげ、一九世紀後半ロシアの都市住民のあいだで服飾用品のショッピングと特有の装い方が定着したことが、新たな自意識の形成につながったと指摘した。[19] そして、カトリオーナ・ケリーはエチケット教則本を通時的に分析した秀逸なロシア文化論で、一九世紀後半から二〇世紀初頭にかけての価値観が、実際にロシアが消費社会だったことを前提に形づくられ、国家体制が依拠する秩序に変化が生じていたことを示した。[20] つまりこれらの研究は、社会主義革命後に「見失われた」消費者が帝政期ロシアに実在し、固有の嗜好を持ったこと、そして、彼らの自己決定する意志が、自律的な社会を出現させたことを描き出したのである。

ミシェル・ド・セルトーは、近代都市に現れた消費者は商品を受動的に購買するばかりの存在だったのではなく、自らの嗜好に従った生活様式を構築し、やがて大衆文化《マス・カルチャー》と呼ばれる、固有の意味、規範、価値観の体系を形づくったとする。知識人の高尚な文化《ハイブロー》とも民衆の低俗な文化《ローブロー》とも異なるそれは、消費を快楽と認め、ものに対する欲望を奨励した。ボードリヤールによれば、そうした価値観は虚構《シミュラークル》であった。しかし近代世界では印刷メディアや電気メディアの普及によって、都会発のこの価値観の体系がアンダーソンが示したように国家的《ナショナル》に、あるいはアパデュライが説いたように超国家的《トランスナショナル》に共有され、ときには政治性を帯びたイデオロギーに転化した。想像された文化がメディアを介して、しばしば現実に社会を動かし、歴史を展開させる動因となってきたのだ。[21]

ロシアの絵入り雑誌もまた、都市の大衆に受容され、新たな価値規範を広めて社会的、政治的転換を準備したメディアだったのではないか。そう想定するならば、ミドルクラスという概念が惹き起こす論争から離れてロシアの社会と絵入り雑誌について論じ、帝政末期ロシア史の展開を考えることができそうだ。おそらく絵入り雑誌はミドルクラスや消費者と共に、革命後にその存在が「見失われた」。だが、このメディアは近代ロシアにおいて、「ツァーリ」と「民衆」ではなく、「ツァーリ」と「大衆」を対峙させる役割を果たしたのではないか。

本書の目的

以上に述べた問題意識から、本書は、一八七〇年代以降に普及したロシアの絵入り雑誌がどのような新しい主体と文化を生み出し、それが旧来の秩序にいかに影響を与えたかを明らかにすることを目的とする。対象とするのは、アレクサンドル二世が即位する一八五五年から、アレクサンドル三世の「反改革」の時代を経て、ニコライ二世の治下、いわゆる第一次革命によって検閲が廃止される一九〇五年までの時期である。

最初の二章では、絵入り雑誌がいかなる出版物で、その出版者、著作者、読者がどのような人々だったのかを明らかにして、新しいメディア文化が生まれたことを示す。ロシアで絵入り雑誌が普及した背景には、一八五〇年代半ば以降、「大改革」の施策がポーランドやドイツから企業家の移住を促したという事情があった。彼らはロシアに従来なかった総合出版社を創設し、営利性の追求という原理を持ち込んで、ロシアにおける出版メディアの分布を一変させた（第一章）。他方で、読者も大きく変化した。まず、農奴制廃止と教育改革を背景に、リテラシーを持つ人々が大幅に増えた。そして企業勤務者や専門職者、商人ら都市の中層民から、町人、職人、労働者といった下層民に至る、「読者大衆」と呼ぶべき存在が現れた。彼らの読み方を、知識人たちは「軽い読書」と批判した。だが彼らには、近代化が進む新たな社会秩序のもとで必要な情報を得るという目的があった。絵入り雑誌は彼らが好んで手に取った指南書であり、そこでは手頃な知識や、「上品な」振舞いが示され、新たな文化的規範が提供されたのだった（第二章）。

後半の三章では、ラエフが示した帝政期の三つの社会勢力《ソーシャル・フォース》の定式に則って、ロシア史の展開に関わった主体を「専制」「インテリゲンツィヤ」「民衆《ナロード》」と想定する。各勢力はそれぞれ権力、権威、伝統に立脚して、研究上は政治文化、高級文化《ハイカルチャー》、民衆文化と呼ばれることもある、固有の価値規範の体系を構築していた。それらと新しいメディアの関係を論じることで、旧来の規範、秩序が新しい文化によっていかに変化したかを明らかにしよう。分析にあたっては、それぞれの社会勢力を代表する特定の人物に焦点をあてる。まず、インテリゲンツィヤについては、ヴラジーミル・スターソフという評論家である。世襲貴族に生まれついた彼は、知識人たちのサークルで評論家としてデビューし、移動派の美術、ロシア五人組の音楽を熱烈に推して国民文化の創成を訴える著名な論客となった。ところが後半生では出版界の環境の変化に翻弄され、やがてインテリゲンツィヤの読み物とは考えられていなかった絵入り雑誌で筆を執ることになる。それは、評論というジャンルが変質したことを意味した（第三章）。

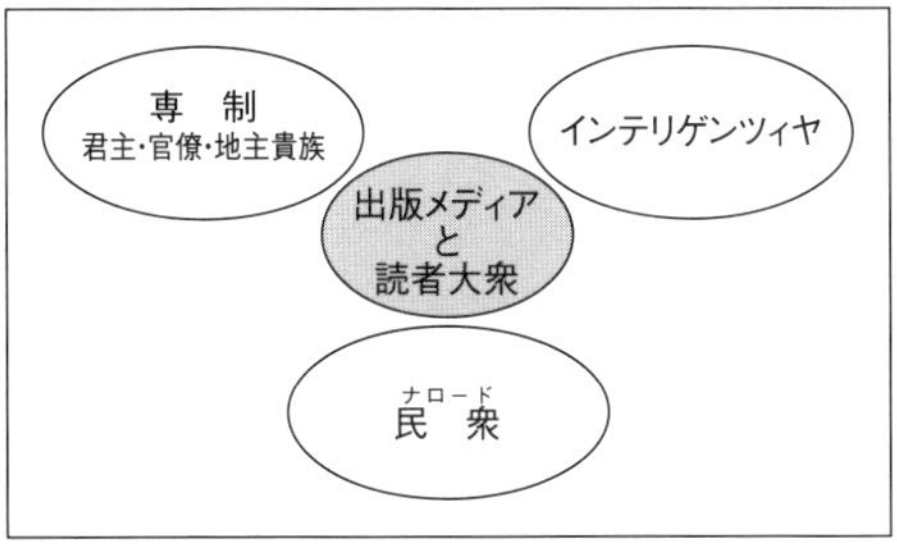

図 13　本書の議論の見取り図

　ナロードの事例としてとりあげるのは、ピョートル・ソイキンという農民身分出身の出版企業家だ。「大改革」によって農奴の立場から解放され、中等教育を受ける機会をも得た彼は、科学専門の絵入り雑誌を刊行して大きな成功をおさめた。それゆえソイキンは、「民主的、科学的思想のプロパガンダに尽力した啓蒙的出版人」と見做されてきた。だが、実際には彼はこの雑誌で娯楽的な似非科学を扱い、さらに、アレクサンドル・ポポヴィツキーという宗教ジャーナリストと共にロシア初の絵入り正教雑誌を発行した。すなわち彼の出版事業は、己の出自であるナロードが理解しやすく、共感しうるコンテンツを提供した点で、ナロードの教化を志した世俗知識人の啓蒙活動とは一線を画していた。こうした出版社が現れたことにより、ナロードは必ずしも受け身の存在としてではなく、主体的な購読者として、マス・メディアに接するようになった（第四章）。

最後に、ロシア国制の根幹たる専制と新しいメディア文化の関係を、絵入り雑誌が作り出した皇帝の表象と、ニコライ二世の戴冠式アルバムの編纂を担当した宮内官僚ヴァシーリー・クリヴェンコという人物の事蹟から分析する。英仏に起源を持つ絵入り雑誌は、西欧で流行した王室記事の様式でロシア皇帝の像を掲載した。その結果、ツァーリはバレリーナ、俳優、作家といったセレブリティと並んでブロマイド化され、ときには商品として広告欄に掲載された。さらに、ニコライ二世の公式戴冠式アルバムを編纂したクリヴェンコは、宮内省の高官であると同時に、紀行作家として出版界と深い関係を持っていた。それゆえ彼が民間出版社に式典の取材機会を積極的に与えたことで、各社が独自に取材し、編集した記念アルバムが刊行され、ニコライ二世の戴冠式は、多様なイメージで発信されることとなった。ツァーリ表象はピョートル一世期以来、国家が戦略的に管理してきた。だが、最後の皇帝の時代、出版メディアがツァーリの自然的身体と政治的身体のいずれを報じるかを決定するようになったのだ。このことは世紀転換期に、専制が政治的機能不全を起こしつつあったことの暗示だとも考えられよう（第五章）。本書が描く近代ロシア社会の様相は、苦難に満ちたロシア史という一般に膾炙したイメージとやや異なった印象を与えるかもしれない。しかし人物の経歴を詳しく叙述する方法は、この時代に人々がたしかにそうした歴史を生きた側面があったと理解する助けとなるだろう。

絵入り雑誌について、西欧諸国では多くの研究が著されてきたのに対して、ロシアにおける先行研究はかなり少ない。それらは概ね、出版人たちの伝記の中で彼らが発行した絵入り雑誌に触れたもの[22]、絵入り雑誌の記事内容を分類したもの[23]、絵入り雑誌の記事や挿画を依拠史料として、戦争報道の状況や、帝政期における異民族やロシア農民などの表象を分析したものに大別できる[24]。

こうした中で際立つのは、アブラム・レイトブラトによる、絵入り雑誌を含む一九世紀後半ロシアの定期刊行物とその読者層の分析である。[25] また、大野斉子による、一八四〇年代以来、ゴーゴリ作品が挿絵入り刊行物として再生産され、それに伴って読者層や受容のされ方に変化が生じたことを明らかにした研究も重要である。[26] 本書は、こうした出版機構と受容者《オーディエンス》の社会学的研究から多くの示唆を得た。なお、ジェフリー・ブルックスは、木版出版物ルボークを論じたロシア読書史の記念碑的研究『ロシアが読むことを学んだとき』で、ナロードの読み物として絵入り雑誌にも触れ、その記事内容の特質を分析した。[27] ただしブルックスはこれを、知識人のエリート文化に対抗する民衆文化のメディアと位置づけた。本書は絵入り雑誌を中間的諸階層のメディアと想定するため、エリートと民衆という二項対立による分類に対しては、批判的な見解を示すことになる。

用いる史料は、第一に、当時の定期刊行物である。これは、絵入り雑誌（『ニーヴァ』『全世界画報』『ロージナ』『自然と人間』『ロシアの巡礼者』『波』等）と、書誌的なデータや読者の具体像を知るために用いる、絵入り雑誌以外の定期刊行物とに大別される。後者で基本的な史料とするのは、同時代の出版人や書誌学者が編集した書誌雑誌であり、[28] 他に、「厚い雑誌」と教育雑誌とを参照する。第二に、ロシア国立歴史文書館とロシア国立図書館手稿部が所蔵する史料から、宮内省の公式出版物編集部が残した書類と、出版人たちの書簡をはじめとする私的文書を利用する。そして第三に、出版社の記念出版物、一九世紀後半の公共図書館の年次報告書、同時代人が読書経験や書店勤務に触れた回想録といった公刊史料を用いる。なお、引用文中の〔　〕内は筆者による補足を意味する。

（1）*Рейтблат А.И.* От Бовы к Бальмонту: очерки по истории чтения в России во второй половине XIX века. М., 1991. С. 97–98.

（2）*Шульговская А.* Воспоминания об Адольфе Федровиче Марксе // Нива. 1904. No. 50. С. 997.

（3）ユルゲン・ハーバーマス（細谷貞雄、山田正行訳）『公共性の構造転換――市民社会の一カテゴリーについての探究』第二版、未来社、一九九四年（原著新版一九九〇年）、デイヴィド・ヴィンセント（北本正章監訳）『マス・リテラシーの時代――近代ヨーロッパにおける読み書きの普及と教育』新曜社、二〇一一年、宮下志朗『本を読むデモクラシー――〝読者大衆〟の出現』刀水書房、二〇〇八年。

（4）「インテリゲンツィヤ」とは、知識人を意味するラテン語から発生し、ロシアではとりわけ、皇帝専制に対して批判的な教養人集団を指すようになった言葉である。本来は統治階級に属したロシア貴族の一部が、一八世紀末に国家勤務から解放されて固有のエートスを涵養した結果、専制に対抗する知識人勢力となった。ソ連史学では、一九世紀半ばより、急進派インテリゲンツィヤの反体制活動が「革命情勢」をもたらし、ロシア国家に「下から」の変化を実現したことが強調された。だが、現在のインテリゲンツィヤ論はリベラルな知識人も射程に含み、地方自治機関ゼムストヴォに所属して活動した医師、教師や、法律家といった人々が国家と協働しつつ、ロシア社会の漸進的な改革を進めたことを指摘している。Marc Raeff, *Origins of the Russian Intelligentsia: the Eighteenth-Century Nobility* (New York: Harcourt, Brace & World, 1966); Революционная ситуация в России в 1859–1861 гг. Тт. 1–6. редакционная коллегия: М.В. Нечкина (отв. редактор) и др. М., 1960–1974; 竹中浩『近代ロシアへの転換――大改革時代の自由主義思想』東京大学出版会、一九九九年、松里公孝「ゼムストヴォの最後――ロシアにおける市民的民主主義の可能性」『講座スラブの世界（三）スラブの歴史』弘文堂、一九九五年、二四三―二六九頁、高橋一彦『帝政ロシア司法制度史研究――司法改革とその時代』名古屋大学出版会、二〇〇一年、同「福祉のロシア――帝政末期の「ブラゴトヴォリーチェリノスチ」」神戸市外国語大学外国学研究所研究年報四四、二〇〇七年。

（5）マルク・ラエフ（石井規衛訳）『ロシア史を読む』名古屋大学出版会、二〇〇一年（原著一九八二年）、一九五―二一六頁、付表一三頁「参考図」。

（6）ラエフ『ロシア史を読む』、二一七―二一九頁。なお、一九八〇年代には商人身分の者たちがいかに近代的な資本家へと成長したかを論じた、社会経済史分野の研究が著されている。これらは、ロシア中間層研究の先駆と呼ぶべきだろう。Thomas C. Owen, *Capitalism and Politics in Russia: a Social History of the Moscow Merchants, 1855–1905* (N.Y.: Cambridge University Press, 1981)（トーマス・オーウェン（野口建彦・栖原学訳）『未完のブルジョワジー――帝政ロシア社会におけるモスクワ商人の軌跡、一八五五―一九〇五年』文眞堂、一九八八年）、Alfred J. Rieber, *Merchants and Entrepreneurs in Imperial Russia* (Chapel Hill, N. C.: University of North Carolina Press, 1982).

（7）*Миронов Б.Н.* Социальная история России периода империи (XVIII – начало XX в.): генезис личности, демократической семьи, гражданского общества и правового государства. 3-е изд. Т.1. СПб., 2003. С. 315.

（8）Статистический временник Российской империи. СПб., 1866. С. XIII; Первая всеобщая перепись населения Российской империи, 1897 г. XXXVII. Город С.-Петербург. СПб., 1903. С.2–3.

（9）*Иванова Н.А., Желтова В.П.* Сословно-классовая структура России в конце XIX – начале XX века. М., 2004. С. 234.

（10）Michael Cherniavsky, *Tsar and People: Studies in Russian Myths*（New Haven, London: Yale University Press, 1961）.

（11）Edith W. Clowes, Samuel D. Kassow, and James L. West（eds.）, *Between Tsar and People: Educated Society and the Quest for Public Identity in Late Imperial Russia*（Princeton, N.J.: Princeton University Press, 1991）は、モスクワの新興企業家層がメセナ活動をした事例などから、ロシアでも中間層に特有の文化的アイデンティティが形成されていたことを指摘した。Harley D. Balzer（ed.）, *Russia's Missing Middle Class: the Professions in Russian History*（Armonk, N.Y.: M.E. Sharpe, 1996）は、ロシアの専門職者が官立の教育機関によって養成され、省庁に就業することが既定のコースだったことから、ロシアの中間層が国家の制度に組み込まれ、自律性が弱かったことを示した。

（12）*Гросул В. Я.* Русское общество XVIII – XIX вв. Традиции и новации. М., 2003.

（13）Joseph Bradley, "Voluntary associations, civic culture, and *obshchestvennost'* in Moscow," in *Between Tsar and People*, pp. 131–148; *Idem*, "Pictures at an exibition: Science, patriotism, and civil society in Imperial Russia," *Slavic Review* 67, No. 4（Winter 2008）, pp. 934–966; *Idem*, *Voluntary Associations in Tsarist Russia: Science, Patriotism, and Civil Society*（Cambridge, London: Harvard University Press, 2009）. ブラッドリーの議論は、自発的結社に焦点をあてて近代西欧世界の民主主義成立過程を論じたホフマンの著作にも、その過程のロシア的な一変種として採用された。シュテファン＝ルートヴィヒ・ホフマン（山本秀行訳）『市民結社と民主主義一七五〇―一九一四』岩波書店、二〇〇九年（原著二〇〇六年）。

（14）Laura Engelstein, *Slavophile Empire: Imperial Russia's Illiberal Path*（Ithaca: Cornell University Press, 2009）, pp. 1–12.

（15）Gregory L. Freeze, "The *Soslovie*（estate）paradigm and Russian social history," *American Historical Review* 91–1（1986）, pp. 11–36; Elise K. Wirtschafter, *Social Identity in Imperial Russia*（Dekalb: Northern Illinois University Press, 1997）.

（16）Louise McReynolds and Joan Neuberger（eds.）, *Imitations of Life: Two Centuries of Melodrama in Russia*（Durham and London: Duke University Press, 2002）; Louise McReynolds, *Russia at Play: Leisure Activities at the End of the Tsarist Era*（Ithaca: Cornell University Press, 2002）, pp. 3–10（ルイーズ・マクレイノルズ（高橋一彦、田中良英、巽由樹子、青島陽子訳）『〈遊ぶ〉ロシア

——帝政末期の余暇と商業文化』法政大学出版局、二〇一四年）; *Idem*, *The News Under Russia's Old Regime: The Development of a Mass-Circulation Press*（Princeton, N.J.: Princeton University Press, 1991）; James von Geldern and Louise McReynolds（eds.）, *Entertaining Tsarist Russia: Tales, Songs, Plays, Movies, Jokes, Ads and Images from Russian Urban Life, 1779–1917*（Bloomington and Indianapolis: Indiana University Press, 1998）. なお、帝政末期からソ連期の娯楽については、リチャード・スタイツによる先駆的な研究がある。Richard Stites, *Russian Popular Culture: Entertainment and Society since 1900*（Cambridge; New York: Cambridge University Press, 1992）.

（17）Sally West, *I Shop in Moscow: Advertising and the Creation of Consumer Culture in Late Tsarist Russia*（DeKalb: Northern Illinois University Press, 2011）.

（18）Marjorie L. Hilton, *Selling to the Masses: Retailing in Russia, 1880–1930*（Pittsburgh: University of Pittsburgh Press, 2012）.

（19）Christine Ruane, *The Empire's New Clothes: a History of the Russian Fashion Industry, 1700–1917*（New Haven: Yale University Press, 2009）.

（20）Catriona Kelly, *Refining Russia: Advice Literature, Polite Culture, and Gender from Catherine to Yeltsin*（Oxford: Oxford University Press, 2001）.

（21）ミシェル・ド・セルトー（山田登世子訳）『日常的実践のポイエティーク』国文社、一九八七年（原著一九八〇年）、ジャン・ボードリヤール（今井仁司、塚原史訳）『消費社会の神話と構造』紀伊國屋書店、一九七九年（原著一九七〇年）、ジョン・フィスク（山本雄二訳）『抵抗の快楽——ポピュラーカルチャーの記号論』世界思想社、一九九八年（原著一九八九年）、ロザリンド・H・ウィリアムズ（吉田典子、田村真理訳）『夢の消費革命——パリ万博と大衆消費の興隆』工作舎、一九九六年（原著一九八二年）、ベネディクト・アンダーソン（白石隆、白石さや訳）『定本想像の共同体——ナショナリズムの起源と流行』図書新聞、二〇〇七年、アルジュン・アパデュライ（門田健一訳）『さまよえる近代——グローバル化の文化研究』平凡社、二〇〇四年（原著一九九六年）。

（22）*Динерштейн Е.А.* «Фабрикант» читателей А.Ф. Маркс. М., 1986; *Белов С.В.* Издательство Г.Д. Гоппе// Книга: Исследование и материалы. Сб.53, 1986. С. 52–69.

（23）*Воронкевич А.С.* Русский иллюстрированный еженедельник в 1895–1904 гг.: Диссертация на соискание ученой степени кандидата филологических наук. М., 1986; *Ким Е.Х.* Роль и значение журнала «Нива» в развитии русского общества на рубеже

1870-х гг. – начала XX века: Диссертация на соискание ученой степени кандидата исторических наук. М., 2004.

（24）土屋好古「日露戦争関連記事索引作成のための覚書――『ニーヴァ』（一）（二）」『史叢』第七一・七二号、一四一―一八〇頁、二〇〇五年および第七五号、五五―八六頁、二〇〇六年、下里俊行『一九世紀後半のロシアの絵入り新聞にみる東アジア表象にかんする基礎的研究』科学研究費補助金（基盤研究C）研究成果報告書、二〇〇六年。

（25）*Рейтблат А.И.* От Бовы к Бальмонту. 二〇〇九年に増補版発行。*Он же*. От Бовы к Бальмонту и другие работы по исторической социологии русской литературы. М., 2009. レイトブラトの読書論は、浦雅春によって紹介された。浦雅春「メディアの興亡――一九世紀ロシアの文芸ジャーナリズム」『文学』四（二）、一九九三年、九一―一〇〇頁。

（26）大野斉子『メディアと文学――ゴーゴリが古典になるまで』群像社、二〇一七年。

（27）Jeffrey Brooks, *When Russia Learned to Read: Literacy and Popular Literature, 1861–1917* (Princeton, N.J.: Princeton University Press, 2003, first published 1985). また、近年は次の論文がある。Jeffrey Brooks, "The Russian nation imagined: the people of Russia as seen in popular imagery, 1860s–1890s," *Journal of Social History* 43–3 (Spring 2010), pp. 535–557; *Idem*, "Chekhov, Tolstoy and the illustrated press in the 1890s," *Cultural and Social History*, Vol. 7, Issue 2 (2010), pp. 213–232; *Idem*, "The moral self in Russia's literary and visual cultures: the late Imperial era and beyond," in Miranda Remnek (ed.), *The Space of Book: Print Culture in the Russian Social Imagination* (Toronto, Buffalo, London: University of Toronto Press, 2011), pp. 201–230.

（28）主要な書誌雑誌を時系列に沿って挙げれば、一八六〇年代はN・A・センコフスキー、N・S・クローチキンらによる『書籍通報《クニジヌィ・ヴェスニク》』（一八六〇―一八六九）、一八七〇年代は内務省出版総局が発行した『出版案内《ウカザチェリ・ポ・ジェラム・ペチャチ》』（一八七二―一八七八）と、その廃刊後に出版人たちが集まって創刊した『ロシアの書誌《ロシスカヤ・ビブリオグラフィヤ》』（一八七九―一八八二）、一八八〇年代以降はリソフスキーの『ビブリオグラフ』（一八八四―一八九四）、書店協会によって新しく刊行された『書籍通報《クニジヌィ・ヴェスニク》』（一八八四―一九一七）、モスクワ書誌愛好会の『クニゴヴェージェニエ』（一八九四―一八九六）、そして世紀転換期以降は『ヴォリフ書店便り』（一八九七―一九一七）がある。

また、帝政期書物の代表的なビブリオグラフィーは次の通り。*Геннади Г.Н.* Литература русской библиографии. СПб., 1858; *Лисовский Н.М.* Библиография русской периодической печати 1703–1900 гг. 2 тт. Петроград, 1915; *Мезьер А.В.* Словарный указатель по книговедению. М.; Л., 1931–1934. Ч. 1–3. ロシア書誌学史については次の著作を参照。*Леликова Н.К.* Становление и развитие книговедческой и библиографической наук в России в XIX – первой трети XX века. СПб., 2004.

第一章　絵入り雑誌の登場と近代ロシアのメディア構造

「いや、ちょっと本を買っていましてね、ワルワーラさん」……お爺さんはいつも滑稽な話し方をしましたが、今はその上、ひどく動揺していました。どの本も、値段を訊いてみると銀貨で一ルーブルか二ルーブル、あるいは三ルーブルもします。……今度は、薄っぺらいパンフレットや歌集や文集をめくりはじめました。こういうものはみな、とても安いのです。「まあ、どうしてこんなものをお買いになるの？」私は訊ねました。「これはみな、ひどくつまらない物ばかりですよ」「いや、そうじゃないんですよ」彼は応えます。「いや、ちょっと見てごらんなさい。ここには、良い本があるんですよ。それはそれは良い本がね！」

〔ドストエフスキー『貧しき人々』（一八四六年）
安岡治子訳、光文社古典新訳文庫〕

はじめに

絵入り雑誌は、西欧から来た新しいメディアだった。では、その出現より前、一九世紀半ばまでのロシアにはどのような出版メディアが存在したのか。そして何が新しいメディアの普及を準備し、その結果、出版界はどのように変化したのか。以下、本章では順に、一九世紀前半のロシアの出版メディア、一八五〇年代半ばから六〇年代に起業した出版人たちの具体像、そして、絵入り雑誌の特徴と、その周囲に形成されたメディア構造について述べよう。

一　新メディア普及の背景

一九世紀前半のロシアの出版メディア

一九世紀前半のロシアでは、単行本を別にすれば、主要な読み物は次のように大別できる。すなわち第一に、民衆《ナロード》向けの木版出版物《ルボーク》、第二に、インテリゲンツィヤが中心となって刊行した「厚い雑誌《トルストゥイ・ジュルナル》」と新聞だ。

まず、ルボークとは、一八世紀初頭に現れた一枚物の印刷物である。それが一九世紀には、モスクワのニコリスカヤ通りで冊子型の読み物として大量に制作され、行商人によってヴォルガ川流域を中心とした農村部に運ばれるようになった。題材は正教、暦、アルファベット、戦争、歴史上の人物や事件、昔話、動物、花、カリカチュアなどであり、しばしば迷信的な内容を含む。それゆえルボークは、教養層からは芸術性を欠いた価値のない作品群だと蔑視され、ようやく一九世紀後半、ナロードニキ的な思潮を背景に、ロシア固有の民衆文化として注目を集めるようになる。しかしナロードにとってはもとより、日常生活に溶け込み、その世界観を作り上げる出版物だった。(1)

これに対して「厚い雑誌」とは、一八三六年に創刊された『現代人』をはじめとする、インテリゲンツィヤが同人となって編集した月刊の文芸雑誌である。(2)『現代人』『祖国雑記』は急進派、『ヨーロッパ報知』はリベラル、『ロシア報知』は保守派、『ロシアの富』はナロードニキ主義というように、各誌が同人の傾向に合った文芸評論や社会評論を掲載し、それぞれの思想信条を発信する役割を果たした。また、文学作品はこの媒体で発表されるのが通例だった。たとえば『ロシア報知』にはツルゲーネフ『父と子』やトルストイ『アンナ・カレーニナ』、ドストエフスキー『罪と罰』『白痴』『悪霊』『カラマーゾフの兄弟』、また、『現代人』にはツルゲーネフ『ルージン』『貴族の巣』やチェルヌィシェフスキー『何をなすべきか』、そして『祖国雑記』にはドストエフスキー『分身』、ゴンチャロフ『オブローモフ』といった具合に、錚々たる作品が掲載されている。(3)このように「厚い雑誌」は、文芸メディアとしての権威も有した。

一八六〇年代に入ると、インテリゲンツィヤの同人グループは新聞の刊行にも乗り出した。それまでロシアには事実上、官製新聞しかなかったが、彼らの『サンクトペテルブルク報知』『モスクワ報知』『声』などの論説が教養層の関心を集めるようになった。(4)一八六六年に外務省、内務省、交通省の認可を受けてロシア通信社が設立されたことで、ロシアがパリのアヴァス通信社、ベルリンのヴォルフ通信事務所、ロンドンのロイター通信社などからなる西欧の電信網に加わったことも、新聞報道の本格化を後押しした。(5)これらの新聞の事件報道や裁判の実録記事は、この時期の文学者たち、たとえばドストエフスキーの創作活動にも大きな影響を与えた。(6)

なお、ロシアといえば、急進派インテリゲンツィヤが地下出版活動を行ったことが知られる。そうした非合法出版物は、主に亡命した革命家たちが国外で刊行し、ひそかにロシアに送ったものである。最大の出版地は亡命者の集まるスイスで、そこからハプスブルク帝国治下リヴィウを経由してオデッサに至るルート、あるいはドイツとロシア国境を越えてコヴノ県に入り、首都ペテルブルクや他のロシア諸都市に至るルート、そして、ベッサラビアからロシア領内に入るルートがあった。また、ゲルツェンらによってロンドンで刊行された非合法の定期刊行物が、ストックホルムを経てペテルブルクに至るルートも存在した。だが、これらのルートはいずれもわずかな期間で当局に摘発されたため、革命派の地下出版物が、ロシア国内で恒常的に流通したわけではなかった。(7)

ロシアは検閲の厳しさでも知られる。(8) 一八六二年(9)と一八六五年(10)に出された検閲と出版に関する暫定規則は、事後検閲制度を導入した。また、一八六八年には、内務大臣が定期刊行物の公共の場でのバラ売り停止を指示することが可能になり、(11) 一八七二年には、内務大臣が有害と見做した定期刊行物の発行を差し押さえ、大臣委員会に発行停止の許可を諮る権限が認められた。(12) さらに一八八二年の出版に関する暫定規則(13)では、検閲官が有害と判断した場合は司法手続きなしに定期刊行物の発行を停止できること、そして内務・教育・司法大臣と宗務院長の協議により廃刊が決定されることが定められた。

ただし、ロシア国家は出版業全体を抑圧したわけではない。一八六二年の暫定規則において、掲載禁止項目は「キリスト教の信仰や皇室の尊厳および家庭生活等に敬意を持たぬもの」および「社会主義・共産主義」であり、検閲の主な対象は反体制的な傾向を有する政治的出版物だった。そのうえ内務省では、一八八二年から一九一七年まで検閲予算が増額されず、検閲官も四四名から四六名にしか増員されなかったため、限りある財源と人員は、急進的な出版物の取締業務に優先してわりあてられた。(14) つまり一九世紀後半ロシアの検閲制度は、たしかに出版活動に厳しい制約を課したが、取締対象には一定の限度があり、出版業界には活動の余地が残されていたのである。

「大改革」と企業家の育成

以上のような環境のもと、一九世紀後半にそれまでとは異なる出版メディアが普及する契機となったのは、改革による社会構造の変化だった。ここでは、ロシアの身分制度について踏み込みつつ、その様相を明らかにしていこう。

一八五〇年代半ばから七〇年代にかけて、ロシアでは、「大改革」と呼ばれる「上からの」近代化改革が実施された。これは、ロシアがクリミア戦争で敗北して国制の後進性に対する危機感が高まったために、一八五六年に即位したアレクサンドル二世が進めた改革事業だった。その項目は、農奴制廃止、地方自治改革、財政改革、警察改革、司法改革、軍制改革、教育改革、検閲改革の八分野を中心に、きわめて多岐にわたる[15]。この大事業に通底した政治的目標は、それまでの身分制にもとづく国内体制を再編し、新たな身分関係に立脚する社会を構築することだった[16]。

従来、ロシア帝国の臣民は、「サスローヴィエ」と呼ばれる法的身分によって編制されていた。すなわち各人が、貴族(世襲貴族・一代貴族)、聖職者、都市住民(名誉市民・商人・町人・職人)、農民、カザーク、異族人、フィンランド人、外国人という諸身分《サスローヴィエ》のいずれかに所属する[17]。これらロシアの身分は、西欧諸国のように中世から形成されたものではなく、それを模倣して、一八世紀に国家によって定められた法的範疇だった。

それゆえ各身分集団は、ロシアに特有の性格を持った。まず挙げられるのは、貴族身分が土地を所有する特権を持ち、そこに農奴を緊縛する権利を認められていたことである[18]。つまり人口に圧倒的割合を占める農民身分の大半は、貴族の財産であり、移動の自由を持たなかった。また、上層の都市住民にあたる商人身分が貴族身分に転出しようとする傾向を持ったことも、ロシア身分制の特徴として挙げられる[19]。ロシアの貴族身分は官等表に組み込まれ、国家から俸給や諸特権を与えられた。商人はこの、いわば国家に抱え込まれた特権的身分に上昇することを望んだ。それゆえ、叙勲や褒賞で九―一四等官の文官官等を得て一代貴族になること、さらに八等官以上に昇進して世襲貴族になることが目指された[20]。

「大改革」はそうした慣行を止め、新たな身分関係のもとで近代的な社会を創出することを目標とした。それゆえ断行されたのが、一八六一年の農奴制の廃止である。これによって農民は領主権から解放され、皇帝と直接的に結びつく身分に移行した。そして彼らのうちの一部は、村の共同体から発給される旅券を得て出稼ぎに行き、都市で労働者層を形成して、工業化の基盤となる[21]。

他方で、工業振興による近代化を牽引すべき、企業家層の育成も図られた。まず、商人身分を貴族身分に転出させるのではなく、名誉市民という新設の身分に上昇させ、都市に安定した上流市民層を創出する方針が強化された。都市で商工業経営を行うには、ギルドに所属し、財産規模に応じた保証金を毎年支払う必要があったが、商人が最上位の第一ギルドに一〇年、あるいは、それに次ぐ第二ギルドに二〇年にわたって在籍しつづけた場合に、名誉市民身分へと昇格させた。一八六三年には、それまで商人身分にのみ認められていたギルドへの加入資格が、全身分へと拡大された。その結果、解放農奴で事業を起こした者が参入し、農民身分の企業家が多数現れるようになった(22)。

さらに、国外から企業家、技術者、熟練労働者を誘致するため、外国人に対する優遇策が打ち出された。一八六〇年には、商・農・工分野で活動する外国人はロシア臣民と同等の権利を享受するという原則が明示され、旅券の取得要件が大幅に緩和された。また、前述の一八六三年の改革では、外国人もまたロシア都市の商人ギルドに加入することが認められた(23)。こうした改変により、国外出身の企業家が外来者としてではなく、ロシアの制度の内部で活動できるようになった。ドイツ人ルードヴィヒ・クノープがマンチェスターの商社の駐在員としてモスクワに渡り、イギリス製綿紡績機械の輸入を仲介した上、ナルヴァなどで多数の紡績・綿織物工場を操業したことや(24)、イギリス人ジョン・ヒューズが南ウェールズから移住してロシア南部の都市ドネツクに鉄鋼業の一大拠点を築いたことは、外国人企業家のよく知られた治績である(25)。

ロシア帝国への外国人企業家の流入

西欧からロシア帝国に企業家が流入するにあたって、しばしば媒介する役割を果たしたのは、ロシア帝国治下に置かれた旧ポーランド・リトアニア共和国領である。

ポーランド・リトアニア共和国はカトリック圏として西欧世界に属し、一七世紀まではロシアに対して軍事的、政治的、文化的に優位にあった。だが、一八世紀後半の三次にわたるポーランド分割によって消滅し、リトアニア地域は一八〇二年にロシア帝国内部の西部諸県として、ポーランド地域は一八一五年にロシア帝国と同君連合のポーランド王国として再編された。以後、ポーランド人による祖国復活の運動が続き、ロシア帝国に対する蜂起と、それに対する報復的な弾圧が繰り返された。

しかしロシア領ポーランドは、国家の解体後も、経済活動では自立性を維持した。一八一五年憲法では、ポーランド王国は経済的自治を認められており、西欧の経済圏から切り離されたわけではなかった。他方で、ポーランド王国とロシアのあいだでは一八二〇年に一旦、関税が一体化されたこと、また、一八三〇年以降、ポーランド通貨ズウォティのロシア通貨ルーブルへの切り換えが進められたことを背景に、ポーランドとロシアの市場が緊密に結びついていった(26)。その結果、さまざまな産業分野で、西欧の商慣行を経験したポーランド人企業家がロシアに進出した。すなわち、人、モノが西欧からポーランド・リトアニア地域を経由し、ロシア内部へと流入したのである。そうした分野のひとつが出版業だった。

こうして一九世紀中葉のロシア帝国では、「大改革」により、ポーランド・リトアニアを介して西欧から出版事業者が移住し、起業することとなった。これが、西欧由来の新しいメディアの普及を準備した一八五〇年代半ば―六〇年代の事情であった。

二　近代ロシアの出版人たち

では、そのような事情を背景に、西欧から流入した出版企業家たちがロシアに食い込んでいった実相を示そう。とりあげるのは、ロシアに西欧型出版ビジネスを定着させる契機を作った企業家マヴリーキー・ヴォリフと、絵入り雑

図1　マヴリーキー・ヴォリフ

誌を本格的に普及させたアドルフ・マルクスである。

第一世代マヴリーキー・ヴォリフ

マヴリーキー・ヴォリフは、一八二五年にワルシャワの医師一家に生まれた。曽祖父はアウグスト三世時代にポーランド陸軍で軍医総監を務め、祖父はゲッティンゲン大学で医学博士の学位を取得後、コシチューシコの反乱に参加し、後にワルシャワに医学校を創立した。そして父は開業医として、また、音楽サロンの主宰者として、ワルシャワで著名な人物であった(27)。

ところがヴォリフは医学を志さず、書籍商になって「書物で国を覆い尽くしたい」と考える。一八三八年、ギムナジアの五年生を終えると、彼は家族の反対を押し切り、グリュクスベルグ書店に見習いとして勤めはじめた(28)。グリュクスベルグ書店はフランス、ドイツの書籍市場と広く取引しており、それに後押しされたのだろう、ヴォリフはまもなくこの勤め先を辞め、欧州書籍業の中心地パリに上ると、ボッサンジュ書店に仕事を得る。だがこの書店はわずか三ヶ月後、西欧各国にまたがる書籍取引と百科事典で知られたブロックハウス社によって買収されてしまった(29)。

一九世紀は国際商業が活発化した時代だった。欧州各国の主要都市は、数々の商会とその支店が設置されたことで貿易の拠点となり、とりわけロンドンのシティーが、手形が集積されて遠隔地間の取引が決済される「世界の銀行」になったことはよく知られている(30)。書籍取引業も、そうした国際的な展開の中にあった。ブロックハウス社は初代がアムステルダムで創業した後、ライプツィヒに本拠を移し、息子の代にはウィーンとベルリンに支社を置く多国籍企

業だった。(31)

そうした企業に勤務先が買収されたことによって、ヴォリフは書籍の国際商業を直接経験することとなった。そして三年働くうちに、ブロックハウス社パリ支店長からドイツの書籍業について学ぶことを勧められて、欧州書籍業のもうひとつの中心地ライプツィヒに移ると、エンゲルマン社で一年半働いた。(32)

このようなキャリアを経て、ヴォリフは独立する。彼はポーランド語圏でポーランド語書籍を取引することを自らの事業と決め、旧ポーランド・リトアニア共和国領のうち、まずハプスブルク帝国治下のリヴィウとクラクフで開業した。それからロシア帝国治下のポーランド語圏である旧リトアニア大公国領に渡り、中心都市ヴィルノで営業を始めた。(33)ただしこの時期、ヴォリフの事業は必ずしも順調ではなく、(34)ひとつの街にごく短いあいだ書店を開いてはたたんで次の街に移動するという流浪の四年間を送った。

そこで一八四八年、ヴォリフはヴィルノからロシア帝国の首都ペテルブルクに移ることにした。旧ポーランド・リトアニア領とロシアの市場が緊密に結びつき、ペテルブルクにはすでにポーランド人企業家が進出していたこと、さらにペテルブルクでは、ヴィルノよりもポーランド語出版物に対する検閲の取締が緩かったことが、ヴォリフにペテルブルクでの商機を期待させる要因となったのだ。彼はブロックハウス社から推薦をもらい、帝都の老舗イサコフ書店にフランス語書籍担当として職を得た。(35)

ヴォリフはペテルブルクでの居住許可を得るために、カトリックからルター派に改宗した。(36)だが、ペテルブルクのポーランド人カトリック・コミュニティに人脈を作って支援を受け、イサコフ書店に勤務する傍ら、一八四八―五三年にかけてポーランド語の文学作品を計一五〇点刊行した。(37)そして一八五三年、彼は再び独立し、ついにネフスキー大通りの百貨店ガスチンヌィ・ドヴォールに書店を開く。従来のロシアの書店が小さな平屋の建物で窓もなく、商品陳列も乱雑だったのに対して、ヴォリフ書店はショーウィンドウを備えた初めての「西欧型総合書店」であった。(38)さらに一八五六年に専属の印刷所を開設すると、ポーランド語書籍ではなく、ロシア語の児童書や雑誌を刊行しはじめた(39)。すなわちロシア内部で事業を拡大し、「書物で国を覆い尽くす」ために、母語ではなく、帝国の共通言語の書物を扱うことにしたのである。ヴォリフのこの方針転換によって、彼が身につけた西欧の出版業界の流儀がロシア語出版界に持ち込まれることになった。

ヴォリフが一八五六年からロシア語出版物の刊行を始めたのは、「大改革」が外国人企業家に門戸を開く時期と重なった。彼の事業は出版と書籍販売の両分野で順調に拡大し、従業員は最大で二〇〇人を数え、ネフスキー大通りの周辺に書店だけでなく、印刷所、事務所、従業員寮が配置された(40)。ヴォリフ社の成長の目覚ましさは、取引先の地方書店主たちが「ヴォリフ氏は、外国のあらゆる出版社のやり方を大変よく知っている。そして、彼は進んでその有利な状況を利用する。なぜ彼はロシアの同業者をこれほど圧迫するのだろうか(41)」と、怨嗟の声をあげるほどだった。ガスチンヌィ・ドヴォールのヴォリフ書店は、一種のサロンの性格を帯びた。一八六〇年代から七〇年代にかけて、アレクセイ・ピーセムスキー、イヴァン・ゴンチャロフ、ニコライ・レスコフら文学者たち、内務大臣ピョートル・ヴァルーエフや出版総局長パーヴェル・ヴャーゼムスキーをはじめとする高級官僚ら、当時のペテルブルクの主だった知識人たちが集う場となったという(42)。

第二世代アドルフ・マルクス

こうして順調に事業を拡大したヴォリフは、自社の外国書籍取引部門を担当させるために、ヨーロッパ諸語が使えて書籍取引に関心と経験を持つ人材を西欧から集めた。ヴォリフ社に長年勤めたジギスムンド・リブローヴィチは、自身が通っていたドレスデンの大学に、ロシア勤務が可能でスラヴ系言語をひとつ知っていることを条件とするヴォリフ社の求人広告が貼り出されたと回想している(43)。そうしたヴォリフ社の人材募集が、西欧から次の世代の出版人をロシアに引き寄せた。その一人が、ロシアに絵入り雑誌を広めるアドルフ・フョードロヴィチ・マルクスだった。

マルクスは、一八三八年に旧ポメラニア公国の首都シュテッティンで生まれた。父親はタワー時計の工場経営者だったが、九人兄弟の五番目であるアドルフが一三歳のときに病死した。そのため彼は中等学校卒業後に進学せず、メクレンブルク公国ヴィスマーレで書籍商の見習いをし、三年後にはベルリンの医学書専門書店に勤めた。そこで二年間働いた後、シュテッティンに戻ると、ライプツィヒの仲買人でペテルブルクに書店を構えていたフェルディナント・ビテパージュに誘われて、一八五九年にロシアに向かった。このとき、彼はロシア語が全く分からなかったという(44)。

マルクスはペテルブルクのビテパージュ書店で外国書部門に入り、ドイツとの取引を担当した。ところが一八六四年、外国書部門が閉鎖された。そこでマルクスは転職し、ヴォリフ社ドイツ語書籍部門の番頭となった。マルクスはカラヴァンナヤ通りの従業員寮の一室をあてがわれ、そこでゲルマン・ゴッペ、ゲルマン・コルンフェリドという、

図 2　アドルフ・マルクス（1900 年）

同じような経歴を持つ同僚たちと相部屋になる。ゴッペはマルクスより二歳年上、ウェストファーレン出身で、青年時代にドイツ、イギリス、ベルギーの書籍業界で働いた後、一八六〇年代初めにヴォリフにドイツ語書籍部門の主任として雇われた。コルンフェリドはワルシャワ出身で、外国雑誌定期購読課に勤めた。彼らは『イリアス』の登場人物からとって「三人のアイアース」と呼ばれるほど親しくなり、書店の常連客たちからは「渡来ドイツ人」（ゴッペ）、「まじめなウェストファリア人」（マルクス）、「陽気なワルシャワ人」（コルンフェリド）と渾名された。このように、ヴォリフ社にはドイツ、

ポーランド出身の若い人材が集まったのだった[45]。

ヴォリフは若い社員たちから、面倒見がよく温厚だと慕われた。ところが、マルクスとだけは気が合わなかった。ヴォリフは「誰かを完全に信用することはなく、全てを自ら、自力で片付けることを欲した[46]」と評される一面を持ち、他方、マルクスは独立心旺盛かつ勝気で、重病になっても人に仕事を任せず、病床で雑誌の校正をしたという話が伝わる[47]。この似通った気質のためか、両者は衝突し、深刻な確執が生じたのだ。マルクスはヴォリフが没した後も、「ヴォリフは私を無能だと考えていて…マルクスは何も成し遂げられまいと言った[48]」と恨み節を述べている。

結局、マルクスはヴォリフ書店を辞めた。そして彼にとっては異郷のペテルブルクで、外国語の家庭教師、寄宿学校の教師、ワルシャワ鉄道のドイツ語郵便書記などの職を転々とした。一方、一八六七年にゴッペとコルンフェリドは共同で起業し、ファッション雑誌やカレンダーを発行しはじめた。それを耳にしたからだろうか、マルクスもまた雑誌の発行を思い立ち、ペテルブルクで方々の商店に奉公するドイツ人たちから借金をして、ある定期刊行物の発行権を買い取る。そうして一八六九年末から刊行を開始したのが絵入り雑誌『ニーヴァ』であり、これが大当たりして、マルクスに成功をもたらすのである[49]。

出版人たちの社会的地位の確立と第三世代

このようにヴォリフやマルクスら、西欧から流入した出版企業家たちが事業を拡大した一方で、アレクサンドル・スミルディンやバズーノフ一族という、一九世紀前半から続くロシアの書店経営者たちは次々に破産した。スミルディンは財産を失って困窮の中で死に[50]、バズーノフ書店の全資産は競売でヴォリフの手に渡った[51]。一八六〇—七〇年代は、「大改革」によって社会構造が変容する中で、旧来のロシア書籍商から西欧出身企業家の総合出版社へと、出版事業者の主力が移った時期だったと言える。

もっとも、西欧から来た出版人が必ずしも皆、成功したというわけではない。ドイツ出身のヴィルヘルム・ゲンケリは、自社の週刊誌『週《ニデーリャ》』が検閲で再三にわたって停刊処分を受けたことによって廃業に追い込まれ、破産した[52]。ヴォリフやマルクスの刊行物もまた、検閲による処分を受けた。ヴォリフ社はイギリスの童話を翻訳した子供向けの本の挿絵で、猫がイギリス海軍の制服を着ていたことがこの友好国への侮辱にあたると判断され、販売中止を余儀なくされた[53]。マルクスの『ニーヴァ』は一八七一年、進化論についての書籍を解説した記事が、聖書の教えに矛盾するとして掲載禁止となった。以後、一八七〇年代を通じて、『ニーヴァ』は「聖書との矛盾」「社会主義的傾向」を理由に、四回にわたって記事の掲載禁止処分を経験している[54]。出版人たちは、いわゆる自己検閲によって当局との摩擦を慎重に避ける必要があった。

そのようにロシアの検閲体制に適応しながら、西欧から来た二人の出版人は顕著な社会的上昇を果たした。ヴォリフは一八八〇年代初頭、ペテルブルク北部のワシーリー島に広大な土地を購入して自社施設を集約した拠点とし[55]、モスクワにも店舗を構えた。八三年に死去したときには、ペテルブルクの第一ギルドに所属する、帝都の大企業家の一人だった。この年、ヴォリフ社は株式会社になる[56]。

マルクスは、かつて異郷ペテルブルクで職を転々としたことが嘘のように、ヴォリフ以上の名士となった。マルクス社はロシアのナンバーワン絵入り雑誌の出版社として、七〇〇〇人の従業員で一五〇台の印刷機を終日稼働させるまでに経営を拡大した[57]。社主マルクスは、一八八〇年代初頭に聖スタニスラフ二等勲章と聖アンナ二等勲章を受けたことで、名誉市民身分を得た。さらに一八九五年、帝立博愛協会の名誉会員だったことから聖ヴラジーミル四等勲章を受け、貴族身分に所属することが可能になり、一八九七年には世襲貴族身分を得て、一九〇四年に死去した[58]。マルクスは、最晩年に至ってもロシア語が上手に話せなかったと言われる[59]。だが、「大改革」後の新しい階層秩序の中で大企業家として社会的地位を築き、ロシア帝国の身分制において上昇を果たしたのである。

社会的地位を確立して、出版人たちは国家に対して一定の発言をするようになる。一八八三年、マルクスやゴッペら一八名の出版企業家を発起人として、ロシア書籍商・出版人協会という、当局へのロビー団体が設立された。そして、たとえば国民教育省に、教育機関の書籍代金支払い時期の明確化と教科書の審査時期の繰り上げを陳情し、手続きを簡略化して対応するとの約束を受けた。また、外務省に対しては、フランス、ベルギーと著作権保護条約を個別に結んだことで、ロシアからの作品使用料支払いが収入を超過している状況を是正するよう陳情し、一八八七年に両国との条約の廃止という成果を得た(60)。

このように一九世紀後半を通じて、西欧出身の出版企業家たちはロシアで地歩を築き、発言力を得た。すると、そうした彼らのビジネスの手法を学び、大企業を築くロシア出身の出版人が、いわば第三世代として現れた。その代表が、新聞『新時代』の発行者として成功したアレクセイ・スヴォーリンである。『新時代』はもともとポーランド・リトアニア系の文筆家が刊行していたが、一八七六年、その発行権をジャーナリストだったスヴォーリンが買い取った。その際、スヴォーリンをワルシャワの銀行家に紹介したのはヴォリフだった(61)。また、スヴォーリンがペテルブルクに最初の書店を開く際にはヴォリフが融資した。ただしスヴォーリンは、経営が軌道に乗ると、独自の書店網を拡大してヴォリフの影響力を排除しようとした。そのため両者の関係は悪化し、一八八〇年代初頭の『新時代』にヴォリフ批判の記事が掲載される騒ぎとなる(62)。

いずれにせよ西欧出身の出版人たちの存在は、ロシア出身の出版企業家の登場を促した。スヴォーリンの他にも、イヴァン・スイチン、ピョートル・ソイキンら、ロシア人企業家の出版社が多数現れた。彼らについては、本書の後半で触れることになるだろう。

三　絵入り雑誌と一九世紀後半ロシアのメディア構造

絵入り雑誌と印刷技術

では、マルクスがロシアに広めた絵入り雑誌はどのような刊行物だったのだろうか。特筆すべきは、「薄い雑誌」とも呼ばれたこのメディアが西欧に起源を持っていたことである。ドイツやポーランドからペテルブルクに移り住んだ出版人たちは、西欧の出版業界に通暁する一方で、「厚い雑誌」に代表されるロシアの出版文化の伝統からはそれほど影響を受けていなかった。そのため、彼らの絵入り雑誌は、国外の出版物の様式を直接に模倣したものだった(63)。

絵入り雑誌は、ヴィクトリア期イギリスで生まれた。イギリスでは一九世紀初頭から一八二〇年代にかけて、新聞税の廃止などで出版活動が活発化し、さらに機械製紙、ステロ版印刷、蒸気機関印刷機の導入という技術革新が進んだ結果、廉価でイラスト入り出版物の発行が可能になった。こうして一八三二年から発行された最初の絵入り雑誌が、チャールズ・ナイトの『ペニーマガジン』である。これは、定価わずか一ペニーで記事に木版イラストをつけたことが人気を博して成功した。さらに一八四二年には、ハーバート・イングラムによって、ニュース記事にイラストを付けた『イラストレイティッド・ロンドン・ニュース』が創刊された。同誌もまた人気を集め、一八五五年には一三万部を売り上げた(64)。

『イラストレイティッド・ロンドン・ニュース』の成功は、イギリス国内のみならず、欧州全体で数々の模倣誌を生んだ(65)。たとえば、フランスの『イリュストラシオン』や、ドイツの『イルストリールテ・ツァイトゥンク』『ガルテンラウベ』などだ。マルクスの『ニーヴァ』もまた、そうした系譜につらなるロシア版絵入り雑誌だった。

もっとも、絵入り雑誌が、それ以前のロシアに全く存在しなかったわけではない。一八六〇年には、『イリュストラーツィヤ』（一八五八―六三）の他、五誌が発行されていたことが知られる。しかし、これらの雑誌はいずれもが短命に終わった。それに対してマルクスの『ニーヴァ』が登場した時期には、ゴッペも『全世界画報《フセミールナヤ・イリュストラーツィヤ》』を発行しはじめ（競合誌の発行者となり、親友だったマルクスとゴッペの関係は決裂した）、一八七五年にはコルンフェリドの『とんぼ《ストレコザー》』、七九年には同じくドイツ出身のアルヴィン・カスパリの『祖国《ロージナ》』などの創刊が続き、いずれもが部数を増大させていった。したがって、ロシアでの絵入り雑誌の本格的普及は、『ニーヴァ』を皮切りに、一八七〇年代から始まったと考えることができるだろう。その誌数は、一八七〇年代末に七誌だったのが、一八八〇年一八誌、一八九〇年二九誌、一九〇〇年四一誌と増加する。(66)

このように各誌が競合する中で、『ニーヴァ』は比較的廉価だったこともあり（年間購読料は当初四ルーブリ、一八九八年以降は五ルーブリ五〇コペイカ）、他誌を圧倒して売り上げを伸ばした。すなわち一八七三年に九〇〇〇部だったのが(67)、七八年に四万三〇〇〇部(68)、八二年に七万部、八六年に一〇万二〇〇〇部、九一年に一一万五〇〇〇部、一九〇〇年に二三万五〇〇〇部、そして一九〇六年に二七万五〇〇〇部を記録したのである。(69)一八七九年に『ネヴァ』という、誌名のよく似た模倣誌が現れたことや、第四章でとりあげる絵入り正教雑誌『ロシアの巡礼者』が「宗教雑誌のニーヴァ」(70)と呼ばれたことが示すように、『ニーヴァ』はロシア版絵入り雑誌のスタンダードとなった。ゴッペは『全世界画報』が高級路線（年間購読料一三ルーブリ）をとって『ニーヴァ』に敗北したため、一八七九年に低価格の絵入り雑誌『ともしび《アガニョーク》』（年間購読料四ルーブリ）を創刊したが、マルクスを嫌うヴォリフに「『ニーヴァ』みたいなものは一誌でたくさんだ」と叱責されている。(71)ちなみにヴォリフ社は、この創業者が没した後、一八八四年から『処女地《ノーフィ》』という絵入り雑誌を刊行した。

西欧出身の出版人たちは、それまでロシアになかった週刊誌の編集にあたり、自らが強力なイニシアティヴをとった。たとえば『ニーヴァ』は、編集部員たちが毎週土曜日に集まって次号の内容を決定したが、会議には必ず発行者

『とんぼ』（1893 年）

『全世界画報』（1881 年）

『アガニョーク』（1880 年）

『ロージナ』（1889 年）

図 3　絵入り雑誌各誌

マルクスも参加した[72]。また、出版人たちはオリジナルの挿画を準備しようとしたが、ロシアではフランスなどから輸入された版木が用いられてきたこともあり[73]、しばしば技術的な困難に直面した。たとえば『ニーヴァ』編集部は、首都ペテルブルクでも、下絵を版木に写す優れた技術者をなかなか見つけられなかった[74]。ヴォリフも挿画入り冊子を刊行した際、ロシアでは美術分野の人材や印刷機材を確保するのが困難だったと述べている[75]。

それゆえ、出版各社は自ら印刷の技術革新を進めた。すなわちゴッペ社は、高速度の印刷機を導入して他社からの委託印刷も請け負い[76]、マルクス社は一八八九年、大判絵画の複製のためのリトグラフ印刷所を開設した[77]。また、スヴォーリン社は印刷工の養成学校を創立した[78]。印刷会社の数も増加した。たとえばモスクワでは一八六〇年代半ばに二九軒だったのが、一八八〇年代初頭には八二軒となった[79]。

図4　1905年に設立されたスヴォーリン社印刷所の復元展示

ペテルブルク印刷博物館，2014年3月著者撮影

並行して、印刷機材が刷新されていった。ロシアでは一八六〇年代に蒸気機関による印刷機が普及したが、七〇年代初頭には平版印刷機が用いられ[80]、七七年にはさらに処理速度の高い輪転印刷機が導入された[81]。そして一八八〇年代、それまでの木版、石版術に加えて亜鉛平版術や写真製版が登場し、挿絵や装飾を印刷する技術が大きく向上した[82]。こうした技術革新の結果、たとえば『ニーヴァ』は、一八七〇年代初頭には一号あたり全一六ページ（全紙二枚）で挿画の掲載数はわずか三―四点だったのが、八七年には全三二ページ（全紙四枚）、挿画一〇―一五点を掲載することが可能になった[83]。

技術者たちのあいだでは、専門職としての意識も高まった。活字鋳造業者ヨシフ・レーマンは雑誌『印刷美術』（一九〇一―〇三）を創刊し、「現代の印刷術が成し遂げた、あらゆる新しいものや注目すべきことについて……できるかぎり伝えたい」と謳っている。印刷美術に関する専門雑誌は他にも複数が現れ、ロシアに「グラフィック・デザイン」という分野の成立を促すことになる[84]。

出版界の支配関係

ヴォリフやマルクスらが持ち込んだ西欧型出版ビジネスとは、予約購読者と広告主《スポンサー》を募って原資を集め、雑誌の発行や関連事業によってさらに資本の拡大を図る、近代的な企業経営だった。彼らの影響により、一九世紀後半にはロシアの出版界でも、購読者と広告主からの収入に依拠することが一般化する[85]。たとえば、モスクワの新聞『ルースキエ・ヴェドモスチ』紙の一八九六年の収入は三八万五四六三ルーブリ八二コペイカだったが、それは主に定期購読料二二万六二〇三ルーブリ（五八・七％）と広告収入一四万五八七〇ルーブリ三三コペイカ（三七・八％）から構成された[86]。ロシアの出版は、営利主義的なビジネスとなったのだ。

こうしたことを背景に、出版界には二つの支配―被支配関係が生じた。第一に出版社と作家とのあいだに、第二に首都の出版社と地方の書店とのあいだに形成された関係である。

まず、出版社は原稿料制度によって、作家に対して支配的な位置に立った。購読者や広告主の支持を判断材料として書き手を選ぶようになった営利的な出版社は、作家の知名度と作品の売れ行きの実績を基準に原稿料を払ったのだ。

この結果、原稿料に生活基盤を置く職業作家が現れた。たとえば、チェーホフがそうである。彼はデビュー当初、『かけら《オスコルキ》』というユーモア雑誌から原稿料を得て、家族を養っていた。だが一八八五年にスヴォーリンと知り合い、好待遇を提示されると、この雑誌から離れて『新時代』で作品を発表しはじめた。『かけら』の発行者ニコライ・レイキンはチェーホフに宛てて、「私はそれに何の異議もありません。むしろ貴君のために嬉しいくらいです。あそこならいつでも商品を掲載することを当てにできますし、そのうえスヴォーリンは原稿料をたんまり払ってくれますから」と、当てつけめいた手紙を送ったという(87)。この後、チェーホフは最晩年にマルクス社から全集を刊行するに至るまで契約料金の交渉に煩わされ続けた(88)。

また、文学的に成功を得られず、二流、三流の地位にとどまった著述家たちも原稿料制度に翻弄された。彼らは生活のために、雑誌の単発記事や暴露記事の執筆、あるいは翻訳に従事した。絵入り雑誌の記事の多くは、こうした執筆者たちの手になるものだ。一方には、トルストイのように、財産を持っているために原稿料を主たる収入源としなくてよい貴族作家もいた。彼は「なぜ金や馬鹿げた文学的名声が必要なのか。信念と熱意を持って、優れたものを書くことが最もよい」と発言したと伝わる（もっともトルストイは一八七〇年代から九〇年代にかけて、出版社からロシア随一の高額原稿料を提供された作家だった）。だが、文筆家の多くが出版社から報酬を得る立場に置かれ、「資本家である出版人が、労働者たる作家を搾取している」と非難の声を上げるようになったのも事実だった(89)。ドミトリー・メレシコフスキーは一八九二年の評論「現代ロシア文学の衰退の原因と新しい潮流について」で、作家を営利的出版社に従属させた原稿料制度が、ロシア文学を堕落させた外在的要因のひとつだと批判している(90)。

次に、首都の出版社は郵送購読制度によって、地方書店を従属的な位置に置いた。一八九五年に発行された定期刊行物七八五誌中、ペテルブルクのものは二五〇誌、モスクワのものは九二誌であり、両首都の刊行物だけで四三・六％という大きな割合を占めた[91]。既に一八六〇年代、「地方誌への興味は、残念ながらきわめて小さい。ロシア人読者の関心は主に……首都の刊行物に集中される[92]」と言われたように、これら首都の定期刊行物に対する需要は大きく、為替、郵便、鉄道を用いた郵送定期購読が広がっていった。

その手続きは次のようなものだ。まず、秋から冬にかけて、雑誌・新聞各誌が翌年の定期購読受付を開始し、広告を出す。それを見て、遠隔地に在住する者は地元の書店に購読を申し込み、一年もしくは半年分の代金を前払いする。地方書店はこれを首都の出版社に送金し、仲介料を得る。ペテルブルクおよびモスクワの出版社は、こうして集まった前金を財源として、翌年の編集、出版を行った。そして発行された定期刊行物が、整備されつつあった鉄道網と郵便制度を利用して申込者に送付されるのである。首都発の定期刊行物の発送は活況を呈し、一八八六年のペテルブルクでは、雑誌小包が市外郵便の半分を占めた[93]。また、仲介役となる地方書店の役割は重要性を増した。キシニョフの一読者が書誌雑誌に、この街は人口一五万人を擁する県都なのに、教科書や古い『ひかり』『ロージナ』の付録しか扱わない小さな書店しかないと不満を投稿している[94]。とはいえ書店数は、ペテルブルクでは七五軒（一八六五年）から一二五軒（一八八〇年）へ、モスクワでは一〇五軒（一八六八年）から一七九軒（一八八三年）へ増大したのに対して、それ以外の地方でも二〇五軒（一八六六年）、三六四軒（一八七一年）、五九六軒（一八七六年）、八七三軒（一八八一年）、一〇〇二軒（一八八五年）と、二〇年間で五倍になった[95]。

しかし、郵送購読はしばしば地方書店に不都合な制度だった。広大なロシア帝国では、刊行物が届くまでに相当の日数を要したが、そうしたタイムラグが、地方書店に不利益となることがあったからである。たとえば一八六〇年代から七〇年代にかけて、郵送にかかる日数は、両首都からヴォルガ川中流域のカザンまで一〇―一五日[96]、モスクワからシベリア西部のトムスクまでは二〇―二五日、さらに東部のイルクーツクまでは、季節次第で数ヶ月だった[97]。鉄道の開通によって所要日数は短縮されたが、タイムラグが克服されたわけではなく[98]、首都発の新聞は情報の鮮度を失ってしまうために地方ではそれほど読まれなかった。首都の出版社は、そうした所要日数を顧慮しなかった。それゆえ地方書店主は、たとえばヴォリフ社の販売方法を強く批判する。

〔ヴォリフ社発行の〕子供向け書籍の二五％割引は一二月一日から一五日までで、他の時期は一〇％である。輸送が距離によって一―四週間かかることを考えると、地方の書店主は一体どうしたら、ヴォリフ氏の出版物を〔安価に〕クリスマスに取り揃えられるよう準備できるのか[99]。

地方書店主にとっては、割引率が重要だった。なぜなら、書籍の販売価格は印字されたものを変更しがたいため、首都の出版社の割引率が一〇％なのか二五％なのかによって、地方書店主の取り分が大きく左右されたからである。ある地方店主は「我々の客は、ロシア中央にいようがシベリアにいようが旅順にいようが、本のカバーに印刷された価格にすっかり慣れているため、どんな上乗せも許容しない[100]」とこぼしている。しかも郵送料は割引対象外だったため、地方書店主たちの儲けはいっそう食われた。

さらに、互いの顔が見えない郵送購読制度が、首都の出版社の詐欺的行為を助長することもあった。一八八六年、絵入り雑誌『波』は、創刊を予告して定期購読者から予約金を集めたにもかかわらず、一号も読者に届かなかったために仲介書店が苦情を受ける羽目になった[101]。一八九四年には、ペテルブルクのナロードナヤ・ポーリザと名乗る出版社が代引き制度を悪用して、チホミーロフ著『歴史道徳名文集』なる本をキエフ周辺の聖職者たちに送りつけ、無理やり一ルーブルを支払わせる事件が発生した[102]。

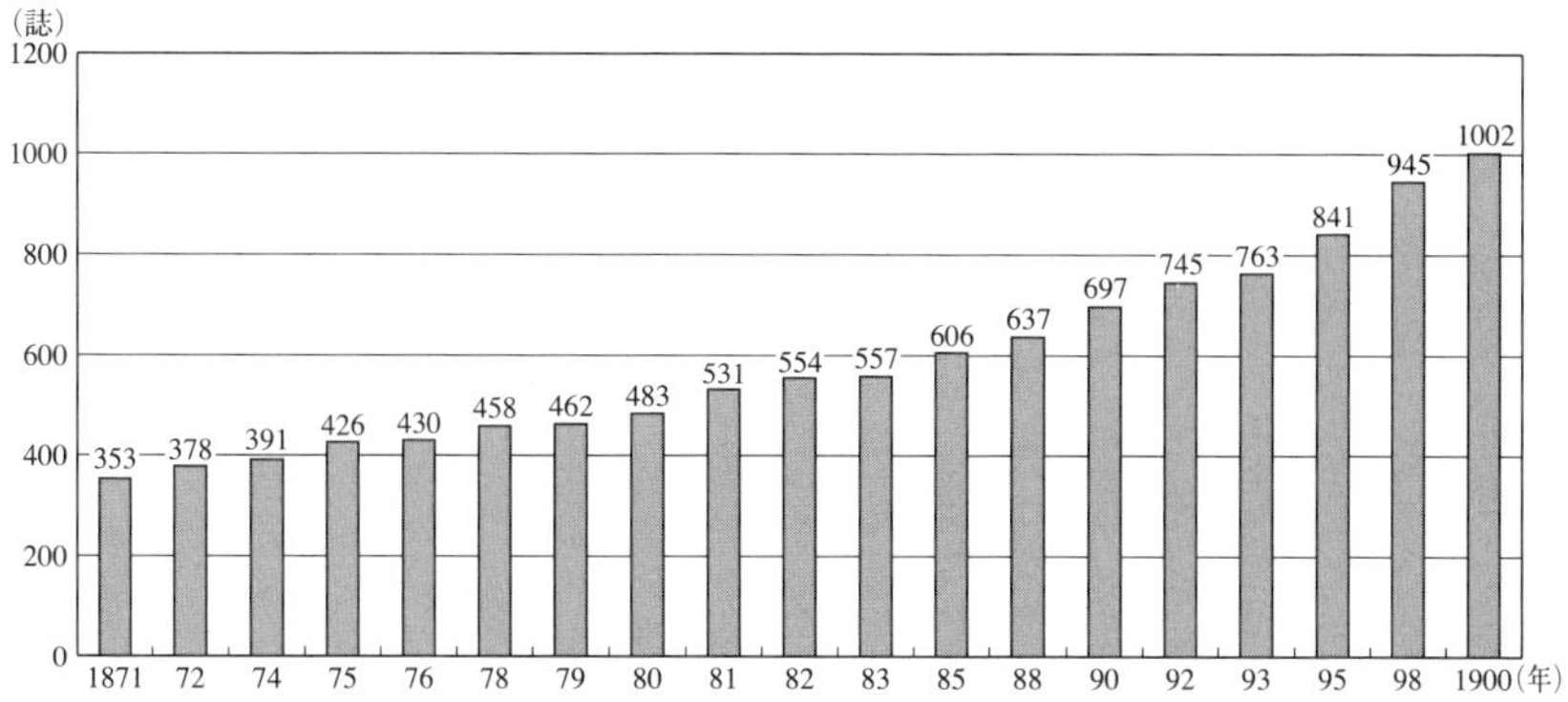

図 5　定期刊行物数(非ロシア語誌を含む)(1871–1900)

Charles A. Ruud, *Fighting Words* (Toronto, Buffalo: University of Toronto Press, 1982), p. 257 参照.

もっとも、首都ペテルブルクの出版社もしばしば、不法行為による損害を被ったことには触れておくべきだろう。たとえば一八八〇年、百貨店ガスチンヌイ・ドヴォールとパッサージュで、『ジェーロ』『絵画時評《ジヴォピスノエ・オボズレニエ》』『ネヴァ』『言葉《スローヴォ》』『ロシアの談話《ルースカヤ・レーチ》』を不当に安く売る業者が現れた。これらの雑誌はいずれも新品だったため、印刷所からの横流しが疑われた[103]。また、ペテルブルクで行商人が、スヴォーリン社『ロシア・カレンダー』を不当に廉価で販売したこともあった[104]。そして一八八九年、ドブロデーエフ社は郵送時や鉄道内での抜き取りを防ぐために、付録を冊子体の形に綴じることを出版総局に申請して許可された[105]。出版業は、油断のできないビジネスだった。

このように、地方の書店と読者たちは、郵送定期購読という制度によってしばしば不都合を経験させられた。一九世紀後半の出版業界で、地方の書籍流通機構は、首都に対して従属的な立場に置かれたのだった。

おわりに

以上のように一九世紀後半のロシアでは、「大改革」が産業振興を意図し、ロシア帝国に西欧から企業家が流入するルートがあったことを背景として、営利主義的なビジネスを行う出版界が成立し、絵入り雑誌が刊行さ

表1　主要定期刊行物の流通規模

	有力誌の発行部数	刊行頻度	同種刊行物の発行部数総計
「厚い雑誌」	6千–8千部	月刊	1860年3–4万→1900年9万部
新　聞	6万部前後	日刊	1860年6万5千→1880年30万→1900年90万部
絵入り雑誌	20万部前後	週刊	1870年代末10万→1900年50万部

Белов С.В. Издательство Г.Д. Гоппе// Книга: Исследование и материалы. Сб. 53, 1986. С. 60; *Рейтблат А.И.* От Бовы к Бальмонту. М, 1991. С. 15, 109; Louise McReynolds, *The News under Russia's Old Regime: The Development of a Mass-circulation Press* (Princeton, N.J.: Princeton University Press, 1991), Appendixes A, Table 4, Table 6; Charles A. Ruud, *Fighting Words*, p. 201より作成.

れるようになった。この新しいメディアと、「厚い雑誌」、新聞とが並んで、一八七〇年代から九〇年代にかけて、ロシアでは定期刊行物の誌数が右肩上がりに増加する［図5］。一八九五年、両首都で刊行された定期刊行物の発行者は、二二四誌が民間出版社、五〇誌が官製誌（ペテルブルク四六誌、モスクワ四誌）、五九誌が学術団体・各種協会、五誌が市およびゼムストヴォだった[106]。ニコライ一世時代には官製の定期刊行物が主流だったのが、半世紀を経て状況は大きく変わり、社会の側から現れた新聞、雑誌が定期刊行物数を押し上げたのである。

そして絵入り雑誌は、インテリゲンツィヤの「厚い雑誌」を文字通り一ケタ上回って、流通規模を拡大していった［表1］。一八九五年の『書籍通報』は、両首都で発行される定期刊行物は、日刊紙が三五紙（ペテルブルク二一紙、モスクワ一四紙）、週刊誌が九〇誌（ペテルブルク六五誌、モスクワ二五誌）、月刊誌が一二二誌であり、日刊紙の少なさが、西欧と異なる特色だと注記している[107]。ロシアに新聞の時代が到来するのは一九〇五年革命後であり、一九世紀後半においては、雑誌が全国メディアだった。

こうして、西欧からやってきた出版事業者たちと、彼らが経営の主軸とした絵入り雑誌によって、インテリゲンツィヤのメディアとナロードのメディアとのあいだに新しい出版と読書の領域が創り出されたのである。

（1） Jeffrey Brooks, *When Russia Learned to Read: Literacy and Popular Literature, 1861–1917* (Princeton, N.J.: Princeton University Press, 2003, first published 1985)；坂内徳明『ルボー

ク――ロシアの民衆版画』東洋書店、二〇〇六年。

（2）Deborah A. Martinsen (ed.), *Literary Journals in Imperial Russia* (New York: Cambridge University Press, 1997), pp. 96–97; *Рейтблат А.И.* От Бовы к Бальмонту: очерки по истории чтения в России во второй половине XIX века. М., 1991. С. 34–35; R. J. A. Ware, "Russian journal and its public: *Otechestvennye zapiski*, 1868–1884," *Oxford Slavonic Papers, New Series*, 1981, vol. 14.

（3）浦雅春『チェーホフ』岩波新書、二〇〇四年、一二一―一三頁。

（4）Louise McReynolds, *The News under Russia's Old Regime: the Development of a Mass-circulation Press* (Princeton, N.J.: Princeton University Press, 1991), pp. 34–36. ただし、こうした政治的大新聞は一八七〇年代には失速し、一八八〇年代―九〇年代のロシアでは、『取引所報知』のような経済紙や、『モスコフスキー・リストーク』をはじめとする暴露趣味的な小新聞が、新聞メディアの中心的存在となる。ベー・イー・エーシン（阿部幸男、阿部玄治訳）『ロシア新聞史』未来社、一九七四年、九六―九七頁。

（5）*Рейтблат* От Бовы к Бальмонту. С. 109. その後、一八七二年に国際通信社、八二年に北方通信社も設立された。

（6）番場俊『ドストエフスキーと小説の問い』水声社、二〇一二年、一五五―二一〇頁。

（7）*Кельнер В.Е.* «Почта революции»: эпизоды из истории транспортировки нелегальных изданий в 70-е гг. XIX в. // Книжное дело в России во второй половине XIX – начале XX века. Л., 1983. С. 34–43.

（8）ロバート・ジャスティン・ゴールドスティーン（城戸朋子、村山圭一郎訳）『政治的検閲――一九世紀ヨーロッパにおける』法政大学出版局、二〇〇三年、三五―九三頁。帝政期ロシアの検閲については、以下の研究文献がある。*Лемке М.* Очерки по истории русской цензуры и журналистики XIX столетия. СПб., 1904; *Герасимова Ю.И.* Отношение правительства к участии печати в обсуждении крестьянского вопроса в период революционной ситуации конца 50-х – начала 60-х годов XIXв. Под ред. Нечкины М.В. Революционная ситуация в России в 1859–1861 гг. М., 1974. С.81–105; *Чернуха В.Г.* Правительственная политика в отношении печати 60–70-е годы XIX века. Л., 1989; Charles A. Ruud, *Fighting Words: Imperial Censorship and the Russian Press, 1804–1906* (Toronto, Buffalo: University of Toronto Press, 1982); Marianna T. Choldin, *A Fence around the Empire: Russian Censorship of Western Ideas under the Tsars* (Durham: Duke University Press, 1985); *Жирков Г.В.* История цензуры в России XIX – XX вв. М., 2001; *Григорьев С.И.* Придворная цензура и образ верховной власти 1831–1917. СПб.,

2007.

(9) Полное собрание законов（ПСЗ）. Собр. 2. No. 38270（12 мая, 1862）.

(10) ПСЗ. Собр. 2. No. 41988; 41990（6 апреля, 1865）.

(11) ПСЗ. Собр. 2. No. 45973（14 июня, 1868）.

(12) ПСЗ. Собр. 2. No. 50958（7 июня, 1872）.

(13) ПСЗ. Собр. 3. No. 1072（27 августа, 1882）.

(14) Caspar Ferenczi, "Freedom of the press under the Old Regime, 1905–1914," in Olga Crisp and Linda Edmondson（eds.）, *Civil Rights in Impeial Russia*（Oxford: Clarendon Press, 1989）, p. 200.

(15) Реформы Александр II. Под ред. Чистякова, О.И.; Новицкой, Т.Е. М., 1998.

(16) 石井規衛「『大改革』とツァリーズム」北原敦、木村靖二、福井憲彦、藤本和貴夫編『ヨーロッパ近代史再考』ミネルヴァ書房、一九八三年、九三―九七頁。

(17) 和田春樹「近代ロシア社会の法的構造」『基本的人権の研究（三）』東京大学社会科学研究所、一九六八年、二七三―二八三頁、橋本伸也『帝国・身分・学校――帝政期ロシアにおける教育の社会文化史』名古屋大学出版会、二〇一〇年、一〇八―一一八頁。

(18) *Иванова Н.А., Желтова В.П.* Сословно-классовая структура России в конце XIX– начале XX века. М., 2004. С. 22–23.

(19) Richard Pipes, *Russia under the Old Regime*（London: Penguin books, 1995）, p. 217.

(20) *Шепелев Л.* Чиновный мир России. XVIII – начало XX в. СПб., 2001. С. 131–144.

(21) 高田和夫『近代ロシア農民文化史研究』岩波書店、二〇〇七年、二七五―二七三頁。

(22) *Иванова Н.А., Желтова В.П.* Сословно-классовая структура России. С. 76–81.

(23) Eric Lohr, *Russian Citizenship: From Empire to Soviet Union*（Cambridge, MA and London: Harvard University Press, 2012）, pp. 47–53.

(24) 増田冨壽「ロシヤにおける繊維工業の発達と外国資本」『ロシヤ史研究五十年』早稲田大学出版部、一九九一年、二三五―二三七頁。

(25) 鈴木健夫「近代ロシア鉄鋼業の先駆者ジョン・ヒューズ――南ウェイルズから南ロシアへ」鈴木健夫、南部宣行編『大英

帝国の光と影』早稲田大学現代政治経済研究所、一九九二年、一五七－一七一頁。

（26） Западные окраины Российской империи. М., 2006. С. 87; Ekaterina Pravilova, “From the zloty to the ruble: the kingdom of Poland in the monetary politics of the Russian empire,” in Jane Burbank, Mark von Hagen, and Anatolyi Remnov（eds.）, *Russian Empire: Space, People, Power, 1700–1930*（Bloomington and Indianapolis: Indiana University Press, 2007）, pp. 295–319.

（27） *Динерштейн Е.А.* Петербургский издатель М.О. Вольф // Российское книгоиздание（конец XVIII – XX в.）. Избранные статьи. М., 2004. С. 140–141. リブローヴィチの回想録では、ヴォリフの祖父はハプスブルク帝国のヨーゼフ二世の侍医だったとされる。*Либрович С.Ф.* На книжном посту. Петроград и М., 1916. С. 445.

（28） 1853–1878: К двадцатипятилетию издательской деятельности Маврикия Осиповича Вольфа. СПб., 1878. С. 3.

（29） *Либрович С.Ф.* На книжном посту. С. 445–447; Западные окраины Российской империи. С. 84–86.

（30） *Сартор В.* Международные фирмы в Российской империи, 1800–1917 гг. // Экономическая история: ежегодник. М., 2005. С. 108–151.

（31） 一八八九年には、ロシアの企業家と契約してブロックハウス・エフロン社を起ち上げ、ロシア版百科事典の刊行事業にも進出した。同社によって一八九〇－一九〇七年に刊行された全八六巻の百科事典は、帝政末期ロシア史研究の重要な参照史料となっている。ブロックハウス・エフロン社については、次の文献がある。*Белов С.В.* Издательство «Брокгауз и Ефрон» // Книга: Исследования и материалы. 2005. Сб. 84. С. 182–218; *Баренбаум И.Е.* Книжный Петербург: три века истории. СПб., 2003. С. 301–303.

（32） К двадцатипятилетию издательской деятельности Вольфа. С. 4.

（33） *Либрович С.Ф.* На книжном посту. С. 67, 447.

（34） К двадцатипятилетию издательской деятельности Вольфа. С. 4.

（35） *Либрович С.Ф.* На книжном посту. С. 449–452.

（36） *Динерштейн Е.А.* Петербургский издатель М.О. Вольф. С. 134.

（37） *Либрович С.Ф.* На книжном посту. С. 371–375.

（38） *Заблотских Б.* Книжная улица // Москва. 1983. No. 9. С. 160; *Баренбаум И.Е.* Книжный Петербург. М., Книга, 1980. С. 129.

（39） *Динерштейн Е.А.* Петербургский издатель М.О. Вольф. С. 138, 144–145, 151.

（40） *Либрович С.Ф.* На книжном посту. С. 452.

（41） Российская библиография. 1879. No. 49–50. С. 247–248. 地方書店主による同様のヴォリフ批判は、Российская библиография. 1880. No. 53. С. 10–11 でも繰り返されている。

（42） *Либрович С.Ф.* На книжном посту. С. 11–12, 24–27, 32–33, 259–264.

（43） *Либрович С.Ф.* На книжном посту. С. 452.

（44） *Динерштейн Е.А.* «Фабрикант» читателей А.Ф. Маркс. М., 1986. С. 13–27.

（45） *Либрович С.Ф.* На книжном посту. С. 390–392; *Белов С.В.* Издательство Г.Д. Гоппе // Книга: Исследование и материалы. Сб. 53, 1986. С. 52–69.

（46） Живописное обозрение. 1883. No. 11. С. 167.

（47） *Динерштейн Е.А.* «Фабрикант» читателей. С. 184–185.

（48） *Либрович С.Ф.* На книжном посту. С. 388.

（49） *Либрович* На книжном посту. С. 383–389, 394.

（50） スミルディンについては次の文献を参照。*Гриц Т., Тренин В., Никитин М.* Словесность и коммерция Книжная лавка Смирдина. М., 1929.

（51） *Либрович С.Ф.* На книжном посту. С. 244–250.

（52） *Либрович С.Ф.* На книжном посту. С. 398–404.

（53） *Либрович С.Ф.* На книжном посту. С. 259–264; Книга в России 1861–1881. Т. 2. С. 63.

（54） *Динерштейн Е.А.* «Фабрикант» читателей. С. 31.

（55） *Либрович С.Ф.* На книжном посту. С. 46.

（56） *Динерштейн Е.А.* Петербургский издатель М.О. Вольф. С. 177, 183; *Он же* Акционерные компании в издательском деле пореформенной России //Российское книгоиздание（конец XVIII – XX в.）. Избранные статьи. М., 2004. С. 75–78.

（57） *Топоров А.Д.* Систематический указатель литературного и художественного содержания журналы «Нива» за XXX лет（с 1870–1899 г.）. СПб., 1902. С. 9.

(58) *Динерштейн Е.А.* «Фабрикант» читателей. С. 206.

(59) Солнце России. 1913. No. 3 (154). С. 14.

(60) Первое десятилетие русского общества книгопродавцев и издателей и журнала «Книжный вестник» 1883–1893 г. СПб., 1894. С. 4–6, 8–10, 13–14.

(61) *Либрович С.Ф.* На книжном посту. С. 66–72; *Динерштейн Е.А.* Петербургский издатель М.О. Вольф. С. 150.

(62) Книга в России 1861–1881. Т. 2. М., 1988. С. 20.

(63) *Белов* Издательство Г.Д. Гоппе. С. 52–69; *Воронкевич А.С.* Русские иллюстрированные еженедельники в XIX веке // Вестник Московского университета. Сер. 10 Журналистика. 1984. No. 1. С. 32–39.

(64) Sam G. Riley (ed.), *Consumer Magazine of the British Isles* (Westport, Conneticut, London: Greenwood Press, 1993), p. 89.

(65) Michele Martin, *Images at War: Illustrated Periodicals and Constructed Nations* (Toronto, Buffalo, London: University of Toronto Press, 2006), pp. 12–24.

(66) *Рейтблат А.И.* От Бовы к Бальмонту. С. 97–98.

(67) Нива. 1873. No. 17. С. 272.

(68) Нива. 1904. No. 50. С. 997.

(69) *Динерштейн Е.А.* «Фабрикант» читателей. С. 40.

(70) *Нетужилов К.Е.* Церковная периодическая печать в России XIX столетия. СПб., 2008. С. 188.

(71) *Либрович С.Ф.* На книжном посту. С. 383–389, 394.

(72) Нива. 1873. No. 17. С. 267.

(73) 大野斉子『メディアと文学——ゴーゴリが古典になるまで』群像社、二〇一七年、四二一—四三頁。

(74) Нива. 1873. No. 17. С. 270.

(75) Живописная Россия. Т. 1. Ч. 1. Северная Россия. СПб.-М., 1881. С. V – VL; *Динерштейн Е.А.* Петербургский издатель М.О. Вольф. С. 174–175.

(76) Нива. 1873. No. 17. С. 271.

(77) Нива. 1889. No. 13. С. 849.

（78）Краткие сведения об учебном курсе школы при типографии газеты «Новое время». СПб., 1895.

（79）Книга в России 1861–1881. Т. 2. С. 5–6.

（80）Книга в России 1861–1881. Т. 2. С. 7–8, 13; Ruud, *Fighting Words*, p. 191.

（81）Краткий очерк издательской деятельности Алексея Сергеевича Суворина и развития принадлежащей ему типографии «Нового Времени», СПб., 1900, С. 8; Нива. 1887. No. 49. С. 1240.

（82）Газетная и журнальная иллюстрация: сборник материалов / ГМИ СПб, Научная конференция «Иллюстрация в печати: от прошлого к будущему». СПб., 2014. С. 48.

（83）Нива. 1887. No. 49. С. 1238, 1240.

（84）*Аникст М., Бабурина Н.,Черневич Е*. Русский графический дизайн. 1880–1917. М., 1997. С. 90–91.

（85）広告収入が出版事業に不可欠となったために、出版社と一般企業を仲介する広告代理店が現れた。広告業界では、西欧出身の経営者がロシア人の経営者の数を上回り、主導的役割を果たした。メッツル社を一八七八年に創業したルートビヒ・メッツルはチェコ出身で、モスクワで開業後、ペテルブルク、ワルシャワ、ヴィルノなどに支店を構えた。二〇世紀初頭に広告事業はさらに成長し、一九一三年には、ロシアの広告代理店は五〇軒前後を数えた。一九一四年には、モスクワに三一軒、ペテルブルクに三六軒の広告代理店があったという。Sally West, *I Shop in Moscow: Advertising and the Creation of Consumer Culture in Late Tsarist Russia*（DeKalb: Northern Illinois University Press, 2011）, pp. 35–36; *Архангельская И.Д*. Реклама в старые добрые времена（конец XIX – начало XX века）. М., 2009. С. 7.

（86）Отчет по изданию «Русских ведомостей» за 1896 год. [М., 1897.] С. 11.

（87）沼野充義『チェーホフ　七分の絶望と三分の希望』講談社、二〇一六年、三三一―三三二頁。

（88）*Видуэцкая И.П*. А.П. Чехов и его издатель А.Ф. Маркс. М., 1977. С. 5–18.

（89）*Рейтблат А.И*. От Бовы к Бальмонту. С. 78–96.

（90）*Мережковский Д.С*. О причинах упадка и о новых течениях современной русской литературы // Стихотворение: О причинах упадка и о новых течениях современной русской литературы. СПб., 1912. С. 209–305.

（91）Книжный вестник. 1895. No. 1. С. 11.

（92）Книжный вестник. 1866. No. 5. С. 128.

(93) Книжный вестник. 1886. No. 4. С. 195.

(94) Книжный вестник. 1895. No. 2. С. 19–20.

(95) Книга в России 1861–1881. Т. 1. С. 32–34. 一八九〇年のデータでは、モスクワ二〇五軒、ペテルブルク一四二軒、ワルシャワ一三七軒、オデッサ六八軒、チフリス六三軒、リガ四六軒、サラトフ四二軒、キエフ三八軒、ハリコフ二三軒となっている。Jeffrey Brooks, *When Russia Learned to Read*, p. 110.

(96) Книжник. 1866. No. 1. С. 49.

(97) Двадцатипятилетие Сибирского книжного магазина П.И. Макушина в Томске（19 февраля 1873–1898 г.）Томск, 1898. С. 1.

(98) *Мариак С.Я.* В начале жизни // Книга и читатель 1900–1917: Воспоминания и дневники современников. сост. А.И. Рейтблат. ред. М.М. Панфилов. М., 1999. С. 116.

(99) Российская библиография. 1879. No. 49–50. С. 247–248. 地方書店主による同様のヴォリフ批判は、Российская библиография. 1880. No. 53. С. 10–11でも繰り返されている。

(100) Книжный вестник. 1900. No. 5–6. С. 83–84.

(101) Книжный вестник. 1886. No. 2. С. 104.

(102) Книжный вестник. 1894. No. 11. С. 403–406.

(103) Российская библиография. 1880. No. 58. С. 167–168.

(104) Российская библиография. 1879. No. 39. С. 194.

(105) Газетная и журнальная иллюстрация. С. 31.

(106) Книжный вестник. 1895. No. 1. С. 11–14.

(107) Там же.

第二章　読者大衆の成立

それから彼女は本に手をふれた。……多くのページに、鋭い爪跡が残っていた。注意ぶかいタチヤーナの眼が、生き生きとその爪跡に注がれた。どんな思想や考えにオネーギンが日ごろ心を打たれていたか、どんな意見に無言で同意していたかを、彼女は胸ときめかせつつ見つめた。また彼女は余白に、鉛筆の印しを見つけた。いたるところにオネーギンの心が知らぬまに透けて見えた。ある時は短評や×印によって、またある時は疑問符によって。

こうしてわがタチヤーナは、自分が権力的な運命によって一体どんな男にため息を捧げる羽目となったかを、運よくはっきり理解しはじめた。……要するに彼はパロディに過ぎないのか。

〔プーシキン『オネーギン』第七章（一八二七―二八年）
池田健太郎訳、岩波文庫〕

はじめに

一九世紀後半、ロシアに絵入り雑誌という新たなメディアが現れた。では、その読者となったのは誰だったのだろうか。ロシアの見失われたミドルクラスたる彼らは、実際にはどのような人々であり、何を求めて読んだのか。

ロシア史研究では、出版・読書という事象が論じられるにあたって、インテリゲンツィヤの啓蒙的教育活動がいかに民衆《ナロード》を読書に導いたかが主たる関心対象となってきた(1)。だが、読書がインテリゲンツィヤとナロードの関係の中だけにあったと考えるのは不自然である。一九七〇年代以降、出版・読書研究の世界的な潮流においては、テクストが、特定の社会的、歴史的環境のもとで読み方を共有する人々からなるさまざまな「解釈共同体」を成立させ、そこでの読まれ方は、共同体の利害や価値観の体系によって規定される、という分析枠組みが用いられてきた(2)。読書の社会史は、あらかじめ読み手の階級を区分することを避け、実際には多様な出自からなる人々の集合体と書物の相互関係を分析する方向へと進んでいると言えるだろう(3)。ロシアの読書もまた、より広い文脈から捉えなおす必要がある。

本章ではこうした枠組みを念頭に、インテリゲンツィヤとナロードという二項対立から離れて、絵入り雑誌の読者について考察する。以下では、まずインテリゲンツィヤの民衆啓蒙活動について述べた上で、それにあてはまらない読書行為が絵入り雑誌と共に現れたことを明らかにし、そうした読み方をした人々の構成と、彼らが読書に求めたことを分析する。主に用いる史料は、一九世紀ロシアの公共図書館の年次報告書、当時の書誌雑誌のデータ、啓蒙団体の公刊資料、読者の回想を収録した史料集(4)、『ニーヴァ』を中心とする絵入り雑誌の記事等である。

一　インテリゲンツィヤによる民衆啓蒙活動

地方の知識人たち

先に述べたように、近代ロシアの出版と読書の歴史として最も注目されてきたトピックは、知識人による民衆の識字啓蒙活動であった。一九世紀後半は、そうした運動がとりわけ盛り上がった時期だったからだ。

一八五〇年代後半、クリミア戦争敗北にロシア社会が大きな衝撃を受けた時代、社会思想家ニコライ・チェルヌィシェフスキーやドミトリー・ピーサレフ、医学者ニコライ・ピロゴーフ、教育学者コンスタンチン・ウシンスキーら、首都のインテリゲンツィヤたちが、近代化のために知識人がナロードを識字啓蒙して国力を底上げする必要性を説いた。(5) こうした主張に、後にナロードニキと呼ばれる首都の大学生たちや、教師、医師ら地方知識人たちが共鳴し、各地で社会改良にあたる使命を自任した。大学生たちは「民衆の中へ《ヴ・ナロード》」をスローガンに農奴制廃止後の農村へ向かい、農民たちに字を教えた。地方知識人は、地方自治機関ゼムストヴォや、識字委員会や良書普及協会といった自発的結社を拠点に、朗読会や読み書き学校、書籍倉庫と呼ばれる簡易的な書店を運営して、農民や労働者に読書を促した。(6) 公共図書館が増加したのもこの時代だ。それまで各県に官立図書館が一館ある程度だったのが、さまざまな協会やゼムストヴォによって中小都市や農村にも図書館・図書室が開かれ、その数は一八九八年に約三〇〇〇館に及んだ。(7) このようにして一九世紀後半のロシアでは、民衆啓蒙運動が全国規模で広がった。

こうした運動からは、後年のロシア書誌学研究に影響を与える人々が現れた。たとえばニコライ・ルバーキンは、ナロードに確実に良書を広めて教化するためには、嗜好や慣習などからなる彼らの内面、すなわち「読者心理」の解明が不可欠と考え、その理論化に力を尽くした。(8) 同様の発想からアレクサンドル・プルガーヴィンは、地方の知識人たちに地元の農民の読書慣行について回答を求めるアンケートを、一八八七年から数次にわたって複数の雑誌に掲載してデータを収集した(9)。こうした調査と分析は、この国に萌芽的に現れていた書物研究に読書論という新しい分野を拓くことになり、結果、彼らは現在に至るまでロシア書誌学にその名を残している。

また、革命派インテリゲンツィヤにつらなる運動家たちも現れた。ハリコフで活動したフリスチーナ・アルチェフスカヤは、一八六〇年代にロシア初の女性向け日曜学校を創設し、八四年には『民衆は何を読むべきか』を著して、各地の識字啓蒙運動に指針を与えた(10)。彼女の影響を受けたリュボーフィ・ハフキナやナデジダ・クルプスカヤもまた、識字教育と民衆向け無料図書室の開設に尽力した。クルプスカヤはボリシェヴィキの一員で、ヴラジーミル・レーニンの妻でもあり、彼女の提供した生徒の読書傾向のデータにもとづいて、レーニンは「労働者インテリ」論を著した(11)。やがて一九一七年の革命後、クルプスカヤは新国家で教育行政をつかさどる教育人民委員部《ナルコンプロス》の主要メンバーとなり、一九世紀以来の民衆啓蒙運動を国家の施策として継承し、推し進めていくことになる(12)。

「良書」とは何か

では、知識人がナロードに読むことを推奨した「良書」とは、どのようなものだったのだろうか。逆に、彼らは何を「悪書」と考えたのか。

従来、地方在住の人々が書籍を入手できるのは、行商人の集まる市場においてであった。たとえばチェルニゴフ県のヴォズドゥヴィジェンスキー市場の記録によれば、この市場には皮、靴、冬用衣服を扱う商人に交じって、書籍商が三名いた。書籍の買い手は、「インテリゲンツィヤ」三五名、「中層」一二名、「農民」三七名と、相応の人数にのぼっている。ただし行商人たちが販売するのは、「書籍」といっても、夢占いやカレンダー、あるいは迷信やおとぎ話、宗教的、道徳的説話を木版で刷ったルボーク出版物が中心だった(13)。

こうした読み物が、知識人たちの批判する「悪書」であった。ある識者はオリョール県ブリャンスクの市場で見られた光景について、「行商人は『魔女の恐ろしい呪い』といった類の「文学のクズ」を売るのであり、良い本を読むことを渇望して、購入のために小遣いを貯めた子供たちを行商人がからかうのを見るのは嘆かわしい」[14]と痛罵している。民衆啓蒙を目指す協会団体やゼムストヴォの目標は、このような「汚い紙に印刷された教訓的読み物」[15]を撲滅し、「良い本」を広めることだったのだ[16]。

その「良い本」とは、教育的で芸術性に優れた出版物であり、彼らは自らその刊行に取り組んだ。とりわけ重視されたのは、「金の時代」を中心としたロシア文学の諸作品である[17]。たとえばペテルブルク識字委員会は一八八〇―一九五年に一二六点の書籍を刊行したが、その内訳は、プーシキンやレールモントフらの文学作品が一一五点、歴史が三点、旅行・地理が三点、自然科学が三点、農業経営が二点というように、九割以上を文学作品が占めた[18]。文学者レフ・トルストイもまた、民衆啓蒙の必要性を説いて出版社「ポスレドニク」の設立に加わり、ナロード向けの数々の作品を執筆、刊行している[19]。

こうした活動が一因となり、一九世紀後半を通じて、たしかにロシア語の識字率は上昇した。一八六〇年代末から七〇年代初頭に識字率はわずか八％（都市部三〇％超、農村部五―六％）だったのが[20]、九七年には二一・一％（都市部四五・三％、農村部一七・四％）に至ったのである[21]。一八九六年に職業別に集計された都市下層民の識字率もまた、港湾労働者五四％、日雇い労働者五九％、御者八四％、ソーセージ職人八五％、パン屋八六％、レストラン給仕九〇％と、かなり高い数値を示している[22]。

しかし、識字率は数値的な指標であり、読者の具体像を伝えてくれるわけではない。はたしてこれは、リテラシーを得た民衆が、知識人たちの期待した通りに良書を読むようになったことを意味するのだろうか。

実は、もしそうだとすると説明のつかない現象が、当時の公共図書館の記録にはしばしば出てくる。次の引用は、一八九八年にハリコフ協会図書館の司書が年次報告書に記載した、ある利用者の姿である。

二　「軽い読書」

二人の女性がやって来て、『とんぼ』を請求した。我々のところにはそのような雑誌はない。当直の司書は彼女らに、返却されたばかりの『アンナ・カレーニナ』を奨めた。「どんな本ですか。おもしろいのですか」彼女たちはこれまで、『アンナ・カレーニナ』ばかりか、レフ・トルストイの存在さえ聞いたことがないことがわかった。彼女たちは大変よい身なりで、そんなに無知だとは想像しがたかった。(23)

いまどきの日本の大学生がトルストイやドストエフスキーを知らず、ロシア文学の教員が絶句するという話を聞くことがある。だが本場ロシアで文豪たちが名を馳せた時代にも、身なりのよい読者が無知をさらして識者がショックを受けるという、よく似た事態があったわけである。

また、モスクワ民衆図書館では、利用者が次のように描写されている。

二八―三八歳の中年〔の読者〕は、ふたつのカテゴリーにわけられる。ただ読むだけの読者と、光を探す読者である。前者は主に、『トルコ戦争』や『ニーヴァ』を請求する。後者は……ドストエフスキーとトルストイのところで立ち止まる。(24)

以上のふたつの事例に共通して現れるのは、必ずしも貧しいわけではないのに、「無知」で「ただ読むだけ」という読者の姿である。それは、知識人が識字啓蒙を施し、良書を読むよう育成したはずの民衆とは、やや様相を異にしている。そしてドストエフスキーやトルストイの文学を手に取ることなどない、そのような利用者と結びつけられているのが、『とんぼ』『ニーヴァ』という絵入り雑誌だ。

各地の図書館の司書たちは、こうした利用者の嗜好を「軽い読書《リョフコエ・チテニエ》」と名付け、固有の行動として記録した。たとえば一八八六年のモスクワ市公共図書館の集計では、小説と絵入り雑誌を「休息と娯楽を求める」軽いものと見做し、学術的書籍と「厚い雑誌」という「真面目な」読み物と区別した(25)。また、一八九八年のヘルソン協会図書館も、利用者が読んだ本を「軽い読書用」と「学術的内容」の二者に分類して集計している(26)。

そもそもが民衆啓蒙のために設立された公共図書館である。良書普及の使命感を抱いた図書館の運営者たちが、「軽い読書」を敵視しても無理はない。一八七六年、ジトーミル公共図書館の報告書は、「各人が、まずは読書にただ面白さや好奇心の充足を求め、軽い本の中に満足を見出す」と、やはり「軽い」読み物を批判的に描写している(27)。最も強硬に「真面目な読書」の促進を主張した司書は、オデッサ市公共図書館のアレクサンドル・デ＝リバスだ。彼は「軽い内容の本とビラ」を「より真面目な内容の本と学術雑誌」と区別したうえで(28)、通俗小説を蔵書から排除し、雑誌最新号の提供を中止すると、さらには「軽い読書」用の書籍を、司書の許可のもとでのみ利用させたのである(29)。

だが、次第に大勢は変わり、多くの公共図書館が、「できるだけ多くの真面目な本を入れるという以前の制度を大きく変え、……新聞や雑誌、絵入りや諷刺出版物を購読し、貸し出し始めた(30)」。こうして各地の公共図書館は、『ヨーロッパ報知』『ロシアの思想』のような「真面目な」厚い雑誌と並んで、『ニーヴァ』『絵画時評』などの「軽い」絵入り雑誌をも、利用者の人気に応じて複数部購入するようになった(31)。

このような変化の反映であろう、書誌雑誌『書籍通報』が一八九三年に掲載したある記事は、いわゆる無教養な読者が主たる読み物を変えつつある現象を指摘している。

わりあい最近まで、カレンダーを一〇〇回眺めて満足する人に至るところで会ったものだが、今はそのような手合いはほとんどいない。およそ彼らは、『鐘の王様』『ひかり』『ジェーニ』『ロージナ』『ニーヴァ』などを読んでいる。(32)

前節で述べたように、民衆啓蒙運動の活動家たちは、地方の市場で入手できる読み物がルボークのカレンダーや夢占いの類であることに憤慨し、それを「良書」に替えようとした。だが右の引用に見られるのは、そうした読み物をもっぱら手にしてきた人々が、絵入り雑誌『鐘の王様』『ロージナ』『ニーヴァ』や小新聞『ひかり』『ジェーニ』を読むという、「軽い読書」に移行していることだ。このように、一九世紀後半の読者の行動には、知識人による民衆啓蒙運動の意図とは異なる傾向のあったことが確認できるのである。

ここで留意すべきは、先行研究が関心を集中させてきた啓蒙団体の教育的出版活動が、実際には必ずしも恒常的かつ大きな規模ではなく、「ルボークの大海の中では一滴にすぎない(33)」と評されることもあったという事実である。たとえば、先に挙げたペテルブルク識字委員会が一八八〇—九三年に発行した書籍は例年三—四点程度であり、最多だった八四年および八五年でも八点にとどまった(34)。また、ナロードニキ運動の失敗に見られるように、インテリゲンツィヤがナロードの生活を理解し、それに溶け込むのは困難だったことも、良書普及に限界をもたらした(35)。一九世紀後半の民衆啓蒙活動は、ルバーキンたちの調査と分析がその後のロシア書誌学研究の基礎となったことや、クルプスカヤのような人物の存在によって革命後の新国家で正統性を得たことから、その成果がやや過大に評価されてきたことに注意しなければならない。一九世紀後半ロシアの読書の全体像を明らかにするには、そうした背景によって見落とされてきた「軽い読書」という現象に焦点をあてる必要があるのだ。

三　読者の構成

では、「軽い読書」をしたのは誰だったのだろうか。彼らがロシア社会においてどのような位置づけの人々だったかを明らかにするために、その地理的分布に触れた上で、彼らの社会的地位を規定した身分《サスローヴィエ》、学歴を明らかにしよう。その上で、啓蒙運動の活動家たちによる批判的な記述から離れて、彼らが「軽い読書」に何を求めたかを考えてみたい。

読者のエスニシティ

そもそも、「軽い読書」をする人々は「ロシア人」だったのだろうか。

この問いに答えるには、「軽い読書」の対象たる絵入り雑誌の、購読者の地理的分布を知ることが有用だろう。『ニーヴァ』は一八八三年に、定期購読者がどこに居住しているかのデータを公開している[36]。それによれば、この年の定期購読者一〇万人中、圧倒的に多くを占めたのは、首都ペテルブルク二万四〇五二人、続いて旧首都モスクワ四六四七人の読者たちだった。それに続くのが、ヨーロッパ・ロシア諸県の合計五万八八五八人である。その中には、北部地域（アルハンゲリスク県二〇四人、オロネッツ県二二六人）や沿バルト地域（クールラント県一二一人、リーフラント県二七二人）のように、少なさが際立つ地方もある。だが、ペテルブルク近郊（首都地域を除くペテルブルク県一二二〇人、ノヴゴロド県一一八〇人、トヴェーリ県一三七六人）、モスクワ近郊から沿ヴォルガ、沿ウラルにかけての地域（ヴラジーミル県一四九四人、ニジェゴロド県一五三一人、カザン県一三九〇人、ペルミ県二〇四五人）、中央黒土地帯（オリョール県一七〇五人、タムボフ県一六三四人、クルスク県一五二八人、ヴォロネジ県一四五五人）、南ロシア（エカテリノスラフ県二三一八人、タヴリダ県一四〇五人、キエフ県二〇九〇人、ポルタヴァ県一五二四人、サラトフ県一八五一人）など、広範囲にわたる地域では、一定数の購読者がいた。その他の地域では、ロシア領ポーランド王国（ワルシャワ）一八一八人、カフカスおよびザカフカス（チフリスおよびスタヴローポリ）三五九五人、シベリアおよびキルギス州（イルクーツク、オムスク、トムスク、ウラリスク）二五八六人、トルキスタン四一二人、フィンランド三五九人となっている。以上の数値からは、『ニーヴァ』は帝国全域に流通していたと言うことができよう。

流通域が広かったことからは、『ニーヴァ』の読者にはロシア人だけでなく、他のエスニシティに属する人々もある程度加わっていた可能性を想定できる。一八九七年の国勢調査における帝国内の主要な民族のロシア語識字率は、ロシア人八三九三万四〇〇〇人中一八・五％、ポーランド人七九三万一〇〇〇人中一三・四％、ユダヤ人五〇六万三〇〇〇人中一三・七％、フィン系三五〇万二〇〇〇人中一三・九％、リトアニア人・ラトヴィア人三〇九万四〇〇〇人中一七・三％、ドイツ人一七九万人中二四・五％である。(37) ロシア語は、帝国全域におけるリンガ・フランカだった。非ロシア人出版家が導入したロシア語メディアである絵入り雑誌『ニーヴァ』の購読者は、主としてロシア人から構成されつつも、帝国内諸民族のロシア語使用者をも含んだ可能性がある、と考えることが適切だろう。

読者の身分《サスローヴィエ》と学歴

このように地理的分布をイメージした上で、「軽い読書」をする人々の社会的位置づけを、彼らの身分と学歴に焦点をあてて考えよう。

第一章で述べたように、「大改革」は旧来の身分制を大きく改変し、諸勢力の様相を変容させた。すなわち農民は領主権から解放され、出稼ぎの工場労働者として都市で生活する者も多くなった。領主貴族は農民の土地利用に対する

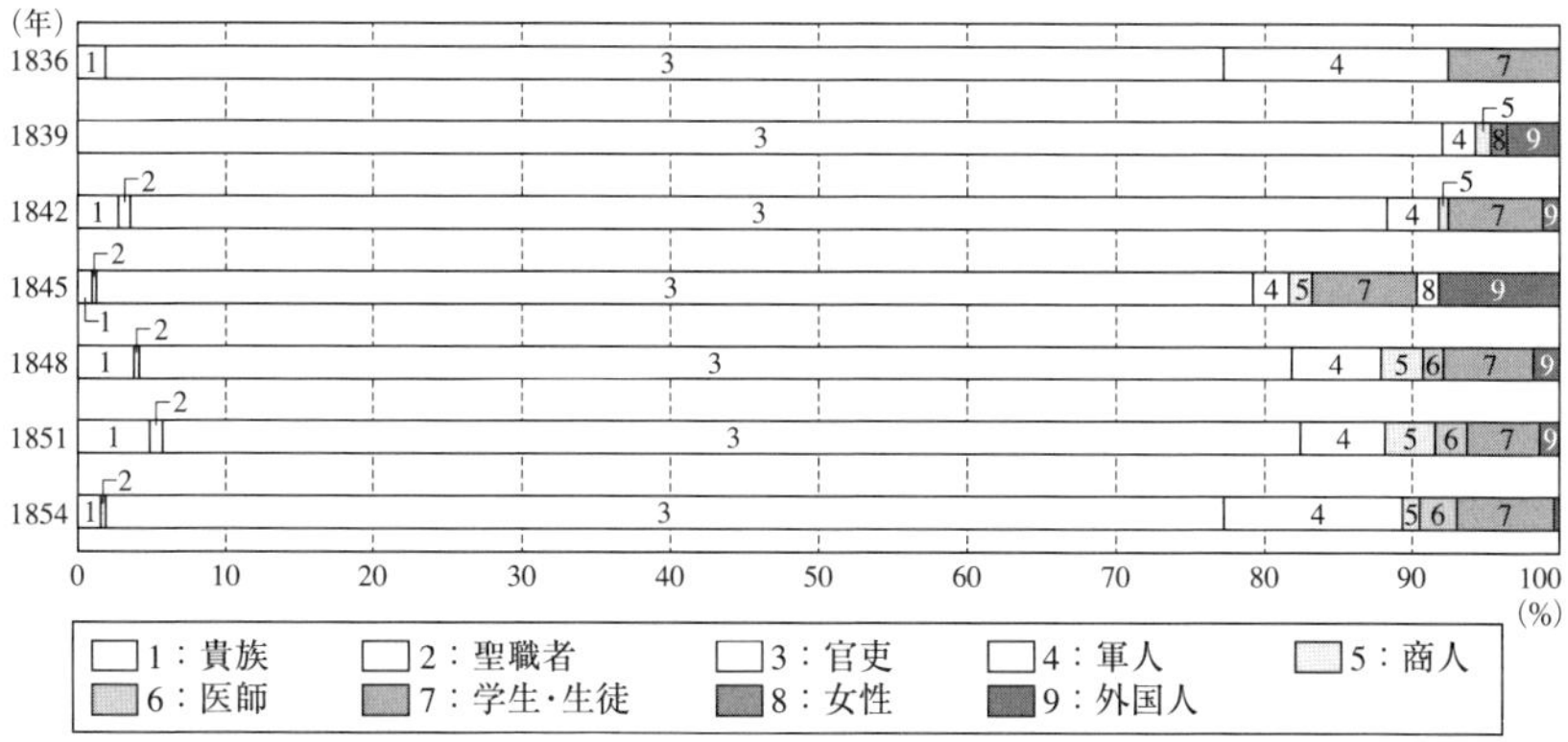

図1　キシニョフ公共図書館　利用者身分うちわけ

1836–54年の利用者（閲覧者）数は，106, 114, 78, 191, 264, 235, 282, 341, 863, 1050, 1328, 824, 842, 858, 861, 958, 1013と推移した（1844年および53年はデータなし）．*Ганенко П.Т.* История Кишиневской публичной библиотеки (1830–1917 гг.). Кишинев, 1966. С. 48より作成．

特権を失い、没落傾向を示した。また、商人身分の規定に変更が加えられ、企業家層が形成された。

もうひとつ注目すべきは、同じく「大改革」期に行われた教育制度改革もまた、新たな勢力を生み出したことだ。この改革における特に大きな変更は、中等教育機関ギムナジアの入学資格を、農民を含む全ての身分に開放した点だった。すなわち、一八六四年に発布された新高等学校令は、一般教養科目、ラテン語、ギリシア語を学習する既存の古典ギムナジアに加えて、近代言語、数学、自然科学といった実学系科目を学ぶ実科ギムナジアを開設することを定めた。そして、前者の卒業生が歴史・言語学部、物理・数学学部、法学部、医学部の四学部からなる大学へ進むのに対して、後者の卒業生は、法律家、医師、中等教員、技師等を養成する各種の高等専門学校へ進学するコースが想定された。この新しい教育階梯は、全身分の子弟に入学を認めており、法文上は、農民身分でも中等教育を受け、さらに大学を卒業することが可能になったのである。古典ギムナジアの学生数は、「大改革」期に約三万名だったのが一八九五年に六万四七〇〇名、一九〇四年に一〇万一九〇〇名に、大学の学生数は、「大改革」期に四〇〇〇名強だったのが一八八〇年代に一万名を超え、一九世紀末には一万五

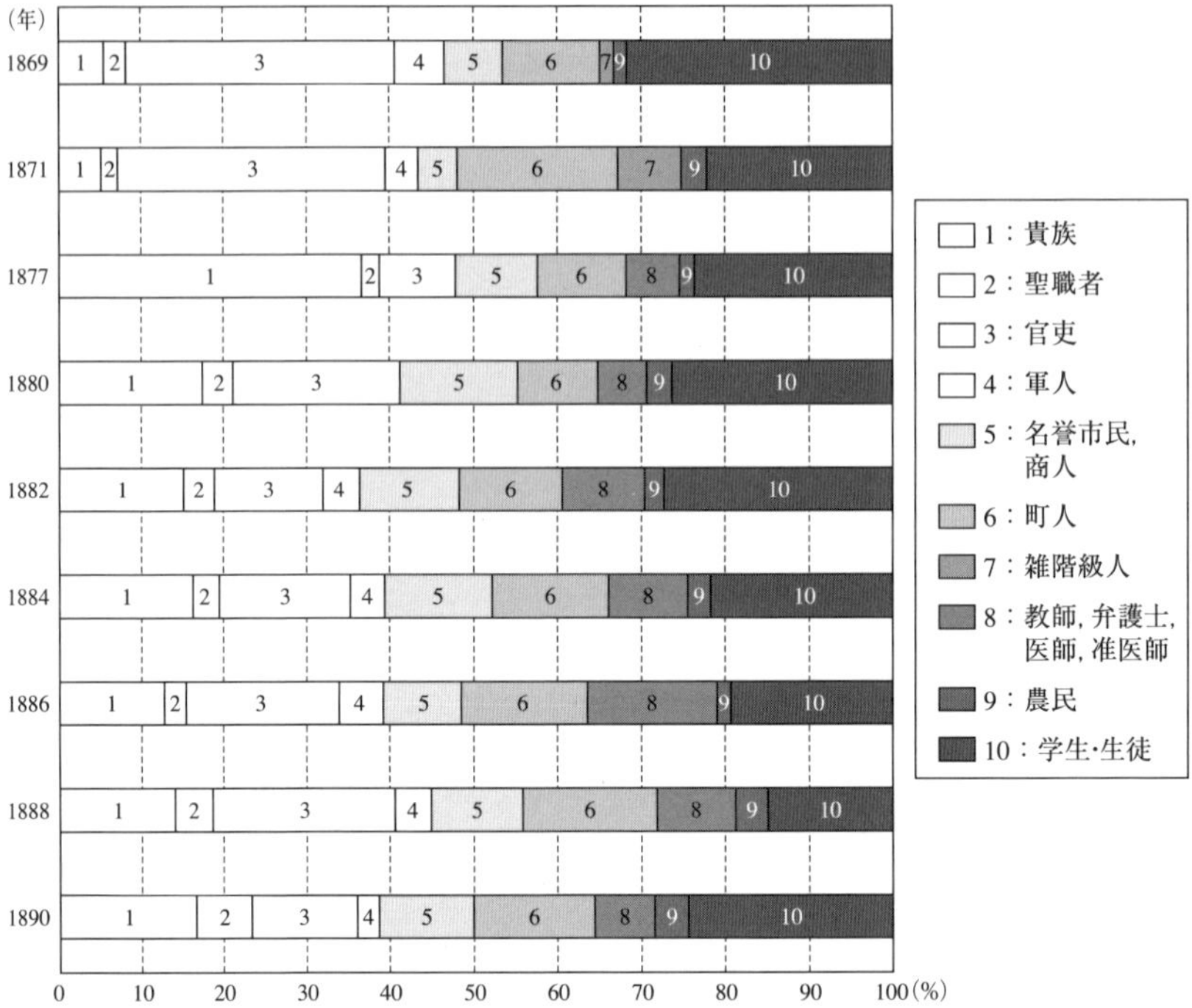

図2　シムビルスク・カラムジン図書館　利用者身分うちわけ（1869–1890）

各年の利用者数は順に，940, 1262, 1075, 1082, 851, 701, 550, 400, 375. РГИА. Ф. 776, Оп. 11, Д. 19, Л. 15; Отчет о состоянии Карамзинской библиотеки за 1869 году. Симбирск, 1870; Годовой отчет по Карамзинской библиотеки. Симбирск, 1876–1895 より作成.

〇〇〇名まで増大した。以後、自身の法的身分の範疇から離れて、法律家、医師、教師といった専門職に就く人々が輩出されたのだった[38]。

このような人々が存在感を増していったことは、公共図書館を利用する読者たちのデータにも確認できる。まず、「大改革」より前の一八四二―五二年のデータを確認するならば、ヴャトカ県のサラプーリ図書館では、利用者の五五%を官吏が占めており、企業家層、専門職者層はまだ存在しない[39]。また、ベッサラビア県キシニョフ図書館の一八三六―五四年のデータ［図1］では、身分制に準拠した範疇である「貴族」「聖職者」「官吏（文官貴族）」「軍人（武官貴族）」が利用者の八―九割に及び、「商人」「医師」の占める割合はごくわずかである。

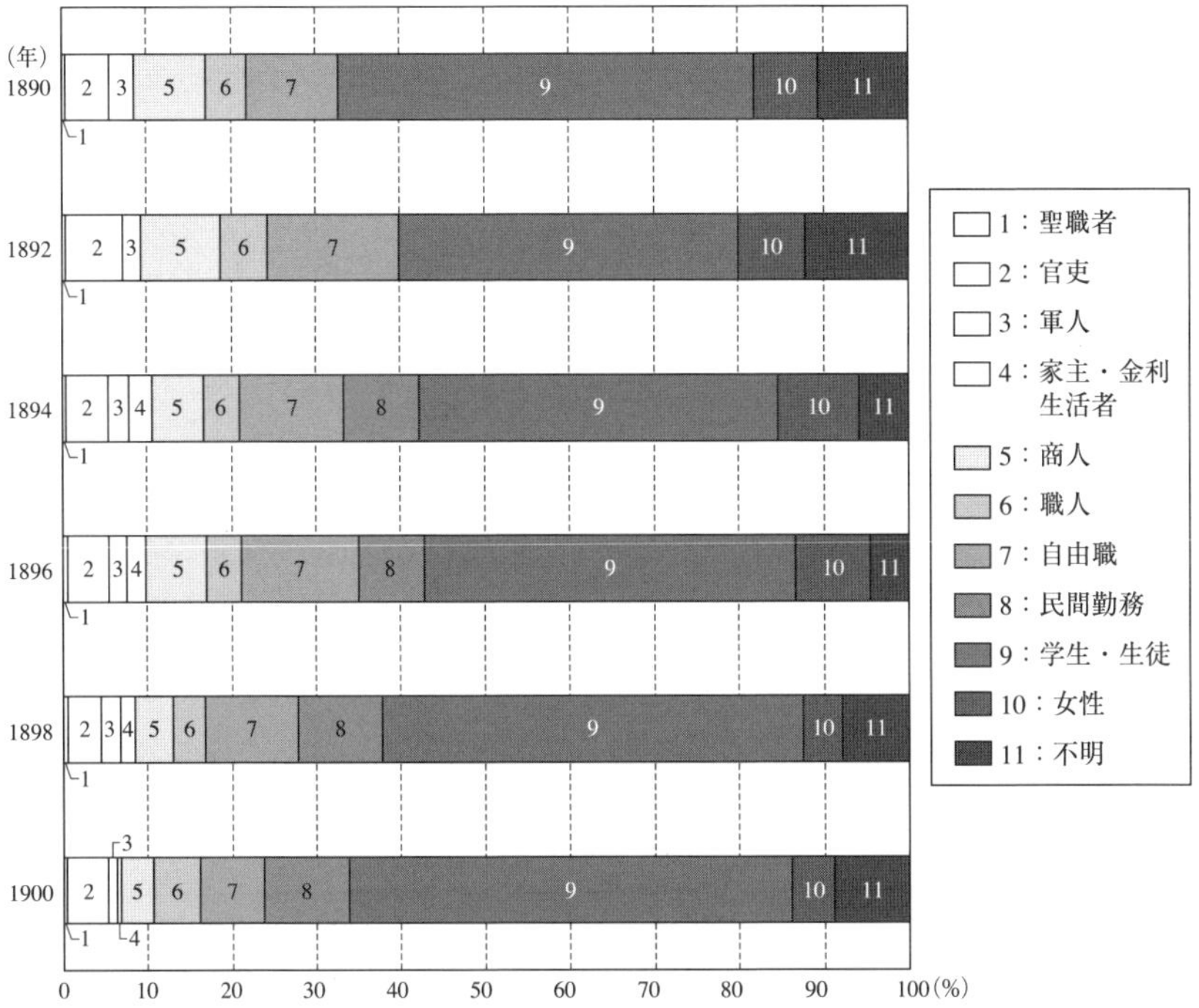

図3　ハリコフ協会図書館　利用者身分うちわけ（1890–1900）

各年の利用者（閲覧者）数は順に，2839, 3452, 2904, 2135, 3476, 4696. Отчет Харьковской общественной библиотеки за 1890–1900. Харьков, 1891–1901 より作成．なお，「自由職」の具体的職業名はここでは明示されていないが，ヴォログダ民衆図書館の報告中の同一項目では「音楽家，画家」と注記されている．Русская школа. 1899, No. 5, 6. C. 391.

これに対して、「大改革」後の事例では、シムビルスクのカラムジン図書館［図2］に見られるように、一八七〇—八〇年代を通じて、「官吏」「貴族」「聖職者」が四割前後を占める一方で、新興の企業家層と専門職者層を含む「商人」「町人」「教師」「弁護士」「医師」「准医師」もまた、ほぼ同率を占めるに至ったことが確認できる。なお、この図書館では当初、「雑階級人」という曖昧な範疇が用いられていたが、一八七七年以降、「教師」「弁護士」「医師」「准医師」という具体的な職業名が導入されている。

新しい社会的範疇に属する読者の増加がより顕著なのは、ハリコフ協会図書館が公表した一八九〇—一九〇〇年の利用者データである［図3］。

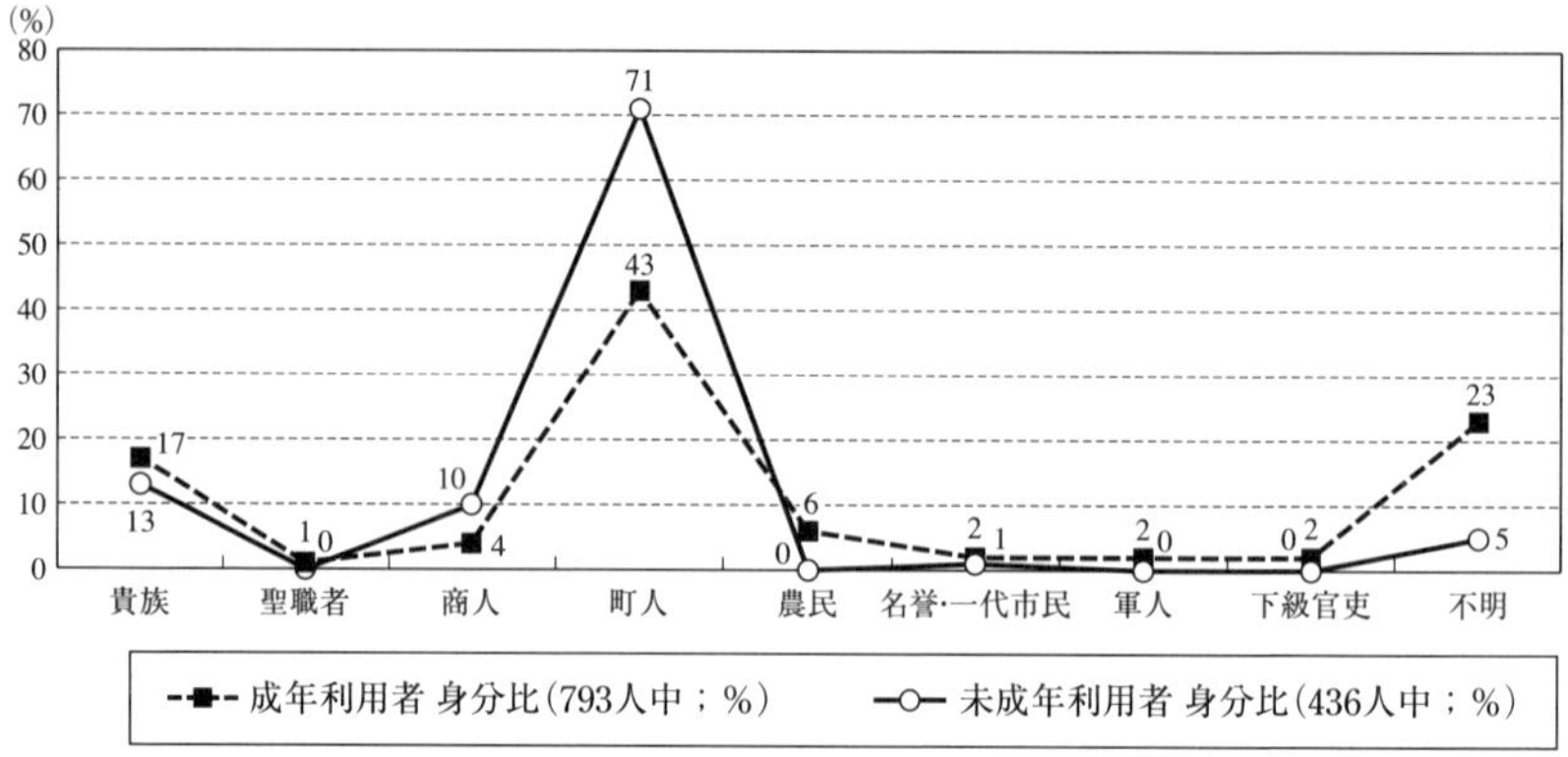

図4　ヘルソン協会図書館　成年・未成年利用者身分比（1895）

Отчет дирекции Херсонской общественной библиотеки за 1895 г. Херсон, 1896. С. 12 より作成.

ここでは、「聖職者」「官吏（文官貴族）」「軍人（武官貴族）」および、貴族身分が多くを占めると推定される「家主・金利生活者」という、身分制に依拠する範疇の合計が利用者の一〇％前後であるのに対して、「商人」「自由職」「民間勤務者」はその二倍以上に及んだ。

なお、利用者の相当部分を占める学生・生徒らの所属身分は記録されないのが通例だが、ヘルソン協会図書館は例外的に、成年男女に加えて未成年男女の所属身分を公開している。これをグラフ化したのが、図4である。ここでは、最大の割合を占める「町人」、それに次ぐ「貴族」をはじめ、成年者と未成年者の身分比が、ほぼ同一傾向を示していることが分かる。ひとつの図書館のデータのみから断定することは難しいが、図書館利用者中の未成年者の身分構成比は、概ね成年者と比例した可能性を想定できる。

そして、世紀末にかけて、読者はさらに拡大した。次に挙げるのは、ニージニー・ノヴゴロドのふたつの民衆図書館と、ヴォログダの民衆図書館のデータである［図5］。ここからは、都市下層民を多く含む「町人」、および、農村からの出稼ぎ者と推定される「農民」が利用者の多くを占めたことが分かるだろう。職業もまた、「職人」「雑役夫」「下級事務員」「召使」など、下層民に属するものが主であることが確認できる。この他に、ペンザ民衆図書館利用者では、「町人」は七六九人、「農

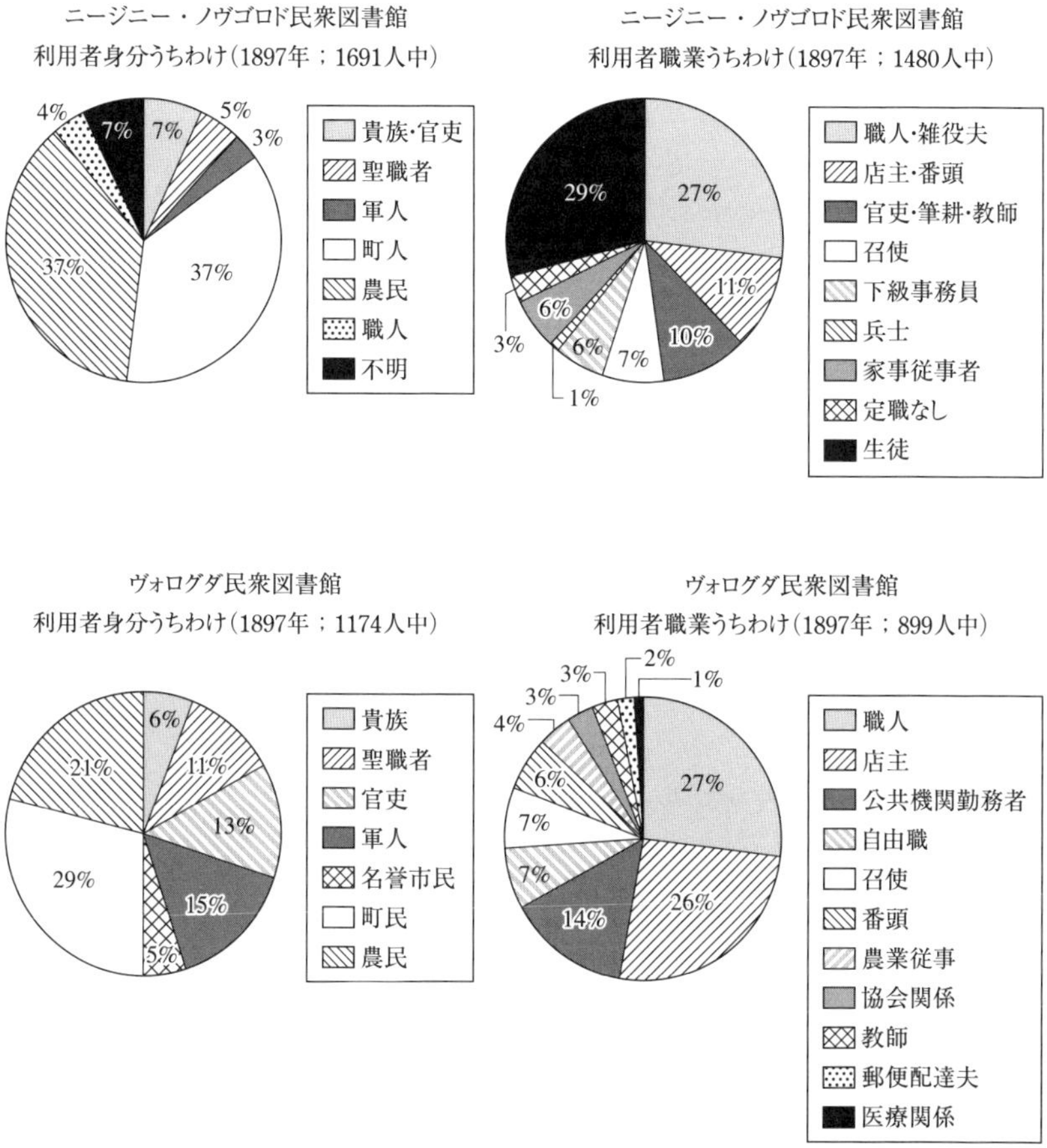

図 5　民衆図書館利用者の身分および職業

Русская школа. 1898, No. 7, 8. С. 288; 1899, No. 5, 6. С. 391 より作成.

表1　厚い雑誌と絵入り雑誌の階層別利用頻度
（モスクワ市公共図書館，1887）

	厚い雑誌	絵入り雑誌
学生　10776 冊	49.91%	2.53%
教師　1175 冊	42.55%	5.02%
自由職　5972 冊	34.50%	7.15%
聖職者　31 冊	16.10%	6.45%
官吏　2185 冊	18.35%	11.26%
軍人　944 冊	27.75%	14.94%
商人・企業家　2898 冊	21.46%	14.67%
民間企業勤務者　13293 冊	16.08%	15.58%
不定職　7197 冊	13.51%	14.54%
職人　10338 冊	4.65%	20.28%
工場労働者・召使　1759 冊	3.30%	17.68%
生徒　36603 冊	7.14%	8.76%
女性　3144 冊	32.00%	6.71%

Отчет о деятельности городской бесплатной читальни, учрежденной В.А.Морозовой. М., 1889. С. 21–29 より作成.

民」は四四七人に達し、他身分の合計四〇七人を上回った[40]。

以上、「軽い読書」をする人々の社会的位置づけを、地理的分布と、身分・学歴から考察した。そのデータからは、一九世紀後半の読者が、必ずしもロシア人に限定されなかったこと、そして、いわゆる西欧型中間層たる企業家・専門職者を中心としつつ、より広範に中下層の新しい社会的範疇に属する人々から構成されたことを指摘できるだろう。

モスクワ市公共図書館は、表1のようなデータを残している。これは定期刊行物を、「真面目な読書」の対象としての「厚い雑誌」と、「軽い読書」の対象としての絵入り雑誌とに分類して、それぞれが各階層の読者ののべ貸出冊数中に占める割合を示したものである。ここからは、学生、教師、自由職、聖職者ら教養ある読者が、インテリゲンツィヤによって編集、発行された「厚い雑誌」を好みつつも一定程度絵入り雑誌を利用したこと、また、商人・企業家、民間企業勤務者という中間層に官吏、軍人という国家勤務者を加えたかなりの読者が、両メディアを併用したこと、そして、職人、召使、工場労働者ら下層民に属する読者は、もっぱら絵入り雑誌を好んだことがわかる。絵入り雑誌は、全階層にわたる「軽い読書」のメディアだった。

マルクス社の『ニーヴァ』編集部は、一八六九年の創刊時、「全く新しい読者集団を作り出す必要があった。『ニーヴァ』のような雑誌は、それまで我々のもとにはなかったからだ[41]」と意気込んだ。『ロージナ』の創刊者カスパリは、「ロシアには、そこから『ニーヴァ』『ロシアの富』や、他の中級読者向けの雑誌に移ることのできるような、初歩的な雑誌がなかった。だから私は『ロージナ』を作った[42]」と、さらに新しい読者を掘り起こすことを意図した。マルクスやカスパリの狙いは達せられ、彼らが創刊したメディアは、改革の時代の新しい読者たちと結びついた。そして、知識人と民衆の二極化されない、「軽い読書」という行為を生み出したのである。

四　読者の欲求

指南する絵入り雑誌

最後に、「軽い読書」をした人々が読み物に何を求めたのかを示して、彼らの具体像を描いてみよう。「軽い」読者たちは、啓蒙活動家たちが批判したのとは異なり、必ずしも絵入り雑誌を漫然と読んだわけではなかった。それよりもむしろ貪欲に、世界についての知識の指南を求めた節がある。たとえばヴォロネジ県で育った詩人サムイル・マルシャークは、次のように回想する。

〔父が子供たちのために絵入り雑誌『世界一周《ヴォクルグ・スヴェタ》』を購読してくれたとき〕私はまだ雑誌を批判することや、雑誌に不備がありうるということを知らなかった。私だけでなく兄も、毎号、最初の行から最終ページの末尾の編集者の署名まで読んだ[43]。

一八九八年、若き日のレーニンもまた、流刑先で知り合ったポーランド人革命家の子供たちのために、絵入り雑誌を手に入れようと考えた。

子供の本はここでは役に立つでしょう。というのも、プロミンスキイの子供たちは読むものがないからです。私はこういうことをしようかとさえ思います。自分で『ニーヴァ』を購読するのです。プロミンスキイの子供にとってこれは非常に愉快なものでしょう（毎週絵ですから）。(44)

また、アレクサンドロフという労働者は、絵入り雑誌が知識の手頃な供給源となったことを次のように述懐する。

父の全蔵書が小さな棚の半分を占めており、それは一九〇四年の『ロージナ』と付録から成り立っていた。……『ロージナ』の付録で、私にとっては驚くべき、太陽系についての記事を読んだ。(45)

そして、『ニーヴァ』は自誌の読者の次のような姿を伝えた。ある若い医師が、一族の所領に住む祖母のもとに休暇に行ったが、そこは町から四〇露里《ヴェルスチ》も離れて図書館もクラブもなく、ひどく退屈な土地だった。ところがある日、医師は隣あった領地の主人の叔父に出会い、不審の念を抱く。彼は露土戦争に従軍した将校で、負傷して帰還してから生家に寄食していたのだが、妙に博識だったのだ。

世界情勢の展開の概略を押さえつつ、彼は他のどのような分野にも目配りしていた。科学的発見や工業分野での発明、未踏の地の地理的研究、はては芸術分野での偉業や著名人の履歴に至るまで、話題にのぼることは何でも知っており、全てについて明瞭かつ説得的に論じた。家族は皆、議論や疑問が生じると決まって、彼に解決してもらったり、助言を受けたりした。子供たち全員にとって、彼は百科事典そのものだった。……若い客人〔医師のこと〕は長いこと、この驚くべき現象の謎を解けず、ついに叔父本人に尋ねることにした。すると彼は医師を自分の小さな寝室に案内し、壁を指し示した。そこの書棚には、美しく装丁された二五年分の『ニーヴァ』が全ての付録と共に並んでいたのだ。……彼は『ニーヴァ』しか手に入れられず、『ニーヴァ』しか読まなかった。だが、全てを読んだ。読み通しただけでなく、言うなれば、学んだのである(46)。

このように、絵入り雑誌の読者たちは、この新しいメディアから知識を身につけた。すなわち、ナロードがインテリゲンツィヤに教え導かれるのとは異なり、自学自習によって知識を身につけたと言うことができよう。ただし、読者は絵入り雑誌の内容を批判的に評することもあった。職人の子で、後に小説家になったレオニド・ボリソフは、次のように回想する。

〔『ニーヴァ』の〕毎号をじれったい気持ちで待ったが、待っていたのは雑誌自体ではなく付録だった。本誌は、ほとんどいつも退屈でつまらなかった(47)。

このように自らの嗜好を持つ購読者たちに、出版社側は気を遣った。たとえば、『全世界画報』のゴッペ社は『総合カレンダー』と題した暦を販売した際、「ご購入の皆様には、もし統計部門で何らかの誤りや見落としを見つけたら……最も完全で信頼できるカレンダーを読者に提供できるように、お知らせくださるようお願いします(48)」と、クレームを受け付ける文言を掲載した。編集部のこうした呼びかけに応える読者からの手紙は、年間一〇〇通ほど届いたという[49]。また、『ニーヴァ』をはじめとする絵入り雑誌各誌は、雑誌への投書や投稿記事を受け入れた[50]。ここに見られるのは、読者が、顧客として出版社から尊重されていることである。つまり図書館司書たちが断罪した「軽い読書」をする人々は、ときには出版社に要望を出す顧客であり、能動的な消費者だった。

「上品な人」になるために

このように指南する絵入り雑誌が読者の振舞いに影響し、新しい文化的規範を定着させた事例を紹介しよう。それはファッションである。

絵入り雑誌において、洋装——ロシアの伝統的衣装ではなく、完全に西欧に由来する衣服——に関する記事は主要なコンテンツのひとつだった。序論で触れたように、『ニーヴァ』が「パリのモード」［序論図8］[51]や靴メーカーの広告［序論図9］[52]を掲載したのをはじめ、各誌が服飾カタログや型紙、販売店の情報を頻繁に紹介した[53]。さらに、ファッション専門の絵入り雑誌も登場した。すなわち『全世界画報』の発行者であるゲルマン・ゴッペが『新ロシア・バザール』（一八六七年創刊、最大部数一万部）と『モード世界』（一八六八年創刊、最大一万二五〇〇部）を、また、『全世界画報』の編集部から独立したニコライ・アロヴェルトが『モード通報』（一八七八年創刊、最大部数九〇〇〇部）を刊行したのだ[54]。

各誌がファッション情報を積極的に掲載した背景には、ロシアでの既製服産業の定着があった。西欧のファッション産業は長くオーダーメイドを基本としたが、一八五〇年代にパリで既製服が生まれた。すなわち、顧客の事前採寸が不要な寸法システムの開発と型紙の発達、そして非熟練労働が可能なミシンの普及によって、中下層民を対象にレディメイドの衣服が製造、販売されるようになったのである[55]。ロシアでは、一八六三年にアメリカのシンガーミシン社が進出したこと、また、一八七八年の露土戦争終結後、オーストリアの既製服業者マンデル社がモスクワで現地生産を開始したことで既製服産業が成長し、一九〇九年には六〇〇〇万ルーブルの市場規模となった[56]。

絵入り雑誌のファッション記事は、こうした業界の成長と並行して増加していった。一八八四年、絵入り雑誌『波』はロシア服飾史をたどった記事で、次のように述べている。

〔女帝〕エリザヴェータのもとで、衣服の流行は完全に定着し、そのときから貴族社会で必須のものとして求められるようになった。現在では、大量の雑誌や鉄道のおかげで、流行は至るところから驚くべき速さで我々へと伝わる。[57]

ここでは、貴族社会の専有物だった流行をより広く、一九世紀後半の社会に拡散させたものとして、「鉄道」と並んで「雑誌」が挙げられている。この記述からは、絵入り雑誌のファッション記事の役割の大きさが読みとれよう。

絵入り雑誌は、このように自らが普及に一役を買った洋装を、「世間体のよさ」という価値観に結びつけた。たとえば一八九〇年、アロヴェルトの『モード通報』が付録としたエチケット教則本『社交界、家庭、そして宮廷での振舞い』[58]は、「訪問」「招待」「もてなし方」「男女交際」などと共に、「着こなし術《イスクーストヴォ・アデヴァーニヤ》」という章を立てた。そして「トゥアレット」という、フランス語由来の「衣服」を表す語を用いながら、部屋着、外出用の午前の衣服、訪問用の日中の衣服、会食や劇場用の衣服の四点を揃えることが、「品よく着こなしている」[59]と言われ、最終的に「上品な《ブラゴヴァスピータンヌイ》」[60]人物となるのに必要だと説いている。

序論で紹介した、『ニーヴァ』の「クリスマスの飾りつけ」と題した家庭の挿絵〔序論図10〕[61]もまた、同様の視角に立つと考えられる。この絵では、右脇に立つ乳母が伝統的なロシア風衣装をまとっているのに対して、クリスマス・ツリーの飾りつけをする子供たちとそれを見守る父母は、よく整った西欧風衣服を着けた姿で描かれている。つまり使用人は伝統的な衣服と、然るべき社会的地位にある家族は全員、完全な洋装と結びつけられたのだ。

図6　「モードの絵」
Волна. 1884. No. 39. С. 1.

伝統的衣服と西欧風衣服の着用者を対比したのは、絵入り雑誌『波』の表紙挿絵［図6］も同様である。この挿画では、農村の伝統的な衣装をまとった少女二人が、洋装の婦人の絵を嘲笑を浮かべて眺めている。記事本文によれば、これは、「二人の農民の娘が、たまたま手に入ったモードの絵を見ている」情景であり、彼女たちはこう言い合っているという。

「後ろに尻尾を引きずっているわ、変なの」
「私だったら歩けなくて転んでしまう」
「なんて出来損ないなもので着飾っているんだろう……私たちが着たら、笑われるわ[62]」

編集部がこのような逸話を載せた狙いはおそらく、農村の少女たちへの共感を呼び起こすことではなく、彼女たちの可愛らしい無知を描いて、読者に可笑しみを覚えさせることだった。つまりここには、伝統的衣服が田舎者の無教養と、洋装は洗練された人々と結びつけられ、読者は後者であることが当然だという前提があると言えよう。

それゆえ、絵入り雑誌のあるべき読者像もまた、洗練された洋装を着けて社会的優位にある者として描かれた。たとえば『ニーヴァ』は一八六九年の創刊時から一九一七年の廃刊まで、毎号の表紙の雑誌タイトル左下に、よく整った洋装の父、母、子の像［図7］[63]を掲げた。また、序論の冒頭に示した年間表紙［序論図1］の中心で『ニーヴァ』を広げて眺める男女三名も、背広、シャツ、長ズボン、ロングドレスという、西欧風衣服を着けた姿で描かれている。タイトル・ページに描かれ、長年にわたって繰り返し提示されたこれらのモデル読者たちは、西欧風衣服を着けた「上品な」人々であることが当然だったのだ。それに対して、各地方の民族衣装の女性たちの姿［序論図3］は、『ニーヴァ』を読む人々が距離感を持って眺める対象だった。

絵入り雑誌の読者はこうした価値規範に触れると、広告を見て取扱店から既製服を購入したり、あるいは、掲載された服飾見本や付録の型紙を仕立屋に持ち込んだりした。イヴァン・ボグダーノフの作品『新米』（一八九三年）［図8］は、仕立屋の親方が新米の小僧を叱る情景を描いているが、背後の壁面全体に絵入り雑誌のファッション記事のページが貼られており、仕立業にとって絵入り雑誌が不可欠のものとなっていたことを物語る。(64)

図7　『ニーヴァ』タイトル横挿絵

その結果、一八八〇年代には、専門職者層や企業家らは洋装するのが常識となった。それまで伝統的なロシア風衣装を着用するのが一般的だった商人身分の者たちもまた、西欧風衣服の流行に関心を持ち、装いを改めた。(65)さらに二〇世紀初頭には、農村部からの出稼ぎ労働者たちもまた、「都会の服」を好んで身に着けた。農村にいた頃のまま、ルバシカと帯とを着用した労働者はしばしば嘲笑され、若い世代には、丸く刈る農民風の髪型を避けて、ズボンを長靴の中へさしこまずに穿き、休日には背広を着用することを好む者たちが現れた。(66)出稼ぎ労働者たちは、写真館を訪れて記念写真を撮ることがあったが、その際には、たとえサイズが合わず、品質が劣ろうとも、改まって背広を着用した。(67)カザンのタタール人をはじめとする、都市で生活する非ロシア人の中にも、西欧風衣服に装いを改める者が多く現れた。農村女性もまた、町の廉価な既製服を好んで購入した。やがて農村の伝統的ロシア服の仕立屋は商売が立ち行かず、既製

図8　I. ボグダーノフ『新米』（部分）
親方の背後の壁一面に，絵入り雑誌のファッション記事のページが貼られている．

服産業の下請けとなっていった(68)。

このように、絵入り雑誌はファッションの指南書の役割を果たした。そしてそれは、一九世紀後半ロシアにおける振舞いや価値規範にたしかに影響を与えたのである。

おわりに

以上、本章では「軽い読書」という行為と新しい読者が現れ、それと結びついたメディアが絵入り雑誌だったことを示した。従来、近代ロシアの出版研究で主として関心が払われてきた読者は、一九世紀後半の知識人たちによって識字啓蒙の対象となったナロードであった。だが、実際には、そうした知識人たちが「軽い読書」と批判した行為をする人々が存在した。それは帝国内リンガ・フランカとしてロシア語を用いる非ロシア人を一部に含みつつ、企業家やそこでの勤務者、あるいは医師、弁護士、教師のような専門職者、商人といった都市の中層民と、町人、職人、出稼ぎ労働者といった都市下層民ら、「大改革」後に現れた新しい階層から構成される読者だった。つまり、「軽い読書」とは必ずしも知的に浅薄な行為ではなく、一九世紀後半におけるロシア社会の構造変化を反映した現象であった。

絵入り雑誌は、そうした読者たちにとって重要な知識の源だった。他方で、読者たちは出版社に顧客として遇され、出版社に要望を出すこともあった。ここに見られるのは、決して受動的に啓蒙される民衆読者ではなく、能動的な消費者の姿である。そしてファッション記事の事例に見られたように、読者たちは絵入り雑誌の推奨する内容を「上品な」振舞いとして摂取した。絵入り雑誌は新たな文化的規範を広め、共有させたのである。

こうして、新しいメディアの普及とともに、ロシアに読者大衆が現れた。

（1）たとえば高田和夫は『近代ロシア社会史研究――「科学と文化」の時代における労働者』（山川出版社、二〇〇四年）や『近代ロシア農民文化史研究――人の移動と文化の変容』（岩波書店、二〇〇七年）で、一八六〇年代、急進派を中心とするインテリゲンツィヤが民衆啓蒙運動に取り組んだ結果、農民が識字能力を獲得し、人民読者や労働者インテリが生み出されたことを重視した。また、ジェフリー・ブルックスの *When Russia Learned to Read: Literacy and Popular Literature, 1861–1917* (Princeton, N.J.: Princeton University Press, 2003, first published 1985) は、インテリゲンツィヤとの「ふたつの文化の対比」(p. xix) を成したナロードが国家や教養層の啓蒙活動によって識字能力を与えられたことで、ルボーク出版物という、ナロード自身の価値規範が表現される読み物が成立したと指摘した。そして貝澤哉は、ロシア文学史をカリキュラムに持つ中等教育から輩出された知識人が、ナロードに読書を普及する活動に取り組み、近代ロシア文学を規範的な読み物として推奨したことが、一九世紀後半における国民的アイデンティティ形成に大きな役割を果たしたと論じた（貝澤哉「ロシアにおける『国民文学史』の形成――A・プイピンの文学史研究をめぐって」『比較文学年誌』第三一号、一九九五年、六五―七八頁、同「一九世紀後半から二〇世紀初頭のロシアにおける文学教育と文学の国民化――ギムナジアにおける文学教育カリキュラムをめぐって」『スラヴ研究』五三、二〇〇六年、六一―九一頁、同「革命前ロシアの民衆読書教育と国民意識形成――一八七〇年代から二〇世紀初頭」『スラブ・ユーラシア学の構築――研究報告集（一三）文化研究と越境――一九世紀ロシアを中心に』北海道大学スラブ研究センター、二〇〇八年、一―一八頁）。

（2）ハンス・ヤウス（轡田収訳）『挑発としての文学史』岩波書店、一九九九年、ヴォルフガング・イーザー（轡田収訳）『行為としての読書』岩波書店、一九八二年、スタンリー・フィッシュ（小林昌夫訳）『このクラスにテクストはありますか――解釈共同体の権威』みすず書房、一九九二年。

(3) ロジェ・シャルチエ（福井憲彦訳）『読書の文化史――テクスト・書物・読解』新曜社、一九九二年、ピエール・ブルデュー（石井洋二郎訳）『ディスタンクシオン――社会的判断力批判（一・二）』藤原書店、一九九〇年。

(4) Книга и читатель 1900–1917: Воспоминания и дневники современников. сост. А.И. Рейтблат. ред. М.М. Панфилов. М., 1999.

(5) *Банк Б.В.* Изучение читателей в России（XIX в.）М., 1969. С. 8–9.

(6) 高田和夫『近代ロシア社会史研究』、七五―一三一頁。

(7) 巽由樹子「ロシア帝国の公共図書館――「大改革」後ロシア社会における読者層拡大の検証」『スラヴ研究』五五、二〇〇八年、二四九―二七二頁。

(8) *Леликова Н.К.* Становление и развитие книговедческой и библиографической наук в России в XIX – первой трети XX века. СПб., 2004. С. 155–158. ルバーキンの主著は次の通り。*Рубакин Н.А.* Этюды о русской читающей публике. СПб., 1895; Что такое библиологическая психология. Л., 1924.

(9) *Пургавин А.С.* Программа для собрания сведений о том, что читает народ и как он относится к школе и книге. Изд. 2-е. М., 1891. С. 9. 掲載誌には、『ロシア報知』のような全国誌もあったが、『ヴォルガ通報《ヴォルシスキー・ヴェスニク》』『ペルミ・ゼムストヴォ論集』『北カフカス』『スモレンスク通報《スモレンスキー・ヴェスニク》』『オデッサ新聞《オデスキー・リストク》』といった地方の有力誌・紙が多く選ばれた。

(10) *Банк Б.В.* Изучение читателей. С. 70.

(11) Работа с читателями. 3-е изд. Под ред. В.Ф. Сахарова. М., 1981. С. 90–92.

(12) Sheila Fitzpatrick, *The Commissariat of Enlightenment: Soviet Organization of Education and the Arts under Lunacharsky, October 1917–1921*（Cambridge: Cambridge University Press, 1970）.

(13) *Русов А.А.* Книжная торговля на Воздвиженской ярмарке 1895 г. в Чернигове. Чернигов, 1897. С. 2, 24, 30.

(14) Книжный вестник. 1898. No. 5. С. 627.

(15) Книжный вестник. 1891. No. 1. С. 5.

(16) *Банк Б.В.* Изучение читателей. С. 9.

(17) 貝澤哉「革命前ロシアの民衆読書教育と国民意識形成」、一一―一八頁。

(18) *Блюм А.В.* Издательская деятельность С.-Петербургского комитета грамотности（1861–1895）// Книга: Исследование и материалы. Сб. 38. 1979. С. 105.

（19） *Банк Б.В*. Изучение читателей. С. 30–32.

（20） *Рейтблат А.И*. От Бовы к Бальмонту: очерки по истории чтения в России во второй половине XIX века. М., 1991. С. 10.

（21） *Иванова Н.А., Желтова В.П*. Сословно-классовая структура России в конце XIX– начале XX века. М., 2004. С. 248.

（22） Brooks, *When Russia Learned to Read*, p. 13.

（23） Десятилетие Харьковской Общественной библиотеки（26 сент. 1886 г.–26 сент. 1896 г.）. Харьков, 1898. С. 46.

（24） Русская школа. 1900. No. 3. С. 60.

（25） *Чупров А*. Городская бесплатная читальня в Москве за 1886 год. М., 1887. С. 206.

（26） Краткий исторический обзор 25-летней деятельности Херсонской общественной библиотеки（1872–1897 г.）и отчет библиотеки за 1897 год. Херсон, 1898. С. 33.

（27） *Рудченка И*. Десять лет Житомирской русской публичной библиотеки 1866–1876. Житомир, 1876. С. 48.

（28） *Де-Рибас М.Ф*. Краткий исторический обзор деятельности Одесской городской публичной библиотеки; Речь, читанная 15-го апреля 1880 года, по случаю исполнившагося 50 летия существования Библиотеки（1830–1880）. Одесса, 1880. С. 12.

（29） *Яковлев В.А*. К новоселью городской публичной библиотеки в Одессе（1829–1883）. Одесса, 1883. С. 21–22.

（30） *Де-Рибас*. Краткий исторический обзор. С. 10.

（31） Отчет Харьковской общественной библиотеки за 1888 г. Харьков, 1889. С. 7–9; Краткий исторический обзор Херсонской библиотеки. С. 27.

（32） Книжный вестник. 1893. No. 2. С. 59–62.

（33） *Куфаев М.Н*. История русской книги в XIX веке. Л., 1927. С. 203; Книга в России, 1861–1881. в 3 тт. Т. 2. Под общей редакцией И.И. Фроловой. М., 1990. С. 144.

（34） *Блюм А.В*. Издательская деятельность С.-Петербургского комитета грамотности. С. 103.

（35） *Банк Б.В*. Изучение читателей. С. 11–13.

（36） Нива. 1883. No. 52. С. 1274.

（37） 塩川伸明『民族と言語』岩波書店、二〇〇四年、一三六頁、Общий свод по Империи результатов разработки данных Первой Всеобщей переписи населения, произведенной 28 января 1897 года. Под ред. Н. А. Тройцкого. СПб., 1905. Т. II. С. 134–139.

（38）橋本伸也『帝国・身分・学校——帝制期ロシアにおける教育の社会文化史』名古屋大学出版会、二〇一〇年、一八〇—二一八頁。

（39）РГИА. Ф. 733. Оп. 8. Д. 124. ЛЛ. 19, 32 об.-33, 52 об.-53; Оп. 9. Д. 156. ЛЛ. 11 об.-12; Д. 309. ЛЛ. 11 об.-12; Д. 565. ЛЛ. 135–135 об.; Д. 692. Л. 68; Д. 830. Л. 93; Оп. 10. Д. 10. Л. 72; Д. 103. Л. 100 об.; Д. 250. Л. 72 об.; Оп. 11. Д. 128. Л. 62 об.; Д. 306. Л. 2 об.

（40）Русская школа. 1897, No. 4. С. 221.

（41）Нива. 1904. No. 50. С. 1006.

（42）Солнце России. 1913. No. 3（154）. С. 14.

（43）*Маршак С.Я.* В начале жизни //Книга и читатель. С. 119.『世界一周』は一八六一年にマヴリーキー・ヴォリフが創刊し、一八八五年からはイヴァン・スイチンが発行した絵入り雑誌。

（44）*Ленин В.И.* Полное собрание сочинений. М., 1965. Т. 55. С. 80–81、大野斉子『メディアと文学——ゴーゴリが古典になるまで』群像社、二〇一七年、一三六頁。

（45）*Александров П.П.* За Нарвской заставой // Книга и читатель. С. 56.

（46）Нива, 1904. No. 50. С. 1016.

（47）*Борисов Л.И.* Родители, наставники, поэты…// Книга и читатель. С. 138.

（48）Всеобщий календарь на 1870 г., С. V.

（49）Русский календарь на 1876 г., Предисловие.

（50）Нива. 1870. No. 9. С. 144 などに投稿規定が掲載されている。

（51）Парижские моды. 1885. январь. С. 6.

（52）Нива. 1895. No. 12. С. 296 «Г».

（53）たとえば Газета Гатцука. 1881. No. 19. С. 335.

（54）『新ロシア・バザール』は、ドイツ出身の出版人ヴァシーリー・ゲンケリによって創刊されたが、彼が破産してミュンヘンに去った後、一八八三年にゴッペがその発行権を得た。Christine Ruane, *The Empire's New Clothes: A History of the Russian Fashion Industry, 1700–1917*（New Haven: Yale University Press, 2009）, pp. 98–101.

（55）フィリップ・ペロー（大矢タカヤス訳）『衣服のアルケオロジー――服装からみた一九世紀フランス社会の差異構造』文化出版局、一九八五年、五四―八五頁、Ruane, *The Empire's New Clothes*, p. 67.

（56）Ruane, *The Empire's New Clothes*, pp. 58, 71–72, 139–143; Frederick Vernon Carstensen, *American Multinational Corporations in Imperial Russia: Chapters on Foreign Enterprise and Russian Economic Development*（Ann Arbor, Mich.: University Microfilms International, 1976）, pp. 13, 20.

（57）Волна. 1884. No. 47. С. 6.

（58）Жизнь в свете, дома и при дворе. Библиотека практических сведений. Т. 2. приложение к журналу «Вестник Моды». 1890. Репринтное воспроизведение издания. Отведственный за выпуск М. Ковальчук. М., 1990.

（59）Жизнь в свете, дома и при дворе. С. 68.

（60）Жизнь в свете, дома и при дворе. С. 140.

（61）Нива. 1880. No. 52. С. 1081.

（62）Волна. 1884. No. 39. С. 3.

（63）このうち女性像は、一八九〇年代には流行を反映して、スカート丈が短く袖の膨らんだドレスと結い上げた髪に描きかえられた。

（64）Ruane, *The Empire's New Clothes*, p. 29.

（65）*Васильев* Русская мода. С. 77, 93; Ruane, *The Empire's New Clothes*, pp. 67, 132.

（66）土屋好古「労働者の世界――一九世紀末―二〇世紀初頭のペテルブルクにおけるその考察」『ロシア史研究』四〇、一九八四年、八頁。

（67）Mark D. Steinberg, "Workers in suits: Performing the self," in Valerie A. Kivelson and Joan Neuberger（eds.）, *Picturing Russia: Explorations in Visual Culture*（New Haven and London: Yale University Press, 2008）, pp. 128–132.

（68）Jane McDermid and Anna Hillyar, *Women and Work in Russia 1880–1930: A Study in Continuity through Change*（London and New York: Longman, 1998）, pp. 58–67; Ruane, *The Empire's New Clothes*, pp. 74–77.

第三章　インテリゲンツィヤと出版――評論家ヴラジーミル・スターソフの闘争

うちに帰ってみると、彼女はもう着替えをすませ髪をととのえて、窓べにすわって、憂え顔でコーヒーを飲みながら、「厚い雑誌」のページをめくっていた。コーヒーを飲むことくらい大事件じゃなし、なにもそう憂え顔をすることもないじゃないか、流行の髪型だって無駄な時間つぶしじゃないか、ここじゃ喜んでくれる人もなければそんな必要もないのに、と彼は思った。雑誌までがそらぞらしく見えてくる。身じまいしたり髪を結ったりするのは美人に見られたいからだ、雑誌を読んだりするのは利巧な女に見られたいからだ。

〔チェーホフ『決闘』（一八九一年）
松下裕訳『チェーホフ全集（五）』筑摩書房〕

はじめに

これまでに見てきたように、一九世紀後半のロシアには、新しい出版メディアと、それを能動的に享受する読者大衆が現れた。では、そうした現象に直面して、「インテリゲンツィヤ」「ナロード」「専制」という三つの勢力と出版との関係はどのように変化したのだろうか。本章ではまず、インテリゲンツィヤの文筆活動と出版との関係について考えたい。

一九世紀前半より、インテリゲンツィヤが書き、そして読んだメディアは「厚い雑誌」だった。その際、最も重要なコンテンツだったのが「評論」である。評論という行為は、政治性を有する主張を、出版機構を通じて公衆に発信する活動である。それゆえ欧米の文化研究はこれを、公共圏を形成し、社会の情報伝達構造を変化させる役割を果たしたジャンルとして重視してきた。[1] 一方、これまで近代ロシアについては、当時、評論活動がきわめて活発だったにもかかわらず、それが社会構造の変容と必ずしも関連づけられて論じられてこなかった。[2] しかし、評論に焦点をあてるならば、インテリゲンツィヤと出版機構との関係がどのように変化し、さらには情報が伝達される構造がどう変容したかを明らかにできるのではないか。

そこで本章でとりあげるのが、文筆家ヴラジーミル・スターソフ（一八二四—一九〇六）の評論活動である。彼はその著述によって、美術ではイヴァン・クラムスコイやイリヤ・レーピンらの「移動派《ペレドヴィジニキ》」、音楽ではモデスト・ムソルグスキー、ニコライ・リムスキー＝コルサコフ、アレクサンドル・ボロディンらの「ロシア五人組《マグチャヤ・クチカ》」を熱烈に支援し、近代ロシアのリアリズム芸術を理論化した。[3] 評論家としての影響力の強さからは、ロシアのジョン・ラスキンとも呼べるだろう。その主張は生涯ぶれることなく一徹で、論敵にはきわめて好戦的であり、論壇の権威となった一方で周囲に煙たがられた節もある。スターソフは、後に姪エレーナ・スターソヴァがボリシェヴィキの重鎮の一人となったことや、社会主義体制のイデオロギーにとってリアリズムが重要な意義を有したことから、ソ連期には偉大な評論家として顕彰されたが、[4] 体制転換後の現在では顧みられることが少ない。しかしこの人物は、「大改革」前に文筆家としてのキャリアを開始し、世紀転換期まで執筆活動を繰り広げたため、一九世紀後半の出版機構とインテリゲンツィヤの関係を通時的に考察するにあたって好適な事例となる。

以下では、まず彼が発表の場とした媒体がどのように変遷したかを示した上で、そのキャリアを三つの時期に分け、それぞれの時期にスターソフの評論活動の置かれた環境がどう変化したのかを明らかにしよう。用いる史料は、彼の著作選集、[5] 姪ヴァルヴァラ・スターソヴァが一九二七年に変名で刊行した、スターソフ自身の未刊行自伝からの引用を多く収録した回想録、[6] および出版企業スヴォーリン社とマルクス社の関連資料と、当時の美術市場、美術館に関する資料である。

図 1　レーピンによるスターソフの肖像（1883 年）

一　スターソフの評論活動の場の推移

スターソフはその生涯を通じてきわめて多数の評論を書いた。デビュー四〇周年を記念して、キャリアの約三分の二にあたる一八四七―八六年の評論の大半を収録した選集では、その数は四〇二本を数えた。それらはいずれも、新聞または雑誌に発表されたものである。

しかし掲載された媒体は、そのキャリアを通じて一定だったわけではなく、また、無秩序に多様だったわけでもない。四〇周年記念選集に収録された評論の、主要な掲載誌と掲載本数を検討すれば、大きく三つの時期に分けることができる[7]。

第一の時期は一八四七—七五年である。スターソフの評論が月刊誌『祖国雑記』に初めて採用された後、同誌に計一〇本が掲載され、続いて他の月刊誌『ロシア報知』に八本、『現代人』に二本が発表された。その後、新聞『ペテルブルク報知』が最も主要な発表媒体となり、寄稿数は一〇〇本に及んだ。

第二は一八七六—八六年である。新聞『新時代』に六二本にのぼる評論が発表された一方で、新聞『ノーヴォスチ』に二三本と『声』に一三本、月刊誌『ヨーロッパ報知』に一〇本が掲載された。また、新聞『風聞』や『秩序』というマイナー誌に各五本を寄稿している。

第三は一八八七年から一九〇六年に没するまでの時期だ。この時期の主要掲載媒体は月刊誌『北方通報』と、自らが創刊に加わった雑誌『芸術と工芸』である。また、絵入り雑誌『ニーヴァ』の付録冊子にも寄稿した。

誌名を並べるかぎりでは、スターソフは途切れることなく執筆を続けたという印象を受けるかもしれない。だが実際には、これらの掲載媒体には性格の相違があり、その変化がスターソフの評論活動の環境に大きな波紋を起こしていた。以下ではその実相を、三つの時期における彼のキャリアに沿って明らかにしていこう。

二　一八四七—七五年のスターソフ

まず、評論活動を始める前の、スターソフの出自と学歴について確認しよう。ヴラジーミル・スターソフは一八二四年、一四世紀から続くモスクワの世襲貴族身分の家系に生まれた。父ヴァシーリー（一七六九—一八四八）はアレクサンドル一世およびニコライ一世時代の著名な建築家であり、モスクワ・クレムリン内の宮殿を含む、国家的な建築事業を手がけた[8]。

一八三六年、スターソフは新設の帝立法学校に入学した。彼は当初、貴族の子弟の慣例に従って家庭内で教育を受ける予定だったが、父の知人の勧めで思いがけずこの学校に入学することになったという[9]。帝立法学校は、特権的身分である世襲貴族の子弟を、近代的な司法運用の要請に応えられる専門官僚として養成することを目的とした教育機関であり、いわば身分制原理と能力主義とが折衷された場だった[10]。そのためこの学校は、「法学校」という看板通りに法曹養成のための専門科目を設置しただけでなく、貴族身分のエートスを涵養するために音楽、美術教育にも力を注いだ[11]。その結果、法学校であるにもかかわらず、ピョートル・チャイコフスキーをはじめ、優れた芸術家たちをも数多く輩出することとなる。

スターソフは一八四三年に学年で第八位の成績で法学校を卒業すると、九等官の位階ではじめ元老院、続いて司法省に勤務した[12]。だが、法学や官僚としてのキャリアよりも、学生時代に慣れ親しんだ芸術のほうに強く関心を惹かれたらしい。早くも翌年には退官し、イタリアに遊学した。そして帰国後の一八四七年、論文「音楽概観」が『祖国雑記』に採用されたのを皮切りに、ペテルブルクの各誌で評論家としてのキャリアを開始したのだった[13]。

スターソフが手本としたのは、ロシア初の職業的評論家と言われたヴィッサリオン・ベリンスキーである。ベリンスキーの評論は、一八四〇年代の若者たちに広く影響を与え、議論を喚起するものだった。彼は社会批評の性格を有したその著作で、芸術が実世界の現実《エステストヴェンノスチ》を批判的に写し出さなくてはならないこと、それゆえ芸術は、民族性《ナロードノスチ》、社会性《ソツィアリノスチ》、歴史性《イストリーチノスチ》を表現すべきであることを主張した[14]。スターソフは、法学校時代にベリンスキーに傾倒したことについて次のように述べている。

　読書をしないではいられない時代だった。『祖国雑記』の毎号に、レールモントフの詩や『現代の英雄』からの抜粋、そして必ずベリンスキーの長編記事が一本と短編記事が数本、それから彼のあらゆる文芸批評が掲載されていた。我々がどれほどむさぼるように、どれほど夢中になってこの雑誌の最新号に飛びついたかを覚えている。〔……〕ベリンスキーこそ、明らかに我々の真の教師だった。我々の教育と成長にとって、いかなる学科や授業、作文、試験なども、ベリンスキー一人が毎月の記事によって成し遂げたほどのことはできなかった。(15)

『祖国雑記』『現代人』などの「厚い雑誌」では、ベリンスキーの他にも、西欧派・スラヴ派のインテリゲンツィヤたちが評論によってロシアのあるべき姿を論じた。そしてこうした雑誌が、教養ある読者たちのあいだで広く読まれた。通例、「厚い雑誌」各誌は一号あたり二〇〇〇―三〇〇〇部程度が購読され、最も人気のあった『現代人』は一八六〇年に六六〇〇部を売り上げている。(16)「厚い雑誌」は権威ある文芸メディアであり、スターソフはそのコミュニティに加わったわけである。

新聞『ペテルブルク報知』は、その延長線上にあるメディアだった。これは、一八五〇年代後半に一時的に出版規制が緩和されたことで刊行された政治的な新聞のひとつであり、「厚い雑誌」と同じように教養ある読者たちに読まれるようになったものだ。新聞の総発行部数は一八六〇年に六万五〇〇〇部、一八八九年には三〇万部へと至る。(17)政治的新聞のうち一八六〇年代に多くの読者を得たのが、左派の『声』と、右派の『モスクワ報知』であり、(18)その双璧のあいだで、リベラル紙として影響力を持ったのが『ペテルブルク報知』だった。『ペテルブルク報知』はもともと帝立科学アカデミーが刊行する官製紙だったが、一八六三年に文筆家ヴァレンチン・コルシュが借り受けて編集者となって以降、多くのリベラル知識人を寄稿者として集め、政治的な新聞へと性格を変えた。一八六九年の定期購読者は八九五三名（うちペテルブルクに一九五二名、その他の地域に七〇〇一名）、一八七四年にはおよそ一万名にのぼった。(19)このように「大改革」前および直後のロシアでは、「厚い雑誌」と新聞がインテリゲンツィヤのあいだに公論の形成を促した。スターソフは「厚い雑誌」から新聞『ペテルブルク報知』に活動拠点を広げて、インテリゲンツィヤの公論の主流を歩んでいた。

では、そこでの彼の主張を見てみよう。スターソフが目指したのは、ベリンスキーの思想を継承し、ロシア固有の民衆文化に根差したリアリズム芸術を国民的に普及させることであった。この目標にちょうど適した実作者が、音楽分野ではロシアの民衆生活、叙事詩、民謡から題材や旋律を得たロシア五人組、そして美術分野ではロシアの風景、人物、歴史をリアリズムの手法で描いた移動派だった。彼は、『ポンペイ最後の日』を描いたカール・ブリュロフのように、西欧に留学して古典古代の題材を描いた一九世紀前半ロシアの代表的画家を激しく批判した。[20] それに対して一三名の画学生たちが、帝立美術アカデミーの古典主義を重んじる教育方針に反発して一八六三年に抗議の退学をした上、同業組合《アルテリ》を結成してロシア固有の題材による作品を生み出しつつあることを称賛した。この元画学生たちが一八七〇年に美術展開催のための協会を設立し、そこにさらに多くの美術家たちが加わって移動派を形成することになる。

『ペテルブルク報知』の一八六九年第二八、三六、三九、四三号に連載された評論「我々の芸術――国立美術館の開設計画に関する、この一〇〇年のロシア美術の来歴について」[21] は、まさにスターソフのこうした思想を反映している。彼はこの論考で、帝立美術アカデミーが創立一〇〇周年を迎えたが、ロシア固有の絵画・彫刻の美術館を設置する責務を果たしていない、と批判する。すなわち、「詩情は我々の周囲のいたるところ、一見するとごくつまらない地形や、やはり一見するとごくありふれた人々や出来事の中に散りばめられている」[22]。だから、「従来の美術教育の万能かつたしかな秘薬への信仰、すなわち外国への信仰には終止符を打つべき」[23] だと言うのだ。実際、「最近、新しい傾向を示し、新しい精神が漂うロシア美術の作品が次々と現れはじめた」[24] のであり、それが「外国に一度も行ったことがなく、そしておそらく将来も行かないであろう人々」[25]、一八六三年に美術アカデミーと対立して「価値ある金メダルを揃って拒否した若手芸術家たち」[26]、つまり後に移動派と呼ばれる画家たちによって成し遂げられている、と称えるのである。

こうした新しい潮流を理解しない他の美術評論家を、スターソフは「フェリエトン」という語を用いて批判する。これは、一九世紀初頭にフランスの新聞に現れた文芸欄《フェユトン》を模倣してロシアに広まりつつあった、短く簡単な批評の形式だった。この時期、「落ち着いて上品なもの」であるべき評論が、次第に「突飛な言葉や皮肉」が交じったフェリエトンになりつつある、という危機感が共有されていた(27)。

ロシアの美術評論家たち、つまりフェリエトン評論家たち――我々のもとには、それ以外の美術評論家はいないのだが――の大半は、芸術そのものへの関心を有するわけではない。ある者は展覧会や芸術について書く必要があるから〔……〕。ある者は美術品の注文や転売といった業務にあたって、〔商売〕仲間に物を言うために〔……〕。またある者は、芸術家やそのリーダーたちにただ誌上で忠告を垂れるのだ(28)。

スターソフは、若い芸術家たちに、こうした「古くさい敵の見解を聞かないでよい(29)」と忠告する。そして、現在は「公衆が絵画を見るだけでなく、それらを買う(30)」ようになったので、国家がこうした人々に向けて、ロシア芸術専門の美術館を設けてロシアの若手美術家たちの絵画を見せるべきなのだ、と主張するのである。そして末尾で移動派の画家たちに、「勢いよく前進せよ、とどまることを知らぬ若い芸術家たちよ、ロシア美術の栄光と希望よ！(31)」とエールを送り、スターソフはこの長い評論を結ぶ。

この時期、首都ペテルブルクですら、美術館に類するものは帝立美術アカデミーと帝立美術奨励協会の小規模なギャラリーしかなかった。旧都モスクワでは一八五五年、私立美術館創立の計画が当局によって却下され、ようやく六二年に開設に至ったがごく短期間で閉館した(32)。だが、こうした状況にもかかわらず、たしかに美術に関心を向け、自らの所有物にしようという人々は増えつつあった。美術奨励協会の常設展は、一八六四年に観覧者七七九五名が訪れて展示作品のうち八二点が購入され、翌六五年には一万一〇〇〇人超が観覧し、二〇八点が売れたという[33]。

スターソフはベリンスキーの思想を継承し、こうした人々に民族性、社会性、歴史性を知らしめて、ロシア民族の芸術という認識を国民的に形成することを意図した。そしてフェリエトンに対する批判からうかがえるように、評論を浅薄な宣伝行為ではなく、読者を導く使命を有すると考えていた。つまりその活動の第一期において、スターソフは貴族出身かつ特権的教育機関で教養を身につけたインテリゲンツィヤとして、権威ある「厚い雑誌」や政治的新聞を舞台に、使命観を持って評論活動を展開していたのである。

三　一八七六―八六年のスターソフ

では、彼の発表媒体が『新時代』へと移ったのはなぜだろうか。これは一八七四年、教育相ドミトリー・トルストイの圧力により、コルシュが『ペテルブルク報知』の編集人を解任されたからだった。一八六三年にポーランド蜂起が、六六年にドミトリー・カラコーゾフによる皇帝暗殺未遂事件が発生して以来、政治的議論は取締を受け、多くの「厚い雑誌」や新聞が検閲による処分を受けた。もはや『ペテルブルク報知』がリベラル・インテリゲンツィヤの公論の拠点として機能するのは困難になり、スターソフを含めた同紙の寄稿者の多くが、『新時代』へと活動の場を移したのである。『新時代』は、『ペテルブルク報知』の寄稿者の一人でもあったアレクセイ・スヴォーリンが、一八七六年から刊行を始めた新聞だった[34]。こうした経緯ゆえに、この年以降、スターソフは同紙に六二本の評論を発表することになった。当初、スターソフを取り巻く環境に大きな変化はないように見えた。

スターソフは『新時代』の誌上でも、移動派とロシア五人組の若い芸術家たちを熱く応援しつづけた。この時期に彼が書いた主な評論には「美術展――『芸術展協会』と『移動展協会』」(『新時代』一八七六年、第一七号)、「第六回移動展」(『新時代』一八七八年、第七四八号および第七四九号)がある。また、スターソフは一八五六年からペテルブルクの帝立公共図書館芸術部に勤務し、所蔵資料の提供や故人の蔵書蒐集を通じて画家、音楽家ら実作者たちとの交際を深めた。彼は自分を、ロシア文化を世界に発信するトロイカの御者と見做し、画家レーピンと作曲家ムソルグスキー、そして彫刻家マルク・アントコリスキーがそれを曳く三頭の馬だと考えていた(35)。

スターソフと芸術家たちとの交際は、私生活にも及んだ。たとえば彼は、レーピンの生まれたばかりの娘の代父となった(36)。また、一〇代の頃から知っていたムソルグスキーに対しては未成年後見人の役割を自任していたようで、ムソルグスキー(当時、既に三二歳)がリムスキー゠コルサコフ(二七歳)とペテルブルクで同居を始めたときには、しばしばその住まいを朝早くから訪れた。そしてまだぐっすり眠っている二人を叩き起こすと、顔を洗わせ、ズボンや靴下、ジャケット、スリッパを用意してやり、共に紅茶とサンドウィッチを食してから、彼らが作ったばかりの曲を聴いたり、彼らの制作のために新しい歴史的資料やアイデアを与えたりしたという(37)。

このようにいささか押しつけがましい交際を伴ったとはいえ、まだ若かった芸術家たちはスターソフの後援に感謝した。それゆえ、一八八六年、彼の評論家デビュー四〇周年に際しては、リムスキー゠コルサコフやボロディンらロシア五人組(ただしムソルグスキーはスターソフと仲違いしたので不参加)、クラムスコイ、レーピン、イヴァン・シーシキン、ヴラジーミル・マコフスキーら移動派をはじめ、八〇名に及ぶ音楽家、美術家たちがこれを祝賀した(38)。すなわちこの時期に、スターソフはロシアを代表する評論家の地位を確立したと言えるだろう。

ところが執筆媒体を移籍したことが、スターソフの環境を次第に悪化させ、彼を苦境に追いやっていく。スターソフが『新時代』の発行者スヴォーリンとの関係をこじらせたからだ。その背景には、スターソフとスヴォーリンの出自が大きく異なり、それゆえ、この出版社主の行動がスターソフには到底許容できないという事情があった。

スヴォーリンは、一八三四年にヴォロネジ県で農民身分の家庭に生まれた。父に戦功があったため、本来は地元貴族の子弟しか入学できないミハイロフスキー陸軍幼年学校で学ぶことを特別に許可された。卒業後は工兵として勤務したために、一二等官の官位と一代貴族の身分を得た。しかし彼は、ベリンスキーの著作を引用してロシア貴族制への批判を含む文章を書いたとして懲戒を受け、一八五三年に退役させられる。苦境に陥ったスヴォーリンは、ヴォロネジ県内の郡学校で歴史と地理の教師になった。だが、それに飽き足りなかったのか、地元の文学サークルから伝手をたどって一八六一年にモスクワに移り住むと、『ロシアの談話』や『祖国雑記』の編集部で筆耕としての職を得て、記事も執筆するようになった。そして一八六二年から筆耕、編集者として関与したのが、コルシュの『ペテルブルク報知』だったのである。(39)このようにスヴォーリンは、非貴族身分出身で、地方から首都の出版界に成り上がった人物だった。

図2　アレクセイ・スヴォーリン（1865年）

こうした経歴ゆえに、スヴォーリンのメディア運営は、コルシュのようなインテリゲンツィヤとは方針を異にした。すなわち一八七六年に自分の新聞として『新時代』を手に入れると、ヴォリフ社やマルクス社に倣って、広告主と予約購読者とを募ることで原資を集め、売れる出版物の刊行によって事業の拡大を図ったのである。一八七八年、彼は印刷見本カタログで、当時の最新技術を導入したことと廉価販売を宣伝している。

A・S・スヴォーリンとV・I・リハチョフの新聞

『新時代』の印刷所は、一八七七年、ペテルブルクにオープンし、ロシアで初めて、かつ、現在においては唯一、円圧型印刷機による鉛版印刷を行っています。〔……〕仲介人なく定期購読予約と広告を受け付けるために、〔営業所を併設した〕直営書店を、一八七八年六月一日、ネフスキー大通り六〇番地にオープンしました。[40]

このように営利主義的な原理に立脚する出版社は、読者からの人気によって記事や連載小説の書き手を選び、原稿料を定めた。読者が「文学者の暗黙の官等表」[41]を決定したと言える。スターソフら、『ペテルブルク報知』から『新時代』に移籍した寄稿者たちもまた、そうした選別の対象となった。それは、「厚い雑誌」が依然として知識人の同人的編集のもと、教養読者向けに二〇〇〇―三〇〇〇部の売り上げで採算を取りながら発行されていたのとは相当に異なる状況だった。[42]そしてスターソフは、『新時代』における自身の原稿料が低いことが大いに不満だった。[43]

こうした経営上の事情に加えて、スヴォーリンがスターソフにとって許容しがたい文筆活動を行ったこともまた、両者の不和の一因となった。スヴォーリンは、企業経営の傍らで執筆活動を続け、戯曲も発表した人物だが、とりわけ得意としたのがよりにもよって、スターソフが批判した軽い批評ジャンル「フェリエトン」だったのである。『新時代』第一面の下段に連載されたそれは、後に『小さな書簡』などの批評集にまとめられて公刊され、スヴォーリンに「フェリエトンの帝王」という異名を与えた。一九一二年、新聞『ヴェチェールニエ・ヴレーミャ』は、スヴォーリンのフェリエトンを次のように評価している。

新聞でフェリエトンに初めて大きな意義を与えたのは、スヴォーリンの卓越した才能だった。〔……〕スヴォーリンは毎週日曜のフェリエトンの枠組みを広げ、当時の国家制度、社会生活、文学活動の実にさまざまな側面の議論をそこに持ち込んだのだ。[44]

スターソフがフェリエトン評論家の皮相さを批判したのは、スヴォーリンについて言えばあながち見当はずれではない。先述の評論の中でスターソフが触れていたように、ロシアでは一八六〇年代から七〇年代にかけて、絵画を購入する公衆が現れた。とりわけ多くの資金を出して芸術家たちのパトロンとなったのは企業家層であり、パーヴェル・トレチャコフが移動派の絵画を蒐集したことはよく知られている。ただし企業家の中には、絵画を投資目的の購買物と見做したり、金と結びつけて考える人々もいた(45)。大資本家となったスヴォーリンにも、ややその傾向が見受けられる。たとえば次に挙げる、イヴァン・クラムスコイに肖像画を注文した際に書いた一八八五年一二月二一日付の書簡からは、この移動派の指導的画家に対するパトロンとしての気前のよさと同時に、芸術を金で買えるものと考えることに躊躇しない姿勢が読み取れよう。

親愛なるイヴァン・ニコラエヴィチ、私は〔安すぎる〕あなたの見積もりに全く賛同できません。〔……〕お願いだから、私にもっと何倍も請求することを考えてください。だって私は、あなたよりはるかに金持ちなのですから(46)。

このようにスヴォーリンが自分とは異質な行動をすることに、スターソフは反発を強めた。この時期の掲載媒体に『声』『ヨーロッパ報知』が現れたのは、彼が『新時代』から離れ、それらの誌上でスヴォーリンを叩いたからである。特に激しい衝突が生じたのは、スヴォーリンの『新時代』に画家ヴァシーリー・ヴェレシチャーギンに対する批判記事が掲載されたときだった。スターソフは『声』の一八八〇年第七二、七五、七九号に反論を載せ、その中でスヴォーリンを痛罵した。

まるでいかなる芸術も全く理解しないかのように、そして厚かましい頑迷さをもって、スヴォーリン氏はこれまで何度も、素晴らしく優れた物のほとんど全てについて意見を述べてきた[47]。

ところが、スターソフの戦闘的な言動は、むしろ彼の出版界における孤立を招いた。スターソフは各誌から敬遠され、掲載誌探しに苦労するようになったと、弟ドミトリーに宛てた一八八八年二月二九日付の書簡で吐露する。

二三年やってきて、『ヨーロッパ報知』から追い出されるも同然だ。〔……〕だが既に今朝、私はモスクワの『ロシアの思想』に手紙を送り、クラムスコイについての論文を四月号に載せてくれるよう求めた。〔……〕もしそこが載せてくれないならば、私にはどの大きな雑誌にもスペースがなく、小さな記事を『ノーヴォスチ』か『ジェーニ』に書くことになる[48]。

この結果、彼は『風聞』『秩序』など、一、二年で休刊したマイナー誌にも寄稿するようになったのだった。ただしスターソフはスヴォーリンに対して怒り狂うばかりでなく、社会に変化が起きたことを意識してもいたようだ。一八九三年三月一六日付の知人宛て書簡では、次のように述べている。

私が身の危険を顧みずにディヤコフ、スヴォーリン、ブレーニンと争い、多くの者が言うように「泥をかぶっている」のだとしたら、悪いのは私ではなくロシア社会です。社会は彼らを常に保護し、大切にしています。ロシアの読者のほとんど全てが、ディヤコフ、スヴォーリン、ブレーニン〔の出版物〕の醜悪さに対して文句を言うくせに、夢中になって、あるいは少なくとも共感がなくもない状態で、一日中ロシア全土で読み、それによって彼らを支えているのです[49]。

スターソフは、ロシア社会に営利的な出版メディアを抵抗なく受けいれる読者大衆が現れたことを感じとっていた。彼はスヴォーリンと対立するうちに、背後で展開するこの大きな変化に巻き込まれたと言えるだろう。こうして、そのキャリアの第二期においてスターソフは評論家としての地歩を築いた一方で、インテリゲンツィヤ向けの媒体からブルジョワジー社主の営利主義的な出版物へと移ることを余儀なくされた。そしてついには、発表媒体を見つけられないという苦境に陥ったのである。

四　一八九〇年代のスターソフ

一八九〇年代に入っても状況は変わらない。九一年、苦しむスターソフは知人に次のように書き送った。

『北方通報』〔の編集部〕に行って、四月号にスペースをくれるよう頼むつもりだ。出向いて、頼んで、懇願して、どうにかスペースをもらう——これが四五年やってきた結果だ!!!（一八九一年三月一一日）(50)

この書簡が示すように、彼が九〇年代初頭に主要な発表媒体としたのは月刊誌『北方通報』だった。これは、ニコライ・ミハイロフスキーをはじめとするリベラルおよびナロードニキ主義的な傾向の執筆者が集まる「厚い雑誌」であり、『祖国雑記』で文筆活動をスタートさせ、『ペテルブルク報知』で国民芸術の普及を説いたスターソフにとっては満足のいく媒体だったと考えられる。

ところが『北方通報』の論調は、一八九〇年代前半、スターソフが寄稿しはじめてすぐに大きく変わった。ドミトリー・メレシコフスキーら、シンボリズムを主導する新世代の文筆家たちが、この雑誌に評論を発表するようになっためである。そして『北方通報』は、一八九六年に発行部数が四二五四部で最大値に達したものの、一八九八年には二〇〇〇部程度に落ち込んで休刊してしまった[51]。スターソフは、再び書く場所を失った。そこで彼は同年、ニコライ・ソプコを編集者として、自らの雑誌『芸術と工芸』を刊行し、執筆の場を確保しようとする。だが、この雑誌もまた充分な数の購読者を得られず、一九〇二年に休刊した[52]。こうしてスターソフは一八九〇年代以降、出版界の主流からますます遠ざかることを余儀なくされた。

ところが一方で、そんなスターソフに、一八九一年頃からこれまでとは異なる種類の雑誌が執筆を打診しはじめた。マルクスの絵入り雑誌『ニーヴァ』である[53]。

既に見たように、絵入り雑誌は、一九世紀末におけるロシアの全国メディアであり、とりわけ『ニーヴァ』は最大で二三万五〇〇〇部を売り上げた人気誌だった。ただし第二章で示したように、「厚い雑誌」の主要読者が「学生・教師・自由職・聖職者」といった教養層だったのに対して、絵入り雑誌は「軍人・商人・企業家・民間企業勤務者」といった中間層、および「職人・工場労働者・召使」といった下層の人々を購読者に多く含んだ。カスパリは『ロージナ』について、「ロシアの最も教養のない層が私のもとに押し寄せ、私はルボーク絵画を〔誌面に掲載して〕提供するようになった。芸術的に作成された木版画や複製写真を、未発達の読者は理解しないと分かっていたからだ[54]」と述べている。絵入り雑誌は読者大衆向けのメディアであり、インテリゲンツィヤが執筆する媒体としては格落ちだったのである。それゆえスターソフが、ただちに『ニーヴァ』への執筆を引き受けることはなかったようだ[55]。

では、なぜマルクスは果敢にも、インテリゲンツィヤたるスターソフに接触したのだろうか。その背景には、『ニーヴァ』が一八九〇年代に入ってから、移動派を積極的にとりあげるようになったことがあったと考えられる。それまで、同誌が移動派の主な画家やその作品を扱う頻度は、意外に少なかった。そもそも一八七一年から年一回開催されている移動派の展覧会を、『ニーヴァ』は一八九三年まで定期的には紹介しなかった[56]。移動展協会の創設メンバーの作

表1　『ニーヴァ』におけるシーシキン作品の掲載数

1889年	1891年	1893年	1894年	1896年	1897年	1898年	1899年
3	1	1	3	3	3	5	3

Топоров А.Д. Систематический указатель литературного и художественного содержания журналы «Нива» за XXX лет (с 1870–1899 г.), основанного и издаваемого А.Ф. Марксом. СПб., 1902 から作成.

品のうち、クラムスコイは一八七〇年代に一回、八〇年代に一回、ニコライ・ゲーは七〇年代に一回、八〇年代に二回、コンスタンチン・マコフスキーは例外的に七〇年代七回、八〇年代二五回とりあげられたが、レーピンは一回も掲載されていない(57)。ところが一八九一年から九三年にかけては毎年、ヨーロッパのリアリズム絵画を特集した無料付録が刊行され、その中でマコフスキーと共に、ようやくレーピンの作品が紹介されている(58)。また、一八九二年にマルクスはイヴァン・シーシキンから、彼が一八六六―九二年に制作した版画の銅板六〇点を三八〇〇ルーブルで購入した(59)。その結果、この銅板を利用したものを含むシーシキン作品の複製が、表1に示したように、一八九〇年代を通じてしばしば『ニーヴァ』誌上に掲載された。マルクスはさらに、第二三回移動派展に出品された絵画五点の写真を『ニーヴァ』に複製掲載する許可を求めている(60)。

そして一八九五年の『ニーヴァ』第四六号では、コンスタンチンの弟で、一八七二年から移動展協会に加入したヴラジーミル・マコフスキーの特集が組まれ、表紙には画家の肖像［図3］が掲げられた。序論で紹介した絵画『モスクワのトルクチー市場』［序論図5］は、このときに掲載された彼の代表作である。このように一八九〇年代の『ニーヴァ』は、移動派を積極的にとりあげた。

しかしロシア文化史上、移動派の最盛期は一八七〇―八〇年代だったとされる。つまり一八九〇年代に、リアリズム絵画は既に美術界の最先端ではなかったのである。この時期に最新の動向として注目を集めたのは、アレクサンドル・ベヌア、レオン・バクスト、セルゲイ・ディアギレフらの「芸術世界」グループが牽引したモダニズム芸術だった(61)。それに対して、レーピンをはじめとする移動派は画家としての評価が固まり、かつて抗議の末に退学した帝立美術アカデミーに

НИВА
ИЛЛЮСТРИРОВАННЫЙ ЖУРНАЛЪ ЛИТЕРАТУРЫ ПОЛИТИКИ И СОВРЕМЕННОЙ ЖИЗНИ.
XXVI г. № 46
г. XXVI 1895
ОТКРЫТА ПОДПИСКА НА „НИВУ" 1896 г.
В. Е. Маковскій и его произведенія.

図3　ヴラジーミル・マコフスキー特集
Нива. 1895. No. 46. С. 1089–1098.

教授として迎えられた[62]。右に述べた一八九五年のヴラジーミル・マコフスキー特集は、まさに彼が美術アカデミーの学長に就任したことを記念する号だった。ロシア美術の本流を指導する立場となった彼らは、国民芸術を提唱してきたスターソフの意図に反し、古典主義を重んじるアカデミーの伝統を再評価した[63]。すなわち絵入り雑誌『ニーヴァ』は、移動派が先端的芸術であった時期を過ぎて美術界の権威となってから、彼らの作品をとりあげたのである。

この時期、美術品は人々にとって、以前よりもさらに身近な存在になっていた。一八九八年に、かつてスターソフが悲願とした、ロシア芸術専門の初めての国立美術館であるアレクサンドル三世記念ロシア美術館が創立されたのをはじめ、世紀末までに四五の美術館・博物館が開館し、人々にロシア美術との接触を容易にした。また、一八九〇年代のペテルブルクでは、高級美術商ブッファの他、ポスレドニク、トレンティ、サヴィツキーなどの美術店が相次いで開業し、二〇世紀初頭には四〇店を超えた[64]。そうした美術商の中には、美術品を安売りする店もあった。一八九九年、ある店は『新時代』に次のような商売っ気たっぷりの広告を掲載している。

　豪華な金の額縁に入った、有名画家による新旧の様式の絵画や原画、レプリカを、いまだかつてなかったほど多様に取り揃えて大変お安く販売します[65]。

芸術に容易に触れられるようになった非貴族的で、非専門的な愛好家のあいだでは、リアリズム絵画というジャンルはその具象性ゆえに分かりやすく、依然として人気を有した。最先端のアートでなくてもよかったのだ。それは、エミール・ゾラが一八八六年に書いた、欧州の大衆の状況と似通う。

大衆にとって、芸術作品あるいは絵画とは、心を和ませたり震撼させたりしてくれるとても有り難いものである。……換言すれば、大衆は絵画に、彼らに息を呑ませるか、さもなければ心を締めつけるような主題を見るだけなのだ。彼らが芸術家に求めるのは、単に涙か微笑なのである。(66)

『ニーヴァ』が一八九〇年代に積極的に移動派をとりあげるようになった背景には、そうした読者大衆の存在があったと考えられる。その際、スターソフの評論は、彼が移動派の評価を確立させた第一人者だったゆえに重要だった。たとえ論壇では既に過去の人だったとしても、読者大衆を対象とする『ニーヴァ』においては、スターソフはリアリズム芸術の権威であった。一九〇〇年に彼がレフ・トルストイと共に、いわば老大家として科学アカデミーの名誉会員に選出されたことも、その権威を増大させたであろう。

この年、ついにスターソフは『ニーヴァ』からの依頼を承諾した。『一九世紀――前世紀の挿絵入りレビュー』(67)と題する特別付録への寄稿だった。この付録がどのような性格の読み物として構想されたかは、『ニーヴァ』本誌に掲載された宣伝文からうかがい知ることができる。

世界と我が国のできごとや、文学と美術の華やぎ、偉大な発見や発明、成熟した知性、民衆を幸福にする新方式の探求といったことを挿絵にして知らせるとは、なんと素晴らしい事業でしょうか！　ペンと鉛筆で描かれた、一九世紀についての多様な挿絵を掲載した本を読むことは、なんと面白く勉強になることでしょうか！　西欧では、こうした出版物のない文化的な国は一国としてありません。しかし大変に高価です。それを『ニーヴァ』は、購読者の皆さんに無料で提供いたします(68)。

すなわちこの付録は、美術を含めた文化的生活に属するさまざまな事象をイラスト化し、安価で提供することを売りとした。そして翌一九〇一年、宣伝文句にたがわず多様な事物と人物が描かれた、賑やかな冊子が刊行された。表紙［図4］には、飛行船、汽車、電話のような発明品や、ゼムストヴォ学校のような民衆向け機関、「法」と書かれて帝冠の下に置かれた円柱などが描かれている。全て、一九世紀の誇るべき成果とされたものだ。中でも最大のものと目されたのが農奴解放で、最前列中央に座る人物は、その期日だった「二月一九日」と書かれた布告を読んでいる。

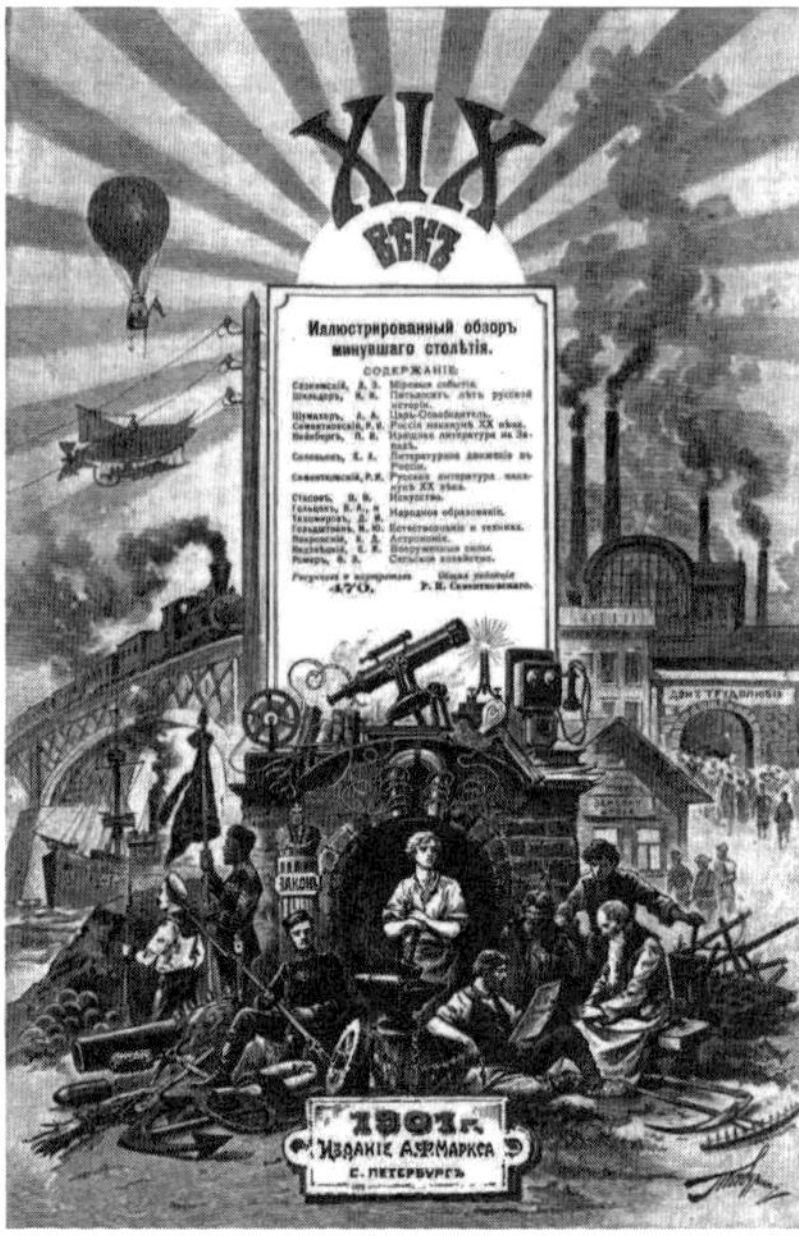

図4　『一九世紀』表紙

ここに見られるのは、一八七〇年代にスターソフが嫌悪したスヴォーリンのメディア運営や芸術に対する姿勢、あるいは九〇年代に現れた美術品の廉価販売という現象にも通じる「営利主義」だ。だが、このときのスターソフはそれを嫌うことなく、第五章「一九世紀の芸術」を執筆した。そしてヨーロッパとロシアの芸術史を総覧するこの章において、彼は一九世紀半ばのロシア画家たちへの変わることのない称賛を披瀝したのだ。

一八七一年、新しい団体「移動派」が現れた。それは、単に新しかったのではない。抗議するアルテリの芸術家たちによってロシアの土壌に生やされたものの、しばらくのあいだ成長を止めていた根が再生されたのだ。一八六三年に抗議した一三名の画家たちに続いて、多くのロシアの芸術家たちがこの団体に加わった。彼らがモットーとしたのは、リアリズム、民族性、アカデミーの因習的なあらゆる事柄から自身と自分の作品を引き離すこと、いかなる褒賞や後援もなく自らの意志と努力で活動すること、つまり、個人と創作の完全なる独立であった。こうしたことは全て……どこかから借用したのではなく、ロシアの土壌に固有のものだった[69]。

揺るぎのない主張である。先述したように、もはや芸術界の最新潮流はリアリズムからモダニズムへと移っていた。レーピンをはじめ、彼が称賛してきた移動派の画家たちの立ち位置も変化したし、出版界も大きく変わった。スターソフは出版界に違和感を覚えたし、「芸術世界」グループを非難もした。そして旧知のレーピンから美術アカデミー改革への協力を依頼されても拒否し、彼らの「変節」を罵倒までして、移動派の画家たちを困惑させた[70]。およそスターソフの文筆活動をとりまく環境は、全てが変容していた。

にもかかわらず彼は、右に見たように、『ニーヴァ』の付録で三十年余り前に『ペテルブルク報知』に発表した評論と寸分も変わりのない主張を続けた。一九〇六年に刊行した最後の著作集にこの評論を収録する際には、「移動派！それは、単に新しかったのではない」と、冒頭部をより感情的な表現に書き変えてすらいる[71]。このスターソフの姿勢は、一徹さを通り越して、頑なだとすら言えよう。

とはいえ、長い闘争の果てに、スターソフは自分が受け入れられる新しい場を見つけたとも言える。たとえそれが、流行は過ぎたが具象的で分かりやすい芸術について、読者大衆のための解説を求める媒体だったとしても、スターソフは自身の主張を繰り返すことができた。こうして彼は、そのキャリアの最晩年を生き抜いた。

おわりに

以上、本章では評論家ヴラジーミル・スターソフの文筆活動と、それをとりまく出版環境の変化をたどってきた。スターソフは世襲貴族身分に生まれ、特権的身分制学校で教育を受けた後、官途を辞してヨーロッパに遊学し、帰国後に「厚い雑誌」で評論の執筆を始めた。このような経歴は、一九世紀前半のロシア・インテリゲンツィヤの一典型であった。だが、彼が手本としたベリンスキーは一八四〇年代末に亡くなり、世紀半ばに多大な影響力を発揮したチェルヌィシェフスキー、ピーサレフ、ドブロリューボフらは一八六〇年代に、評論家としてのキャリアを終えた。これに対して、スターソフは一九世紀後半を通じて書き続けた。そのため彼は、「大改革」後に現れた営利主義的な出版社と読者大衆に相対することとなり、それを激しく批判した。闘争の果てに論壇から干されたスターソフが、世紀転換期に安さを売り文句とする絵入り雑誌に執筆したのは、インテリゲンツィヤ出身の評論家としては転落だったと言えるかもしれない。しかし自らの思想の新たな受容者を見出し、広汎な階層にロシア国民芸術を共有させるという所期の使命を達した、と考えることもできるだろう。

スターソフの事例からは、一九世紀後半を通じて、インテリゲンツィヤがそれまでの執筆環境を維持できなくなったこと、だが、出版界の新しい構造に適応していったことが見てとれるだろう。この時期、長大な評論よりもてはやされた、軽妙で短いフェリエトンの書き手が多く現れた。また、評論がガイドと広告を兼ねることを望んだのは、マルクス社だけではなかった。たとえばヴォリフ社は一八九七年から機関誌『書店便り』を刊行し、読者に特定の文学作品を薦めて買わせるための評論を執筆させている。[72] 文筆家たちは、営利的な読み物が「厚い雑誌」よりも多くの読者を持つことを認識した。一八九八年、トルストイがドゥホボール教徒の国外移住の資金を得るために、最後の長編小説『復活』を連載する契約を結んだのも『ニーヴァ』だった[73]。かつて一九世紀半ばに、評論は「厚い雑誌」が占有する知的言論だった。世紀末に至って、営利的な媒体は、それを自らのコンテンツとすることに成功したのである。

このように一九世紀後半は、インテリゲンツィヤと出版の新しい関係が築かれた時代だった。長命ゆえに変化に巻き込まれ、書く場を求めて闘ったスターソフは、ロシア全土が革命に揺れた翌年、一九〇六年に八二歳で没した。

（1）Peter Uwe Hohendahl, *The Institution of Criticism*（Ithaca: Cornell University Press, 1982）, p. 52; Terry Eagleton, *The Function of Criticism: from the Spectator to Post-Structuralism*（London: Verso, 1984）. 近代日本についても、論壇という切り口から文化社会史研究の刺激的な成果が示されている。大澤聡『批評メディア論——戦前期日本の論壇と文壇』岩波書店、二〇一五年。

（2）たとえばエディス・クロウスによる正統的なロシア評論史は、ベリンスキー、チェルヌィシェフスキー、ドブロリューボフ、ピーサレフらを皇帝専制への抵抗者としてとりあげた後、シンボリズムの主導者メレシコフスキーやアカデミズムに属したポテブニャの評論活動を紹介する。つまり、一九世紀半ばの反政府的なインテリゲンツィヤと、二〇世紀初頭に芸術を大義としたインテリゲンツィヤの言説には言及されるが、「大改革」による変化が進行した一九世紀後半の評論家たちについては充分に論じられていない。Edith W. Clowes, “Russia: literature and society,” in M. A. R. Habib（ed.）, *The Cambridge History of Literary Criticism*, vol. 6（Cambridge: Cambridge University Press, 2013）, pp. 205–228. 次の研究は、この時期の学術的な文学批評も研究が不充分であると批判する。Andy Byford, *Literary Scholarship in Late Imperial Russia: Rituals of Academic Institutionalisation*（London: Legenda, 2007）. ただし、一九世紀後半に美術がいかにロシア国民文化の一部を形成するようになったかを論じた次の研究は、評論の役割に関心を向けている。Katia Dianina, *When Art Makes News: Writing Culture and Identity in Imperial Russia*（Dekalb, IL.: Northern Illinois University Press, 2013）.

（3）移動派についての最新の研究である下記のモノグラフは、スターソフによる移動派の解釈が二〇世紀に至っても強固に研究上の理解の枠組みでありつづけたと指摘し、移動派の営利性に着目することで新たな性格付けを試みている。*Шабанов А.* Передвижники: между коммерческим товариществом и художественным движением. СПб., 2015.

（4）そのため、ソ連期には多数の伝記が書かれた。たとえば *Маркевич А.П.* Гражданин, критик, демократ. Киев, 1968; *Салита*

Е.Г., Суворова Е.И. Стасов в Петербурге. Л., 1971; *Салита Е.Г.* Стасовы в Петербурге – Петрограде. Л., 1982; *Лебедев А.К., Солодовников А.В.* Владимир Васильевич Стасов: жизнь и творчество. Л., 1982 など。近年では、弟で、司法改革に尽力した弁護士のドミトリー・スターソフに関する研究がある。*Легкий Д.М.* Дмитрий Васильевич Стасов: судебная реформа 1864 г. и формирование присяжной адвокатуры в российской империи. СПб., 2011.

(5) *Стасов В.В.* Собрание сочинений 1847–1886. в трех томах. СПб., 1894; В.В. Стасов, избранные сочинения: в трех томах. Сост. П.Т. Щипунов; комментарии М.П. Блиновой, А.Н. Дмитриева, П.Т. Щипунова. М., 1952.

(6) *Каренин В.* Владимир Стасов. Очерк его жизни и деятельности. Ч. 1–2. Л., 1927.

(7) *Стасов В.В.* Собрание сочинений 1847–1886. СПб., 1894. Т. 1. С. ix–xii; Т. 2. С. v–xiv; Т. 3. С. i–iiii を参照。

(8) *Каренин В.* Владимир Стасов. С. 40, 46–76.

(9) *Каренин В.* Владимир Стасов. С. 104.

(10) 橋本伸也『帝国・身分・学校——帝制期ロシアにおける教育の社会文化史』名古屋大学出版会、二〇一〇年、一四九–一五二頁。

(11) *Каренин В.* Владимир Стасов. С. 108–109.

(12) *Каренин В.* Владимир Стасов. С. 151.

(13) *Каренин В.* Владимир Стасов. С. 163.

(14) Victor Terras, *Belinskij and Russian Literary Criticism: the Heritage of Organic Aesthetic* (Madison: University of Wisconsin Press, 1974), pp. 92–101, 161; Edith W. Clowes, "Russia: literature and society," pp. 208–211.

(15) *Каренин В.* Владимир Стасов. С. 134.

(16) *Рейтблат А.И.* От Бовы к Бальмонту (1991). С. 40; Richard J. A. Ware, "Russian journal and its public: *Otechestvennye zapiski*, 1868–1884," *Oxford Slavonic Papers, New Series*, 1981, vol.14, pp. 121–146; Deborah A. Martinsen (ed.), *Literary Journals in Imperial Russia* (New York: Cambridge University Press, 1997).

(17) *Сонина Е.С.* Петербургская универсальная газета конца XIX века. СПб., 2004. С. 13.

(18) Louise McReynolds, *The News under Russia's Old Regime: The Development of a Mass-Circulation Press* (Princeton, N.J.: Princeton University Press, 1991), p. 34.

（19） *Сонина Е.С*. Петербургская универсальная газета. С. 25.
（20） Elizabeth Valkenier, *Ilya Repin and the World of Russian Art*（New York: Columbia University Press, 1990）, p. 32.
（21） *Стасов В.В*. Собрание сочинений. Т. 1. С. 117–156.
（22） *Стасов В.В*. Собрание сочинений. Т. 1. С. 122.
（23） *Стасов В.В*. Собрание сочинений. Т. 1. С. 124.
（24） *Стасов В.В*. Собрание сочинений. Т. 1. С. 131.
（25） *Стасов В.В*. Собрание сочинений. Т. 1. С. 131.
（26） *Стасов В.В*. Собрание сочинений. Т. 1. С. 132.
（27） ベー・イー・エーシン（阿部幸男、阿部玄治訳）『ロシア新聞史』未来社、一九七四年、七九頁、Dianina, *When Art Makes News*, pp. 95–103.
（28） *Стасов В.В*. Собрание сочинений. Т. 1. С. 134–135.
（29） *Стасов В.В*. Собрание сочинений. Т. 1. С. 138.
（30） *Стасов В.В*. Собрание сочинений. Т. 1. С. 144.
（31） *Стасов В.В*. Собрание сочинений. Т. 1. С. 157.
（32） *Тюрин Е.Д*. Объяснение об основании публичной картинной галерей в Москве. В кн. Музееведческая мысль в России XVIII–XX веков: сборник документов и материалов. М., 2010. С. 250–261; *Северюхин Д.С*. Старый художественный Петербург: рынок и самоорганизаций художников. СПб., 2008. С. 85.
（33） *Северюхин Д.С*. Старый художественный Петербург. С. 155.
（34） *Динерштейн Е.А*. А.С. Суворин: человек, сделавший карьеру. М., 1998, С. 59–60.
（35） Valkenier, *Ilya Repin and the World of Russian Art*, p. 32; Orlando Figes, *Natasha's Dance: a Cultural History of Russia*（London: Penguin, 2003）, p. 231.
（36） Valkenier, *Ilya Repin and the World of Russian Art*, p. 98.
（37） Richard Taruskin, *Musorgsky: Eight Essays and an Epilogue*（Princeton, N.J.: Princeton University Press, 1993）, p. 9; Figes, *Natasha's Dance*, pp. 232–233.

（38） *Стасов В.В*. Собрание сочинений 1847–1886. СПб., 1894. Т. 1. С. I–IV.

（39） Robert A. Bartol, “Aleksei Suvorin: Russia’s millionaire publisher,” *Journalism Quarterly* 51–3, 1974, pp. 411–412; *Романенко А*. Годы разлома и сокрушения. В кн. *Суворин А*. Русско-японская война и русская революция. Маленькие письма（1904–1908）. М., 2005. С. 13.

（40） Образцы шрифтов и орнаментов типографии газеты «Новое время» А.С. Суворина и В.И. Лихачева. СПб., 1878. С. I, IV.

（41） *Рейтблат* От Бовы к Бальмонту（1991）. С. 87.

（42） *Рейтблат* От Бовы к Бальмонту（1991）. С. 32–47.

（43） *Каренин В*. Владимир Стасов. Ч. 2. С. 653.

（44） *Климаков Ю.В*. Предтсловие. В кн. *Суворин А.С*. Россия превыше всего. Отв. ред. О.А.Платонов. М., 2012. С. 9.

（45） John O. Norman, “Pavel Tretiakov and merchant art patronage, 1850–1900,” in Edith W. Clowes, Samuel D. Kassow, James L. West（eds.）, *Between Tsar and People: Educated Society and the Quest for Public Identity in Late Imperial Russia*（Princeton, N. J.: Princeton University Press, 1991）, pp. 93–107; John E. Bowlt, “The Moscow art market,” in *Between Tsar and People*, pp. 108–128.

（46） РНБ ОР. Ф. 115. Ед. хр. 62. Л. 29.

（47） *Стасов В.В*. Собрание сочинений. Т. 2. С. 478.

（48） *Каренин В*. Владимир Стасов. Ч. 2. С. 649.

（49） *Каренин В*. Владимир Стасов. Ч. 2. С. 657. アレクサンドル・ディヤコフ（一八四五―一九五、筆名ネズロビン）は散文作家・コラムニストで、『モスクワ報知』『新時代』などに、ヴィクトル・ブレーニン（一八四一―一九二六）は文芸・演劇評論家で、『ペテルブルク報知』『新時代』などに寄稿した。

（50） *Каренин В*. Владимир Стасов. Ч. 2. С. 650.

（51） Русская периодическая печать（1702–1894）. Под ред. А.Г. Дементьева, А.В. Западова, М.С. Черепаноха. М., 1959. С. 667–668.

（52） *Каренин В*. Владимир Стасов. Ч. 2. С. 565.

（53） *Каренин В*. Владимир Стасов. Ч. 2. С. 652.

（54） Солнце России. 1913. No. 3（154）. С. 14.

（55）ただし、女子教育の普及に尽力した姉ナデジダ・スターソヴァは、既に一八九五年に追悼記事という形で『ニーヴァ』の誌面に載っている。Нива. 1895. No. 41. С. 985–986.

（56）*Топоров А.Д*. Систематический указатель литературного и художественного содержания журналы «Нива» за XXX лет（с 1870–1899 г.）, основанного и издаваемого А.Ф. Марксом. СПб., 1902. С. 155.

（57）*Торопов А.Д*. Систематический указатель. С. 375, 379, 400.

（58）Альбом «Нивы»: главная премия «Нивы» на 1891, 1892, 1893 гг. СПб., 1891, 1892, 1893.

（59）РНБ ОР. Ф. 861. Ед. хр. 167. ЛЛ. 11–11 об.

（60）РНБ ОР. Ф. 708. Ед. хр. 1127. Л. 20.

（61）*Каренин В*. Владимир Стасов. Ч. 2. С. 565.

（62）*Каренин В*. Владимир Стасов. Ч. 2. С. 553.

（63）Figes, *Natasha's Dance*, p. 236.

（64）*СеверюхинД.С*. Старый художественный Петербург. С. 159, 172–180; Dianina, *When Art Makes News*, p. 77.

（65）Новое время. 1899. No. 8449. С. 9–10; *СеверюхинД.С*. Старый художественный Петербург. С. 173–174.

（66）エルンスト・H・ゴンブリッチ（下村耕史、後藤新治、浦上雅司訳）『芸術と進歩――進歩理念とその美術への影響』中央公論美術出版、一九九一年（原著一九七八年）、一三一－一三二頁。

（67）XIX век: иллюстрированный обзор минувшего столетия. СПб., 1901.

（68）Нива. 1900. No. 42. С. 844а.

（69）XIX век: иллюстрированный обзор минувшего столетия. С. 291.

（70）Valkenier, *Ilya Repin and the World of Russian Art*, p. 137.

（71）В.В. Стасов, избранные сочинения: в трех томах. Сост. П.Т. Щипунов и др. Т. 3. С. 658.

（72）Beth Holmgren, *Rewriting Capitalism: Literature and the Market in Late Tsarist Russia and the Kingdom of Poland*（Pittsburg: University of Pittsburg Press, 1998）, pp. 119–122.

（73）藤沼貴『トルストイ』第三文明社、二〇〇九年、四九五－四九六頁、中村喜和『武器を焼け――ロシアの平和主義者たちの軌跡』山川出版社、二〇〇二年、一五六－一五七頁。

第四章　ナロードと出版——農民企業家と正教ジャーナリストの連帯

やせっぽちで蒼白い、一二歳ほどになる少年、ヴォロージャ・ロヴレフは、いま中学校《ギムナジウム》から帰ったばかりで、夕食を待っているところだった。彼は客間のグランドピアノのそばに立って、今朝郵便局から配達された『ニーヴァ』の最新号に眺め入っていた。……あるページが、不意に少年の興味をひいた。彼の大きな目は、ますます大きく見開かれた。ページの上から下へかけて六つの絵が印刷されていて、そこに、いろいろなかたちに組んだ手が描かれていた。その手の影は白い壁におちて、暗いシルエットをつくりだしているのだった。角の生えたようなおかしな形の帽子をかぶった令嬢や、牛や、栗鼠の座った格好などといった類いのものである。ヴォロージャは笑みを浮かべながら、夢中になってこの絵に見入っていた。

〔ソログープ『光と影』（一八九四年）
貝澤哉訳『ロシア怪談集』河出書房新社〕

はじめに

では次に、帝政期ロシアの三つの勢力のうち「ナロード」が、新しい出版メディアとどのような関係にあったかを考えよう。ナロード出身の出版企業家は現れたのか。もしそうならば、彼らは出版事業にどのように取り組んだのか。

実際、一九世紀後半には、ナロード出身の企業家で、ロシア有数の出版社を作り上げた人々がいた。とりわけ有名なのはイヴァン・スイチンである。一八五一年にコストロマー県の農村に生まれた彼は、年少時から毛皮商のもとで働いた後、モスクワのルボーク書店の丁稚に上がった。そして読み書きも不自由なまま、一八七六年に石版印刷所を開業すると、『恐怖の一夜、あるいは血みどろの復讐』といったタイトルの煽情的なルボーク出版物――しかもゴーゴリらの作品を改竄した海賊版――の刊行で成功した。しかし後に、「わたしは……自分自身を、自分の商売を、自分たちの仕えている偉大な事業をはずかしめている」[1]と悔悛し、トルストイのナロード向け啓蒙出版物の刊行事業に協力し、キリル文字アルファベットなどの初学者・独学者向け参考書の発行に取り組んだ。そのためソ連期に、ナロードの啓蒙への貢献者として顕彰される。つまりスイチンは、教養層が非教養層を啓蒙する事業を支え、同じ志によって自らもナロードの識字向上に尽力した出版人として評価されたわけである。

しかし、ナロード出身の出版人は、知識人に協力するばかりだったのだろうか。スイチンは啓蒙事業に大いに貢献する一方で、教養層はナロードの読書を分かっていない、との批判意識も持っていたという[2]。第二章で触れたように、一九世紀後半ロシアの世俗的知識人たちは農民向けの宗教的読み物を糾弾する傾向を示した。はたして農村で信仰を身近なものとして育ったナロード出身の出版企業家たちは、教養層の指導に抵抗を覚えることなく民衆啓蒙運動に協力したのだろうか。彼らの出版活動に、出自ゆえの特色はなかったのか[3]。

以上の問題意識のもと、本章では、スイチンに匹敵する出版ビジネスを展開したナロード出身の出版人に焦点をあてる。すなわち、絵入り科学雑誌『自然と人間』を刊行したピョートル・ソイキンである。ソイキンは『自然と人間』や初学者・独学者向け読み物を刊行し、労働者の自学自習と科学知の普及に貢献したため、スイチンと同様、「一九世紀末から二〇世紀初頭においては民主的、科学的思想のプロパガンダに、そして一〇月革命の後には、ソ連人の最初の世代の啓蒙に大きな役割を果たした(4)」と評価されてきた。しかし、彼の出版事業をアレクサンドル・ポポヴィツキーという正教ジャーナリストの絵入り宗教雑誌『ロシアの巡礼者』と絡めて検証すると、そうした評価とはいささか異なる側面が見えてくる。こうした議論から、ナロード出身企業家による出版事業は必ずしも民衆の科学的啓蒙に専心したのではなく、固有の性格を持っていたことを示して、ナロードと出版機構のあいだに形づくられた新しい関係を明らかにしたい。

以下では、第一に、科学出版の思想と、ソイキンの経歴および『自然と人間』について述べて、従来の評価に疑義を呈した上で、第二に、正教出版の歴史的背景と、アレクサンドル・ポポヴィツキーの経歴および『ロシアの巡礼者』を示し、この正教系出版物を引き受けたソイキンの出版事業がいかなる性格を持ったかを考える。用いる史料は、ソイキン社が創業一〇周年（一八九五年）、二五周年（一九一〇年）、四〇周年（一九二六年）を記念して発行した書籍三点(5)と、ポポヴィツキーの文筆活動五〇周年記念出版物(6)、雑誌『自然と人間』『ロシアの巡礼者』、それにいくつかの関連する他の出版物である。

一　科学出版とソイキン

「厚い雑誌」の科学

ソイキンは科学雑誌を刊行して民衆啓蒙に貢献した、とされてきた。一体なぜ、科学は啓蒙と結びつけられるのか。それは近代社会で、知識人たちが科学を最も重視し、それにもとづく教育を行うよう主張したからである。たとえば社会批評家として強い影響力を持ったハーバート・スペンサーは、生産過程や経済体制が急速に科学的になる社会情勢下で科学知識が万人に必須のものとなったと考え、数学、物理学、化学、天文学、地質学、生物学といった分野を優位に置く教育課程の必要性を説いた。[7] ロシアでは、一八六六年に『諸科学の分類』の翻訳が刊行されたのをはじめとして彼の著作が紹介され、ドミトリー・ピーサレフのように、それに傾倒するインテリゲンツィヤが多数現れた。[8]彼らは既成の権威を否定し、体制を批判する論拠として、西欧に由来する科学中心の思考法を支持したのである。

それゆえ、インテリゲンツィヤが言論活動を展開した「厚い雑誌」では科学が尊重された。たとえば、『現代人』に掲載された書評論文「知的および道徳的行為に関する人間の器官発達」が、現在は「古代の異教哲学」でも「中世のスコラ学」でもなく、「自然科学の成果が……我々に人間の精神と身体の活動の関係について、より理性的で簡潔な見解の形成を可能にするのである」と主張したのは典型的だ。[9]

以後、科学的で合理的な思考方法は、ロシアで近代的社会が発展するにあたって不可欠なものと見做され、いっそう奨励されていく。たとえば帝立地理学協会や自然史・考古学・民俗学愛好者協会などの自発的結社は、科学的調査の成果を、報告書の発刊、博覧会の開催、博物館の設置によって公開した。[10] また、一八二八年から中等教育機関、古典ギムナジアでは、生物学、生理学、化学、地理学は教えられず、数学の講義も制限されていたのが、六四年にこれとは別に、科学教育を行う実科ギムナジアが創設された[11]。このように一九世紀後半を通じて、ロシアには科学主義と呼ぶべき風潮が根強く存在した。

ピョートル・ソイキンの経歴

ピョートル・ソイキンは、こうした時代の只中にある一八六二年、いわば「大改革」の申し子として生まれた。というのは、彼がペテルブルク県北部の農村部で、前年の農奴制廃止で解放されたばかりの元農奴の父のもとに生まれついたからである。同じ時期に行われた教育改革が彼に学歴をつけることを可能にしたのも、「大改革」の時代の子と呼ぶにふさわしい。改革後の教育階梯では、農民を含む全身分の出身者が中等教育機関への入学資格を認められた。それゆえソイキンは初等教育を終えた後、ペテルブルクの第三古典ギムナジアに入学して中等教育を受けることができたのだ。古典ギムナジアの卒業者には、さらに大学入学資格が与えられる。すなわち法文上は、解放農奴の子孫が大学に進学することも可能だった。元農奴の祖父と、そこから商人となった父を持つ一八六〇年生まれのチェーホフが、タガンローグの古典ギムナジアを卒業してモスクワ大学に入学し、医師資格を取得したのはその好例である[12]。

もっとも実際には、農民身分出身者で高等教育機関まで進学した者は稀だった。一八八〇年に八一九三名を数えた大学生のうち、貴族身分が四六・七%、聖職者身分が二三・四%、都市身分が二一・五%を占めたのに対して、農民身分の者はわずか三・二%にとどまった[13]。全身分に開放的な教育制度が構築されたとはいえ、一般的な慣行としては、農民出身者に高等教育は高嶺の花だったと言えるだろう。ソイキンはそうした通念に従い、ギムナジア卒業後は私立の会計学校に学ぶ。そして鉄道会社・銀行からの注文を受けるレヴィ印刷所に、経理係として就職した。

農奴の家庭出身で古典ギムナジアまで進学したソイキンは、おそらく勉学好きで優秀な子供だったのだろう。もしかすると、出自のせいで大学に進まなかったことへのある種の鬱屈と、捨てきれない野心があったのかもしれない。

図 1　ピョートル・ソイキン（1909 年）
Двадцатипятилетие типографско-издательской деятельности Петра Петровича Сойкина 1885–1910. СПб., 1910. С. 20.

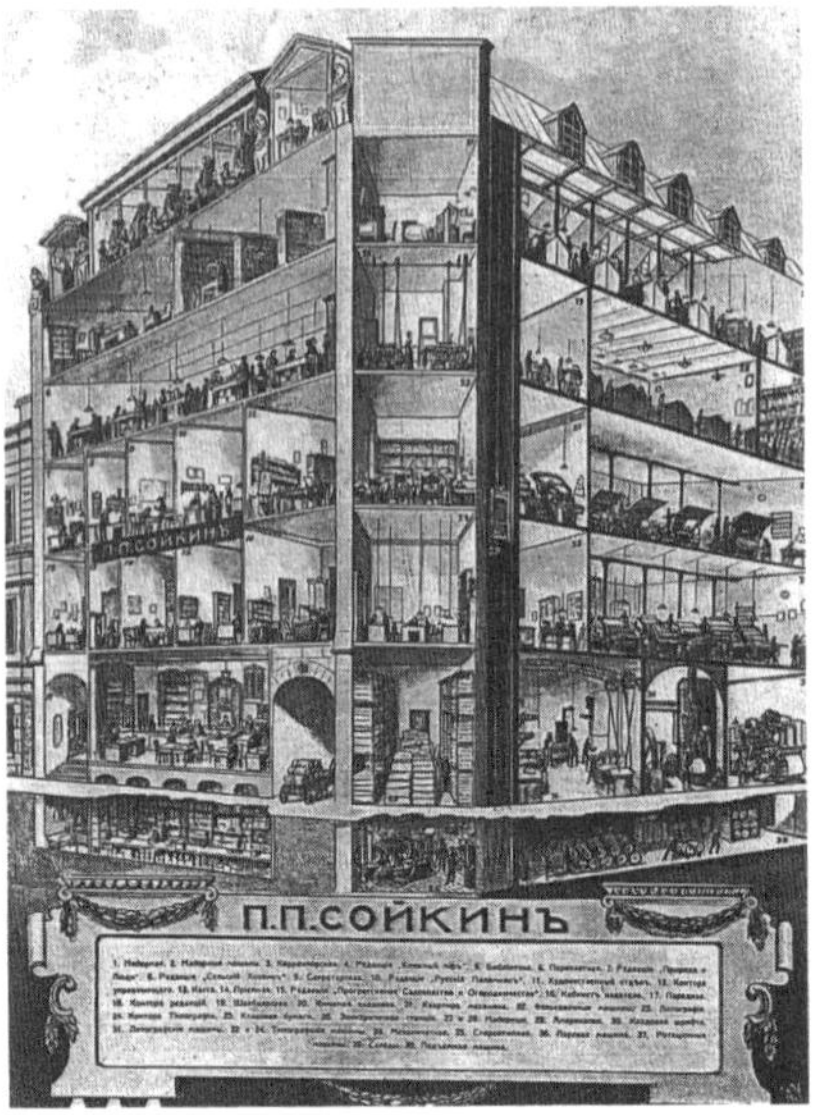

図 2　創立 25 周年当時のソイキン社の社屋
Двадцатипятилетие типографско-издательской деятельности Петра Петровича Сойкина 1885–1910. СПб., 1910. С. 19.

そのような想像を抱くのは、ソイキンが経理係として勤めていたにもかかわらず、レヴィ印刷所で出版事業にきわめて強い興味を持ち、ついには行動を起こしたからだ。すなわち彼は退職し、一八八五年にスプレドヴァ印刷所を買い取って従業員六人で営業を始めると、九二年には、『ニーヴァ』『全世界画報』『新時代』などの人気誌の印刷を請け負っていたトランシェリ印刷所を買い取り、二年後には従業員三二〇人を抱える首都ペテルブルクで最大級の印刷所にしたのである(14)。それと共に、一八八九年から雑誌の出版を始める。

ソイキンの出版事業への傾倒は熱烈だった。雑誌を「我が子」と呼び、「自身の雑誌を愛する出版人は、自らの生涯を送ることをやめ、雑誌の中に生きることとなる。個人としての生活は後景に退き、出版物のたどる行末が自らの人生となるのだ(15)」と述べたほどである。ソイキン社の雑誌は大きな人気を博し、本書で既に触れたマルクス社、スヴォーリン社、スイチン社などと比肩する大手出版社に成長した。

そうしたソイキン社の人気ナンバーワン雑誌が、『自然と人間』［図3］と題した、毎号一六頁前後、年間購読料五ルーブリと廉価な、科学専門の絵入り雑誌であった。

絵入り科学雑誌『自然と人間』

科学主義の時代、絵入り雑誌もまた科学を好んでとりあげた。たとえば『ニーヴァ』は、天体の法則[16]や、パリで行われたフーコーの振り子実験［図4］のように、科学的原理を模式図や実験風景のイラストによって解説する記事、ミルク計り機［図5］などを紹介した「新発明」という連載記事、「エリマキトカゲ」［図6］、「キウィ」［図7］、「大ロシア人の類型」［図8］など、動植物やロシア人をも博物学的に分類して解説する記事を掲載している。序論で紹介した各地方の民族衣装の女性たちの姿［序論図3］や、伝声器のような科学的発明品の解説［序論図4］もまた、こうした分野に属する記事だったと言えよう。

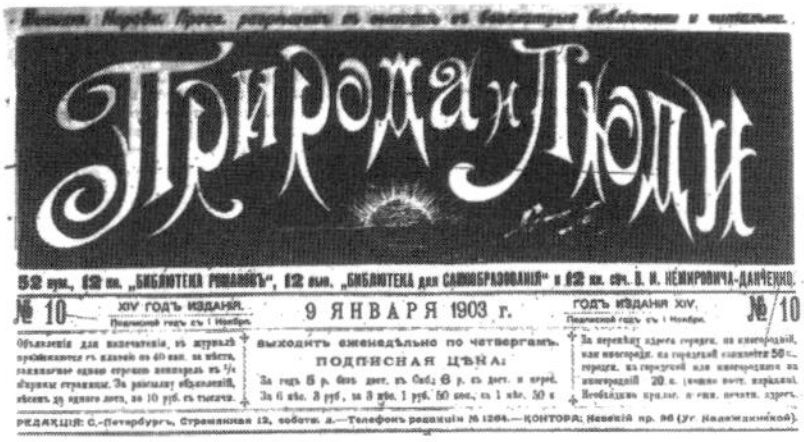

図3　『自然と人間』題字

科学専門のソイキンの絵入り雑誌『自然と人間』も同様だ。同社の看板雑誌となったこの刊行物には、「生存競争、ダーウィン説による[17]」、「電気とは何か[18]」、「水泳」［図9］、「癌の治療とヴァッセルマン博士の発見[19]」などの科学的事象の解説、「トンガ人の類型[20]」のような博物学的分類法の紹介、「科学と生活[21]」、「諸列強の軍事費」［図10］など、当時の生活や国際情勢についての科学的な解説も掲載された。こうした記事からはたしかに、科学主義が全盛の時代に、ソイキンは読者の科学啓蒙に尽力したと言えるだろう。

しかし、実は絵入り雑誌における科学の扱われ方には、「厚い雑誌」のそれと大きな相違点があった。それは「厚い雑誌」と異なり、絵入り雑誌が名前の通り、科学記事にも挿画を付したこと、そして「図像と結びついた科学」が、西欧の出版史において独自の

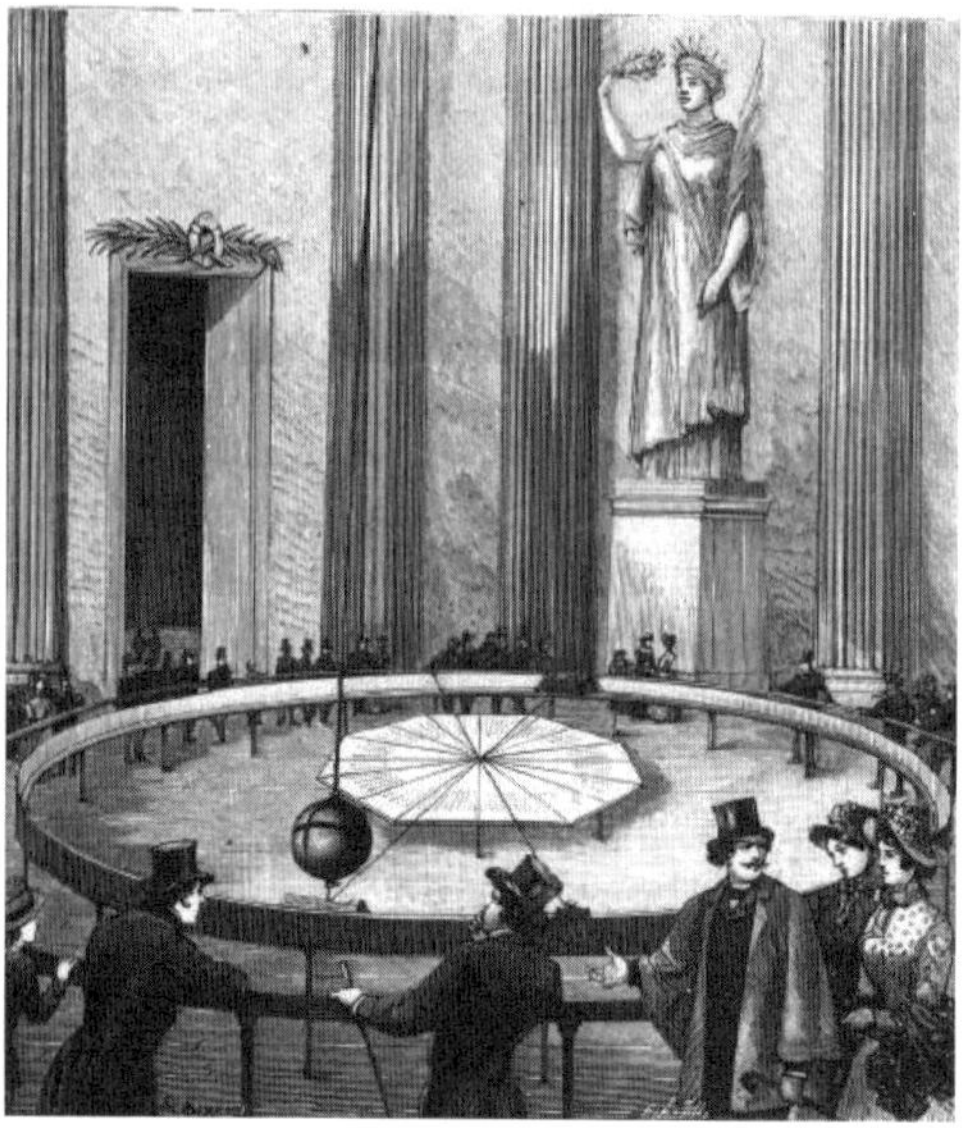

図4　「フーコーの振り子実験」
Нива. 1888. No. 4. C.109.

図5　ミルク計り機
Нива. 1878. No. 16. C. 287.

図6　エリマキトカゲ
Нива. 1876. No. 22. C. 388.

図7　キウィ
Нива. 1880. No. 17. C. 349.

図８　「大ロシア人の類型」

Нива. 1876. No. 7. C. 121.

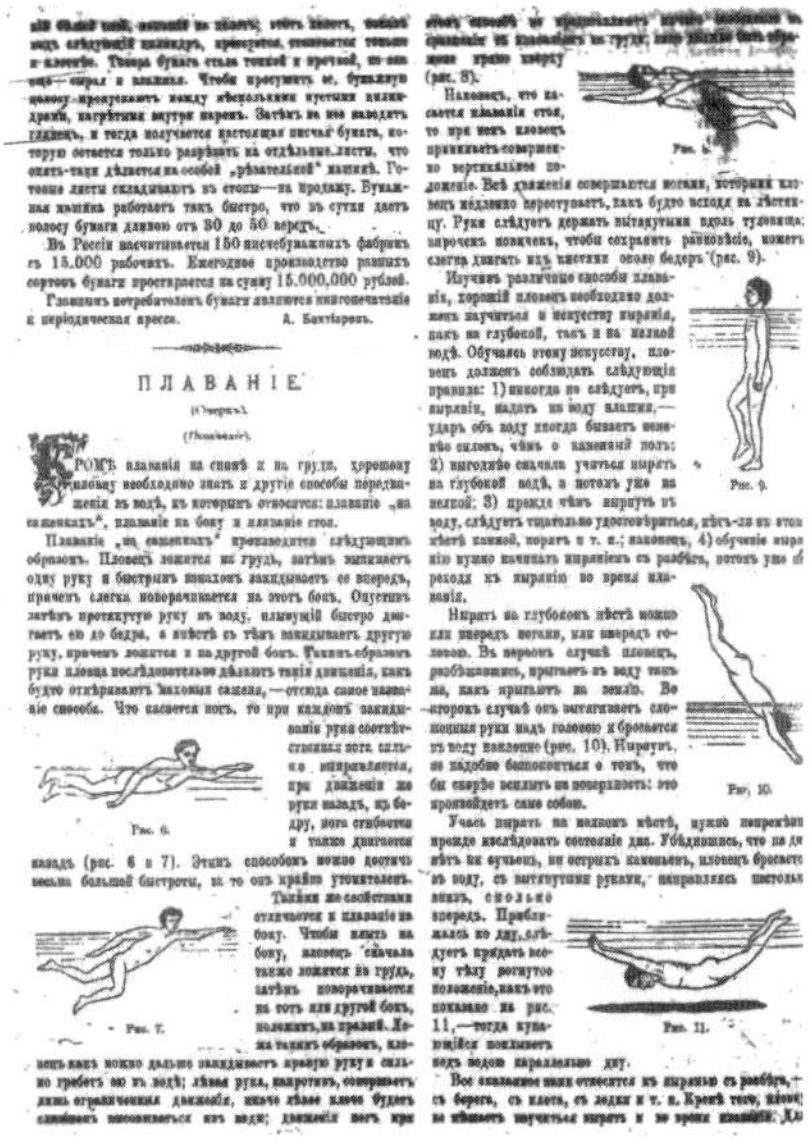

図９　「水泳」

Природа и люди. 1890. No. 33. C. 526.

図 10　「諸列強の軍事費」

左端がロシア，右端が日本.

Природа и люди. 1907. No. 3. C. 43.

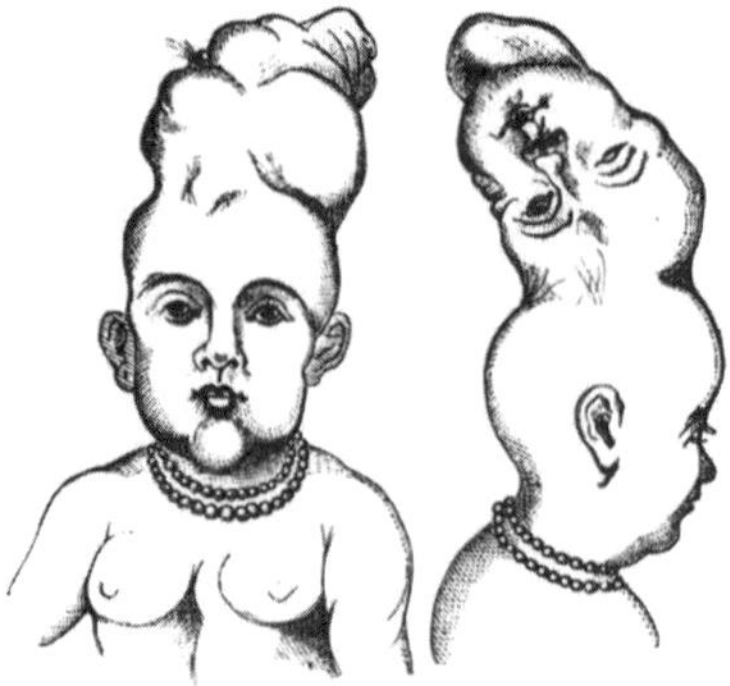

図 11　「双頭の小児」
Нива. 1873. No. 24. С. 377.

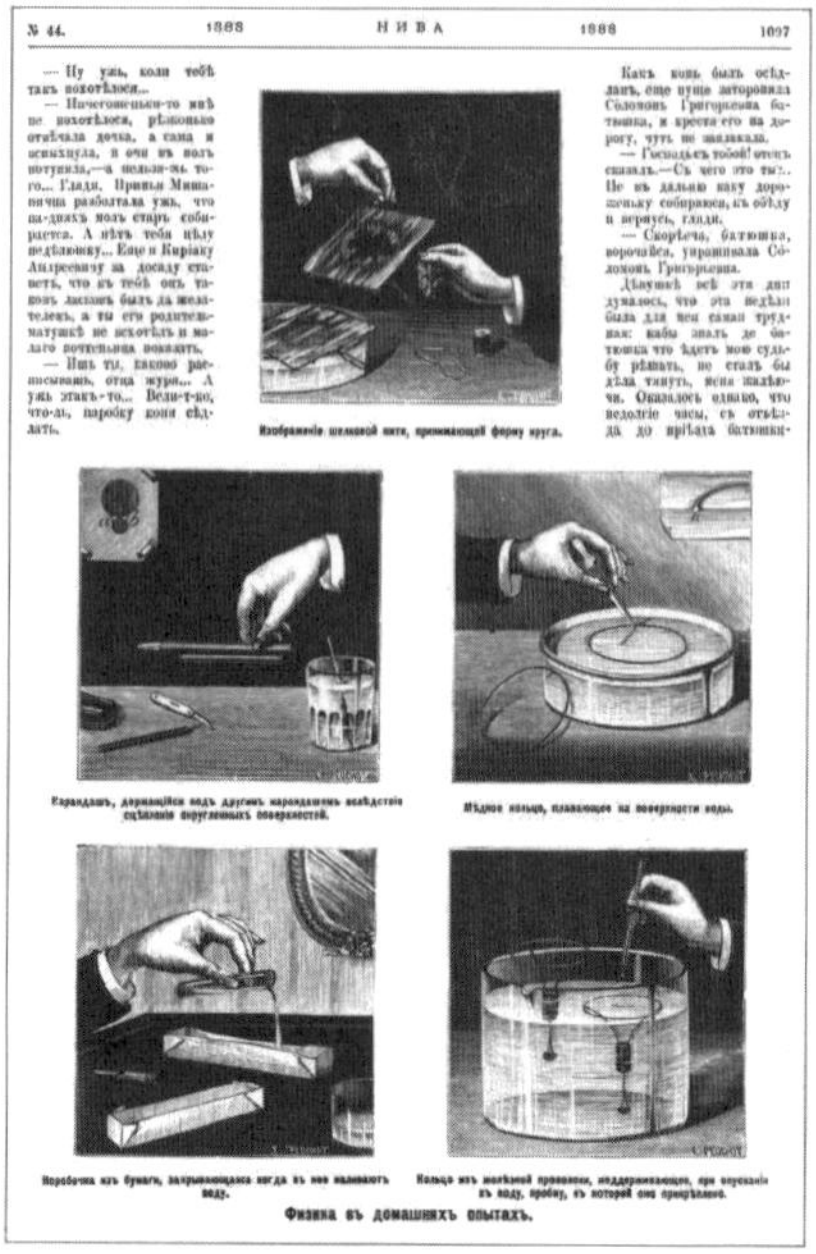

図 12　「ご家庭で実験する物理」
Нива. 1888. No. 44. С. 1097.

ジャンルを形成していたことである。

西欧では一七世紀終わりから、『実験物理学講義』『数学リクレーション』などと題し、数学や物理学、力学、化学などについて、実験方法を図解したり、挿画を用いたクイズやパズルを出題したりする新たな出版物が現れた。こうしたジャンルは、理性的思考を尊重する啓蒙主義の風潮に合わせて「科学的なもの」を扱ってはいたが、その記述は決して実証的ではなく、不正確なことも多かった。なぜならそのような科学本は、『数学と物理学の娯楽』『自然と人工の面白まじめ』などと題した書籍のあったことが示すように、挿画によって読者を楽しませることを主目的としていたからである。これらの出版物は科学という「合理的」なものを題材として理性的思考の尊重を謳いつつも、実際には「進歩的」な知的営為の産物ではなく、むしろ中世以来の見世物の系譜を引いていた。すなわち図像と結びついた科学は、娯楽性を固有の性格とするポピュラー・サイエンスだったのである。(22)

一九世紀前半にイギリスで登場した絵入り雑誌は、

「啓蒙」を看板に掲げながらも「娯楽」によって購読者を集めることに努めた。一七世紀以来の科学本の論理は、絵入り雑誌のこうした編集方針と嚙み合った。それゆえ西欧の絵入り雑誌は科学本の体裁を踏襲した記事を数多く掲載し、それをロシアの絵入り雑誌が模倣したのである。たとえば『ニーヴァ』は、見世物的な性格を持つ畸形についての記事〔図11〕や、「ご家庭で実験する物理」〔図12〕、そして影絵のような、娯楽としての科学についての記事を掲載している。本書の序論に示した「動物博物館での蛇の給餌」〔序論図6〕も、見世物的なコンテンツだったと考えられるだろう。

　ソイキンの『自然と人間』もまた、科学専門誌とはいえ、絵入り雑誌だった。実際、ソイキン社は『自然と人間』を「家族向けの廉価な絵入りポピュラー・サイエンス《ポプリャールノ・ナウチヌイ》雑誌[23]」と呼んでいた。つまりソイキンは、必ずしも「厚い雑誌」の科学主義に則ったのではなく、擬似科学を好んでとりあげる雑誌を作ったのだ。

　では、『自然と人間』に掲載されたポピュラー・サイエンス記事、つまり、進歩的な知的営為を推奨するよりも、娯楽性が強く似非科学的なコンテンツを見てみよう。まず一八八九年の創刊号には、「科学の楽しみ――三人のうち、誰がいちばん背が高い？」〔図13〕と題して、錯覚をテーマとした絵を載せている（ちなみに正解は最も奥の人物なので、それほど難しくないように思われる）。また、同年に掲載された「器具のいらない物理――七本の指による人の持ち上げ方」〔図14〕は、五人が七本の指で一人の大人を持ち上げられることを物理法則によってもっともらしく解説するが、ほとんど奇術か宴会芸である。描かれる人物たちが大真面目に燕尾服を着けていることが可笑しみを誘うのは、序論で紹介した『ニーヴァ』の「イギリスでの最新の室内遊び」〔序論図7〕にも通じよう。奇術は一九〇二年にもとりあげられている。記事はこれを「黒魔術」と呼び、「見る者に少なからぬ楽しい時間をもたらす[24]」と述べた上で、「首斬り」〔図15〕や「空中浮遊」〔図16〕といった観衆を驚かせる見世物が、錯覚や器具をどう利用しているかを種明かしした。

　見世物めいた記事も多かった。たとえば「巨人」〔図17〕は南洋から連れてこられた大柄な原住民を、逆に「インドのピグミー」〔図18〕はボトルほどの大きさしかない小人の原住民を挿画で示す。そして「モリモト」〔図19〕と題した

図 13「科学の楽しみ――三人のうち，誰がいちばん背が高い？」
Природа и люди. 1889. No. 1. C. 14.

図 14「器具のいらない物理――七本の指による人の持ち上げ方」
Природа и люди. 1889. No. 3. C. 46.

図 15「首斬り」
Природа и люди. 1902. No. 7. C. 114.

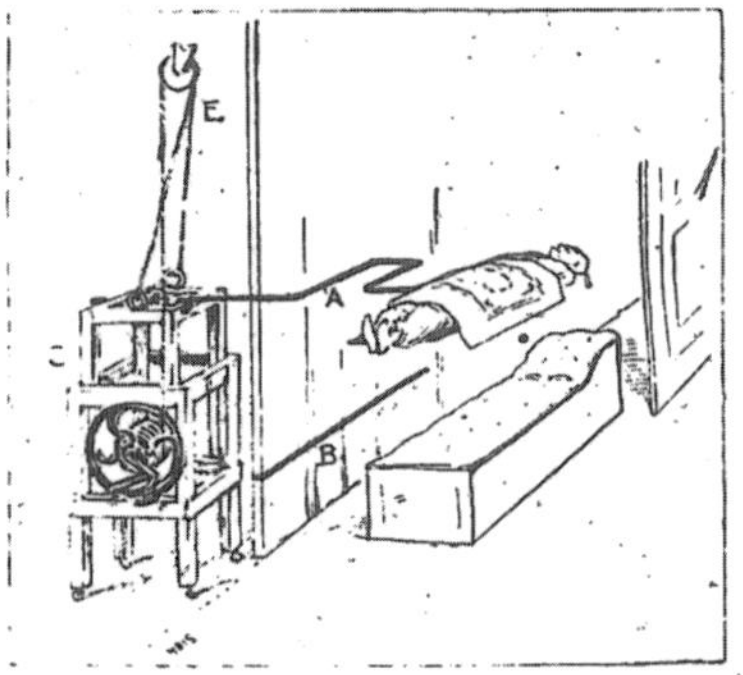

図 16「空中浮遊」
Природа и люди. 1902. No. 7. C. 116.

図 17　「巨人」
Природа и люди. 1892. No. 10. С. 161.

図 18　「インドのピグミー」
Природа и люди. 1896. No. 3. С. 53.

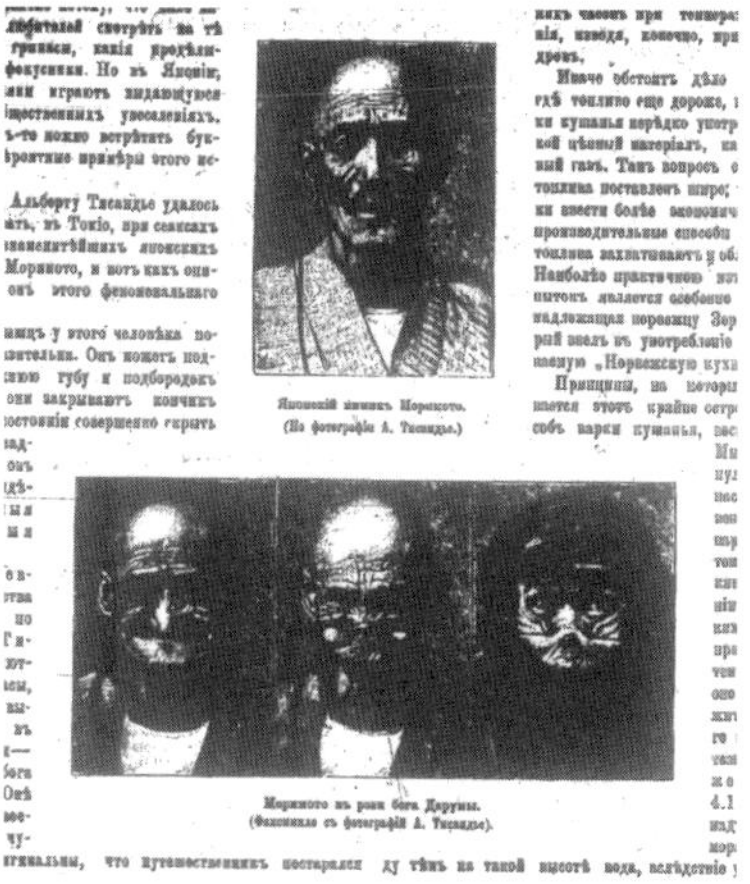

図 19　「モリモト」
Природа и люди. 1891. No. 1. С. 13.

記事は、ある日本人の男の顔面芸を紹介するのだった。このような誌面と、科学的思考を推奨した「厚い雑誌」のそれとは、相当の乖離があると言えよう。

なお、『自然と人間』のポピュラー・サイエンス路線はフィクションにも及んだ。すなわちジュール・ヴェルヌの作品を翻訳して掲載し、付録冊子『冒険世界』でも科学的かつ空想的な作品を多数紹介して、SFという新しい文学ジャンルを広めたのである。

このように、ソイキン社の主力メディアは絵入り雑誌であり、そのコンテンツは、図像と結びついたポピュラー・サイエンスという性格が強かった。たしかに同社は平易に科学を解説し、非教養層読者の自学自習に貢献する読み物を刊行していた。だが、インテリゲンツィヤの愛好した「厚い雑誌」の科学記事が「進歩的」な知的潮流を反映したのとは異なり、同社の看板雑誌は娯楽的な似非科学を扱ったのである。すなわちソイキンは、一九世紀後半のロシアに新しく入ってきたメディアと「軽い」学知に目をつけ、ビジネスに成功した。彼は本当に、「民主的、科学的思想のプロパガンダに大きな役割を果たした」と評すのがふさわしい人物だったのだろうか。

二　宗教出版とポポヴィツキー

こうした疑念を強めるのが、ソイキン社にはもうひとつの看板雑誌があり、それがロシアに類例のない、絵入り正教週刊誌だったことである。『自然と人間』に次ぐ部数を売り上げたその雑誌は、『ロシアの巡礼者』と題し、聖職者身分出身の文筆家アレクサンドル・ポポヴィツキーを編集人として刊行された(25)。以下、ポポヴィツキーの経歴と『ロシアの巡礼者』の特色、そしてソイキンとの関わりがいかに生じたかについて述べることで、はたしてソイキンは科学啓蒙に貢献した出版人なのか、という疑問についてさらに考えよう。

アレクサンドル・ポポヴィツキーの経歴

アレクサンドル・ポポヴィツキーは、ソイキンの生年から遡ること三十有余年の一八二六年、アストラハン県の農村部で教区司祭を務める父のもとに生まれた。ロシアの教区司祭は農民からの寄付と農業によって生計を立てる、貧しい暮らしぶりの下級聖職者である(26)。そのため領主貴族層は彼らを、ナロードと共に生き、彼らの側に立つ人々と見做した[27]。

ポポヴィッキーは県都アストラハンの神学校《セミナリヤ》を修了すると、さらに一八四五―四九年、正教会の高等教育機関にあたるペテルブルク神学アカデミーで学んだ。神学アカデミーはペテルブルク、モスクワ、キエフ、カザンに設置されたエリート聖職者の養成機関で、四校あわせて学生総数は七〇〇名を超えず、半数に対して国費から奨学金が出された[28]。その一員となったポポヴィッキーは、正教会のヒエラルキー内部で、父よりはるかに恵まれたキャリアを歩むことができたはずである。ところが彼は教会を出て、社会へと踏み込んでいく。

最初の契機となったのはフランスへの赴任である。神学アカデミーの修了直後、パリのロシア大使館に勤務するクラーキン公爵に子弟のロシア語教師として雇われ、フランスに四年にわたって滞在することになったのだ[29]。このとき、宗務院長の名前で、ポポヴィッキーが聖職者身分を離れ、俗人身分へと転属することが承認されている[30]。ロシア正教会の聖職者は同じ聖職者の家系の者とのみ通婚し、子が教区司祭など父の役職を世襲することが慣例化した、閉鎖的な身分《サスローヴィエ》だった。それゆえ一八三九―四七年の九年間で、教区の学校から神学アカデミーまで聖職者学校の生徒数が六万人を超えながらも、文官職への転出という形ですら聖職者身分を離脱した者は六五〇名にとどまった[31]。こうした背景に鑑みれば、ポポヴィッキーはかなり異例の決断をしたのであり、そのためか、公文書では健康悪化による聖職の履行不能という、事実と異なる理由が挙げられている[32]。

ポポヴィッキーを教会外での活動にさらに駆り立てたのは、フランスから帰国した頃に正教会の聖職者を取り巻いた問題状況だった。アレクサンドル二世が即位し、改革への機運が満ちたこの時期、ロシア正教会の内部には、近代化に適応した宗教道徳を外部に普及することを教会の使命と見做す動きが現れた。それゆえ、聖職者が教区民に対していかなる教育的役割を果たすべきかが論じられ、信者への効果的な説教の方法を模索する司牧神学という分野が形成された。ポポヴィッキーの学んだペテルブルク神学アカデミーはとりわけこの課題に力を入れ、教会が首都で増大する労働者と関係を作って信仰を指導できるよう、神学生が街で社会活動に携わることを奨励するようになった。[33] また、「大改革」以降の各省は、ナロードをよく知る教区司祭の息子たちに農村経済の改良事業への参加を促した。[34] その結果、彼らの多くが父の身分を離れることを選び、世俗社会の新たな教養人の類型として、教会と共に地域での福祉活動に取り組んだのである。[35]

正教会の諸団体は、近代化改革のもとで急成長する世俗社会への発信力の強化を図って、出版活動にも力を入れはじめた。たとえば宗務院は一八六〇年から、全国の主教管区に新聞『主教管区報』を順次創刊させた。他にも、宗務院の週刊誌『教会報知』(一八八八―一九一八)や、ペテルブルク神学アカデミーの週刊誌『教会通報』(一八七五―一九一七)をはじめ、正教会に関係する行政機関や教育機関、修道会や宗教協会の発行する新聞・雑誌が現れた。正教系定期刊行物の創刊数は、ニコライ一世時代(一八二一―五五年)においてはわずか六誌だったが、アレクサンドル二世時代(一八五五―八一年)には六四誌、アレクサンドル三世時代からニコライ二世治下、第一次革命まで(一八八一―一九〇五年)は九三誌、第一次革命を契機とした検閲の廃止後(一九〇五―一七年)は二〇一誌へと増加している。[36] また、一八七五年には、正教系定期刊行物はロシアの全定期刊行物四〇六誌中五六誌(一三・八%)、一八八〇年には四八三誌中六四誌(一三・二%)を占めた。[37] 本書第一章では一八六〇年代以降、ロシアでは定期刊行物が右肩上がりに増加したことを指摘したが、その中には正教系定期刊行物も相当数含まれていたわけである。

ポポヴィツキーは裏表のない性格で、誰に対しても心から丁重に接する優しい人物だったと言われる。[38] そんな彼は正教会の改革運動に真摯に呼応し、自ら社会の中に入り込んで、宗教的道徳心を涵養するという志を強く抱いた。そのために選んだ方法が「神学ジャーナリスト」[39] となることだった。既に神学アカデミーに在学中の一八四五年、最初の論考が『アストラハン県報』に掲載される機会を得ていたが、フランスからの帰国後、ペテルブルクのさまざまな「厚い雑誌」に積極的な寄稿を続けた。そしてペテルブルクの第三古典ギムナジアにフランス語教師として勤めて生計を立てながら、正教系雑誌の創刊が相次ぐ状況下、自らも一八六三―七四年には新聞『現代リストーク』を、七四年からは週三回刊の新聞『教会＝社会通報』を刊行して健筆をふるったのである[40]。誌名に「社会」という語を入れたのは、聖職者を成長しつつある世俗社会に溶け込ませ、己の役割を果たさせようという、彼の使命感の表れだった。『教会＝社会通報』創刊の辞で、彼はそうした意欲を明瞭に述べている。

残念ながら、社会は聖職者に対していっそう懐疑的になり、避けるようになっている。こうした現象はきわめて悲しいことだ。……どうして聖職者が、社会の心配事から離れていることが許されようか[41]。

図 20　ポポヴィツキーの肖像

左から 1860 年代，70 年代，80 年代の姿．Русский паломник. 1904. No. 16. C. 265.

こうした問題意識のもと、『教会＝社会通報』は神学校の教育改革、教会行政への選挙制度の導入、聖職者の生活水準の向上などの諸課題を誌上で論じるとした[42]。

しかし、これらは政治的にかなり微妙な問題であった。それゆえ一八八三年、『教会＝社会通報』は事前検閲の対象誌となり、記事内容に制約が課されてしまう。また、宗教誌は聖職者を主な対象としていたため、読者は数百人規模にとどまった[43]。この結果、『教会＝社会通報』は経営難に陥り、一八八六年、ポポヴィツキーはこれを休刊せざるをえなくなった。最終号で、彼は次のように述べる。

この三年間で、編集部は、『教会＝社会通報』がもはや必要とされていないという悲しい確信に至った。……購読者の三分の二がいなくなり、編集部のもとには、ごくわずかな人々しか残らなかった。彼らは我々を熱心に支持してはくれるが、物質的に支えるには無力であった。

こうして失敗した彼は、「政治・社会評論ではない、別の出版物の刊行に完全に集中する」[44]ことを決断した。その出版物が、絵入り正教雑誌『ロシアの巡礼者』だったのである。

絵入り宗教雑誌『ロシアの巡礼者』

絵入りの宗教雑誌は、それまでのロシアには類例のない刊行物だった[45]。ポポヴィツキーは世俗社会に溶け込むことを追求するあまり、当時のロシアで多くの一般読者に読まれた絵入り雑誌という形式を採り入れたのである。彼のこうした発想は周囲を驚かせ[46]、彼自身も創刊の年の誌上で、「宗教的、道徳的内容の挿絵入り出版物という初めての試みがどの程度成功したかは、読者が判断してくださるだろう」[47]と述べている。

『ロシアの巡礼者』は、創刊当初は定期購読者約六〇〇〇名を得ており[48]、翌一八八六年には編集部から、「これまで三ヶ月分のバックナンバーが完売しているため、新規購読者にすぐには提供できない」という旨の告知が出たほど好調だった[49]。一号あたりおおむね一六頁前後、年間購読料五ルーブリと手ごろだったこの雑誌は、おそらくはポポヴィツキーがそう望んだ通り、「宗教雑誌の『ニーヴァ』」と呼ばれるようになった[50]。

だが、滑り出しは好調だった『ロシアの巡礼者』もまた次第に購読者を減らし、経営が難しくなった。ソイキン社と『ロシアの巡礼者』の接点が生じたのはこのときである。一八九六年、ソイキンがポポヴィツキーを編集人としたまま、この雑誌を買い取って発行人となったのだ[51]。背景には両者の長い付き合いがあった。ソイキンは、ポポヴィツキーがペテルブルク第三古典ギムナジアでフランス語教師を務めた際の教え子だったのである。[52]

ポポヴィツキーは一九〇四年に脳溢血で死去した。[53] だが、ソイキン社はこの絵入り正教雑誌の刊行を続けた。この年、同誌が、著名な司祭だったクロンシタットのイオアンの七五歳を祝うメッセージを掲載した際には、ポポヴィツキーの後任編集者二名に加えて、ソイキンも自筆で署名している。[54] また、同じ年の『ロシアの巡礼者』への寄付者の居住地情報からは、この雑誌が首都ペテルブルクと近郊諸県だけでなく、西部地方のヴィルノ、また、タムボフ、ポルタヴァ、サラトフなどのヨーロッパ・ロシア内陸部やクリミア半島セヴァストーポリ、そしてエカテリンブルクからハバロフスクに至るシベリア・極東方面や、中央アジアのタシケントなど、帝国内全域に読者を持ったことがうかがわれる。[55] このように社主ソイキンは、『ロシアの巡礼者』に積極的な関与をし、これを自社の売り上げ第二位の雑誌とした。

図21　『ロシアの巡礼者』題字

では、『ロシアの巡礼者』はどのような内容だったのか。

まず、タイトルの「巡礼者」とは、パレスチナを中心とした東方の聖地に巡礼する人々を指しており、表紙の題字背景にも、円屋根が特徴的な正教会に向かって旅する人物の姿が描かれている［図21］。一九世紀前半、ロシア国家は英仏に対抗して聖地エルサレムへの影響力を強めようという政策意図のもと、現地のロシア宣教師団の活動を公認した。一八八二年にはアレクサンドル三世の裁可によって、皇族や高官を名誉会員とし、市民たちを会員とした帝立正教パレスチナ協会が組織された。[56] それに呼応して、オデッサに拠点を置くロシア汽船貿易会社が巡礼客の輸送を引き受け、[57] エルサレムへの巡礼者数は一八八〇年に二〇〇九人だったのが、一八八九年に三八一七人、九六年に四八五二人に至った。[58] このように聖地巡礼は世俗社会を巻き込んだ運動となりつつあり、教会と社会の融合を志したポポヴィツキーにとっては、重要かつ周知すべきトピックだった。

それゆえ『ロシアの巡礼者』には、パレスチナ協会が販売する巡礼手帳の紹介（購入日から一年間有効。ロシア各地から現在のテルアビブ近郊の町ヤッファまでの往復の道中、モスクワ、クルスク、キエフ、オデッサ、ロストフ・ナ・ダヌー、タガンローグ、イスタンブル、ヤッファでの宿泊と、鉄道およびロシア汽船貿易会社の船便の利用がセットになっている）[59]や、実際にこれを用いた巡礼者の手記[60]、パレスチナ協会の活動報告書[61]、「イエス・キリスト時代のパレスチナ」[62]など、巡礼に関係する記事が頻繁に掲載されている。

ただし、こうした巡礼に関わる記事はかなり専門的であり、必ずしも読みやすくはない。このトピック以外でも、「宗務院長コンスタンチン・ペトローヴィチ・ポベドノスツェフ」[63]といった評伝記事や、「宗務院、創設一七五周年について」[64]などの解説記事、「ファラオのミイラ」[65]、「パレスチナの古代遺跡の発掘」[66]、「古代バビロニアの宗教についての研究書の紹介」[67]などの聖書考古学的な記事は、主に教会関係者が興味を持つ内容だったように見受けられる。『ロシアの巡礼者』は一八八六年、『ドン主教管区報』が地元の聖職者たちに同誌の購読を推奨したことを感謝する記事を載せた[68]。また、一八八七年に『ロシアの巡礼者』が不採用とした読者からの投稿原稿一七件のリストのうち、三件の筆者には「司　祭《スヴィシチェンニク》」の肩書がついている[69]。こうしたことからは『教会＝社会通報』時代と同様、『ロシアの巡礼者』の読者には聖職者が多かったために、同誌は教会関係者向けのやや専門的な記事を掲載したと考えられる。

この傾向に変化が見られるのは、一八九〇年代に入り、挿絵を活用した記事が多くなってからのことである。たとえば「絵で見る聖書」と題した連載が現れ、「ノアの洪水」［図22］、「アブラハムへの三天使の顕現」［図23］、「ソロモンの裁き」［図24］など、聖書の一場面を大きく描き、物語を説明するテキストを添えた。また、「聖なる殉教者かつ治癒者パンテレイモン」[70]、「旅順港の聖母」[71]などのイコンの複写が、無料付録として提供されることもあった。ドラマチッ

図 22　「ノアの洪水」
Русский паломник. 1891. No. 8. C. 117.

図 23　「アブラハムへの三天使の顕現」
Русский паломник. 1891. No. 11. C. 165.

図 24　「ソロモンの裁き」
Русский паломник. 1896. No. 18. C. 277.

クな挿画による視覚的な分かりやすさこそ、絵入り雑誌というメディアの特性を生かした体裁である。ソイキン社が発行を引き受けた一八九六年以降、挿絵や紙、活字の品質はさらに改善された[72]。やがて『ロシアの巡礼者』は、ロシアにおける宗教イラストの発達に貢献したと評価されることになる[73]。

『ロシアの巡礼者』が図像の活用に力を入れるようになったのは、その読者に教会関係者ばかりでなく、ナロードに属する人々も相当数含まれることを意識したからだったと考えられる。一八九一年秋に掲載された購読者募集広告で、同誌はその対象を「正教徒であるロシアの人々とナロード、正教徒のロシア人家庭、学校」と述べ、ナロードを明示的に挙げている。また、編集部は、地方の司祭や神学アカデミーの学生に加えて、読み書きがかろうじてできる程度の農民や通りの果物売りのような下層民が、しばしば自作の詩などの原稿を持ち込んで『ロシアの巡礼者』への掲載を要求したと回想している(74)。誠実なポポヴィツキーは断るのに苦慮したと伝わるが、とはいえ彼らこそ、『教会＝社会通報』で取り込むのに失敗した「一般読者」であり、その反応には大いに留意する必要があった。

こうしたナロード読者を念頭に置いた記事で、『ロシアの巡礼者』は彼らの読書について、インテリゲンツィヤの啓蒙活動といささか異なった姿勢を示す。第二章で触れたように、民衆啓蒙を目指す協会団体やゼムストヴォの目標は、宗教的、道徳的説話を含む、「汚い紙に印刷された教訓的読み物(75)」を撲滅して良書を広めることだった。これに対して『ロシアの巡礼者』は、「民衆の間の宗教画」と題する一八九一年の記事で、ナロードが理解できる媒体を尊重すべきだと主張したのである。

> ナロードは、必ずしも正しく明瞭に宗教の真理を理解できないので、常に、それを外形的に表現したもの、視覚的に説明してくれるさまざまな物品を好む傾向がある。そうした物品のうち、特に一般民衆の愛好するのが聖画だ。……だが、良質なイコンは一般民衆の手に入りにくい。そのようなとき、彼らは多くを求めず、粗悪な「へぼ聖像画家」の絵で満足するか、それもなければ宗教的、道徳的で、神の歴史を内容とする地誌の図を利用する。……こうしたナロードの聖画の愛好を、非難や嘲笑の対象とすべきではない。なぜならこれらの絵は、一般民衆にとって、宗教道徳の面で教育的意義を有するからだ。それらは、彼らの眼前に常に開かれ、彼らが理解することのできる書物なのだ(76)。

さらに、同じく一八九一年の記事では、聖書普及協会の書籍行商人《クニガノーシャ》が挿絵〔図25〕と共に紹介され、東シベリアにま

図25　「宗教本の売り子」
Русский паломник. 1891. No. 44. C. 701.

で及ぶその活動が称賛された(77)。記事中で、「価格の面であらゆる人々がより手に入れやすい、聖書の解説文や本文への注釈書を望みたい」と述べられていることからは、この人物は聖書だけでなく、その解説書も販売したことがうかがわれる。また、挿画からは、彼が絵入りで一枚物の印刷物を子供に渡していることが分かる。こうした行商は、世俗社会の知識人たちが嫌った宗教的読み物の販売行為にあたるが、『ロシアの巡礼者』では、それが肯定的に評価されたわけである。

神学ジャーナリストとなって以来、ポポヴィツキーの狙いは、拡大する世俗社会の中に、信仰と道徳心を保持させることだった。実際、日曜学校に通う労働者を対象とした一九〇二年の調査によれば、農村出身の出稼ぎ労働者の多くが、子供時代に聖人伝を中心とする宗教的読み物ばかりを読んだと回想している(78)。ポポヴィツキーは『ロシアの巡礼者』において、こうしたナロード読者が幼時から抱いている信仰心に寄り添い、その維持を是とする姿勢を示した。そしてソイキンはその方針を支持し、自社のもうひとつの看板雑誌に育てたのだった。

ソイキンと科学雑誌、正教雑誌

科学雑誌『自然と人間』(79)には正教雑誌『ロシアの巡礼者』の定期購読案内［図26］が、『ロシアの巡礼者』には『自然と人間』の折り込み広告や、「ロシア人の類型」など同社の科学ものの広告［図27］が掲載されたように、両誌はしばしば相互に広告を載せた。このことはソイキン社が、両誌の読者が重なると想定していたことを示している。では、

図 26　『自然と人間』に掲載された『ロシアの巡礼者』広告

Природа и люди. 1907. No. 35. C. 535.

図 27　『ロシアの巡礼者』に掲載されたソイキン社の科学読み物の広告

Русский паломник 1895. No. 12. C. 192.

ソイキンが科学雑誌と正教雑誌を刊行したことは、彼の出版人としての性格を評価するにあたってどのような意味を持つのだろうか。

『ロシアの巡礼者』でポポヴィツキーが示したのは、ナロードの「迷妄」を糺すのではなく、その生活文化に根差した信仰を奨励する姿勢だった。「大改革」期、世俗的知識人が科学主義を推奨して民衆啓蒙活動をした傍らで、正教関係者の中から現れた聖職者出身の知識人は、自らもよく知るナロードの世界観の維持を願った。

そのような伝統的な世界観のもと、ナロードは反テクノロジー、反合理主義の心性を持ちつづけた。たとえば、ある新聞がコレラの流行中、スコットランドの隠遁僧が調伏を祈ったという触れ込みの、出所不明の怪しげな手紙が出回っていることを批判的に報じたが、民衆は記事中に引用された祈りの文句を切り抜いてコレラを防ぐ護符にしようとしたため、むしろこの号は売り切れた[80]。彼らには、中世以来の伝統を受け継いだ、娯楽としての科学のほうが馴染みやすかった。復活祭をはじめとする宗教的な縁日で、色水の入ったガラスの筒に入っている「海の生き物」や口髭のある女、本物の人魚、双頭の子牛といった、奇怪な見世物に触れていたからだ[81]。ナロードは、知識人の指導を受け入れて自らの文化を棄てたのではない。近代化された社会から発信された科学的情報を、あくまでも自らの世界観に同化して受容したのである。

解放農奴の子に生まれて立身したソイキンは、そうしたナロードの宗教観と科学観のいずれをも了解して、ナロードの読者を楽しませる科学雑誌と、彼らの世界観や信仰を尊重する正教雑誌を提供したと考えられる。科学雑誌には、たしかに啓蒙的な要素もあった。だが同時に、ナロードと相容れない科学を娯楽化し、より多くの読者を楽しませて購読者を増やそうとする経営努力もまた存在した。ソイキン社は、必ずしもナロードを啓蒙の対象として想定していたわけではなかった。このナロード出身企業家の出版社にとって、ナロードは他の読者たちと同様に楽しみを提供され、その生活文化が尊重されるべき顧客だったのである。

おわりに

以上、ピョートル・ソイキンの出版事業を、アレクサンドル・ポポヴィツキーの活動と絡めつつ検証した。この農民身分出身の出版人はポピュラー・サイエンス専門誌を創刊し、また、農村をよく知る聖職者出身の知識人に協力して、絵入りの正教雑誌を刊行した。ソイキンをもっぱら「民主的、科学的思想のプロパガンダに尽力した啓蒙的出版人」と見做すのは、適切ではないと言えるだろう。

もうひとつ指摘されるべきは、一九世紀後半、新たなメディアが現れる中で、ナロードが必ずしも受け身の存在ではなかったことだ。彼らは

図 28 ピョートル・ソイキン（1938 年）

啓蒙されるばかりでなく、消費者として、読者大衆の一翼を構成したのである。それはソイキン社の事例に限定されない。一八八一年、町人身分出身のニコライ・パストゥホーフが街ネタ中心の『モスクワ・リストーク』を創刊したのをはじめとして、この時期には、都市下層民向けの小新聞が現れた(82)。サミュエル・スマイルズ『自助論《セルフ・ヘルプ》』の翻訳をはじめとする自己啓発本もまた、労働者層の関心を集めた(83)。他方で、トルストイが農民たちのためにリライトした古典文学や民話は、都会の読み物に押されて一八九〇年代には売り上げが減少し、インテリゲンツィヤを、「農民たちが都市の軽薄な消費文化に飲み込まれてしまった」と嘆かせた(84)。だが、たしかに服装をはじめとして、農村が都市から流入する商品にさらされたとはいえ、購読者の嗜好を注視する都市のメディアにおいては、民衆文化は尊重されていたのだ。こうして、ナロードは近代的なメディア構造の中で、発信と受信の主体となった。言い換えれば、新しい出版機構の成立によって、二〇世紀初頭までに、ナロードがマス・メディアの情報に接する回路が出来上がったのだった。

最後に、ソイキンがなぜ後年、「科学啓蒙の出版人」と呼ばれることになったかについて触れよう。その理由となったのは、一九一七年の一〇月革命を契機とした思想状況の変化である。レーニンは宗教哲学者たちの観念論を相対主義と批判し、科学と結びついた唯物論を革命闘争が依拠すべき哲学だと主張した(85)。その結果、ボリシェヴィキ政権のもとでは原則として、科学が尊重される一方で宗教は排斥された。また、出版界も再編された。新政権は教育人民委員部の管轄下、国内の全出版所を統括する国家出版局《ゴスイズダート》と、検閲機関である文書《グ》・出版問題総局《ラヴリト》を設置し、新たな出版・検閲体制を構築した(86)。

こうした状況下で多くの出版企業家が亡命したが、ソイキンは出国せず、ボリシェヴィキを支持する姿勢を表明した。そして、ペトログラード調達・後送中央参事会の出版部長を務めた後、地方へくだり、黒海沿岸の都市ゲレンジークで複数のソヴィエト機関に勤務した。一九二一年になると、人民委員会議書記ニコライ・ゴルブノフの推挙により、国家出版局での勤務が認められた。その後、ペトログラード国民経済会議の出版部長と、最高国民経済会議の印刷部長を務め、一九二二年、ペトログラード地区文学委員会によって、「Ｐ・Ｐ・ソイキン」の名称で出版活動をすることが許可された。その際、委員会はソイキンを、「革命のために尽くした、公正で尊敬すべき市民」(87)と評価した。

このようにソイキンが、一旦は自身の事業を手放しながらも最終的に有利な評価を引き出せたのは、どうやら革命前に彼がレーニンの著作を刊行していたためだったらしい。ソイキン社は帝政下の検閲機関と衝突しながらも、一八九五年に論文集『我が国の経済発展の評価のための諸資料』を刊行し、そこにレーニンの最初の合法的論文「ナロードニキ主義の経済的内容とストルーヴェ氏の著書における批判」を収録した。また、同社が短期間刊行していた月刊誌『科学時評』にも、一八九九年はヴラジーミル・イリイン名義の「いわゆる市場問題に寄せて」を、一九〇〇年は同じく「無批判な批判」を掲載したのである(88)。

世紀転換期にソイキンがこうした著作を掲載した動機は、マルクス主義思想に共鳴したからというわけではなく、その当時に流行した思潮をとりあげ、売り上げを伸ばすためだった(89)。しかし、一九二六年に発行されたソイキン社四〇周年記念刊行物では、同社が「科学の大衆化」に貢献した『自然と人間』と並んで、「ロシアで初めてのマルクス主義雑誌」である『科学時評』を発行していたことが強調された(90)。他方、同じ四〇周年記念刊行物は、『ロシアの巡礼者』が出版されていたことにも、ポポヴィツキーの名にも全く言及しなかった。そしてソ連期の書誌研究は、ソイキンが宗教雑誌を刊行していたことを、「農奴制廃止の翌年に生まれた人物として、当時の矛盾を反映した」行為だったと述べるだけで、それ以上詳しくは触れなかった(91)。

このように、ソイキン社は時代の状況に応じて、「我が子」とも呼んだ刊行雑誌のあるものを前面に出し、あるものは後景に隠した。それが功を奏して、彼は「民主的、科学的思想のプロパガンダに大きな役割を果たした」出版人と呼ばれることになったのである。

ソイキンの出版活動四〇周年にあたり、一九二五年、同業の出版人たちは祝辞で次のように述べている。

全てが変わり、全てが作り変えられ、この世界のあらゆるところで新しい人々の顔が見られるようになりました。そんな今、新しいロシアで、今日のようなお祝いが行われるのは稀なことです。なぜなら実際、どうしたら旧世界と新世界とを結びつけ、どうしたら一八八五年と一九二五年という、ふたつの極端に異なる時代に活動を続けることができるのでしょうか。(92)

ここからは、革命を挟んだ時代の世相の難しさと、それを生き抜いた出版人のしぶとさが感じ取れる。それと同時に、冒頭で触れたイヴァン・スイチンを含めて、革命前の出版人に対する二〇世紀の評価とそれにもとづく近代ロシアの出版メディア史は、今なお問い直され、書き換えられる余地を残しているのではないか、とも思わされるのである。この後、ソイキンは科学雑誌やＳＦ小説の出版を続け、一九三八年にペテルブルク近郊の街プーシキンで没した。(93)

（1）イワン・スイチン（松下裕訳）『本のための生涯』図書出版社、一九九一年、六四頁。
（2）大野斉子『メディアと文学――ゴーゴリが古典になるまで』群像社、二〇一七年、一九八―二一七頁。
（3）このような疑問を抱く背景には、近年、帝政期ロシアの世俗社会と正教の関係を見直す研究が現れていることがある。たとえば Laurie Manchester, *Holy Fathers, Secular Sons: Clergy, Intelligentsia, and the Modern Self in Revolutionary Russia* (DeKalb: Northern Illinois University Press, 2008) は、一九世紀後半のロシアで、聖職者身分の若者たちが自ら俗人身分に転籍し、神学にもとづく教養を身につけた知識人として、世俗的インテリゲンツィヤとやや異なる立場から社会改良運動に取り組んだことを指摘した。また、正教会の関連諸団体による出版活動を初めて体系的に明らかにした *Нетужилов К. Е.* **Церковная периодическая печать в России XIX столетия. СПб., 2008** や、正教や異端、民間信仰が農村部で作り上げた伝統的世界観を論じた Leonid Heretz, *Russia on the Eve of Modernity: Popular Religion and Traditional Culture under the Last Tsars*（Cambridge: Cambridge University Press, 2008）、正教会の改革が急進的な社会運動といかに連関したかを分析した Jennifer Hedda, *His Kingdom Come: Orthodox Pastorship and Social Activism in Revolutionary Russia*（DeKalb: Northern Illinois University Press, 2008）も刊行されている。一般にロシア正教会は国家の御用教会だったとイメージされることが多いが、これらの研究が明らかにしたのは、一九世紀後半から二〇世紀初頭にかけて、それが教育体系や機構の改革が内発的に行われる「生きた」教会だったことであり、その社会との関わりを検討する必要性である。

ロシア正教会と世俗社会の関係についての関心の高まりは、同時代人の信仰心から当時の価値体系を明らかにする、宗教社会史研究の世界的な潮流に呼応していると言えるだろう。宗教社会史の動向については、深沢克己「他者の受容と排除をめぐる比較宗教史――ヨーロッパ史の視点から」深沢克己編『ユーラシア諸宗教の関係史論――他者の受容、他者の排除』勉誠出版、二〇一〇年、一三―四七頁を参照。

（4） *Белов С.В.* Издательская деятельность П.П.Сойкина. Автореферат диссертации на соискание ученой степени кандидата филологических наук. М., 1973. С. 3. ソイキンについての研究は他に、*Адмиральский А., Белов С.* Рыцарь книги: Очерки жизни и деятельности П.П.Сойкина. Л., 1970; Великий подвижник русского книгоиздания П.П.Сойкин: издание Национальной библиотеки им. А.С.Пушкина Республики Мордавия. Саранск, 2002.

（5） Краткий очерк развития и деятельности типографии П.П.Сойкина за десять лет ее существования 1885–1895. СПб., 1895; Двадцатипятилетие типографско-издательской деятельности Петра Петровича Сойкина 1885–1910. СПб., 1910; 40-летний юбилей издательской деятельности П.П.Сойкина. Л. 1926.

（6） Для друзей. Александр Иванович Поповицкий. Два юбилея его литературной деятельности 1845–1885–1895. Издание сотрудников Церковно-Общественного Вестника и Русского Паломника. СПб., 1895.

（7） ハーバート・スペンサー（清水禮子訳）「知識の価値」『コント、スペンサー』中央公論社、一九七〇年、四五二―四七九頁。

（8） Alexander Vucinich, *Social Thought in Tsarist Russia: The Quest for a General Science of Society, 1861–1917*（Chicago, London: The University of Chicago Press, 1976）, pp. 1–14; Idem, *Darwin in Russian Thought*（Berkeley, LA, London: University of California Press, 1988）, pp. 8–46; 下里俊行「ロシアにおけるスペンサーの受容の初期状況」『ロシア思想史研究』二、二〇〇五年、三七―三八頁、高田和夫『近代ロシア社会史研究――「科学と文化」の時代における労働者』山川出版社、二〇〇四年、二〇頁。

（9） *Н. Л.* Органическое развитие человека в связи с его умственной и нравственной деятельностью // Современник. 1858. Т. 69. С. 8.

（10） Joseph Bradley, *Voluntary Associations in Tsarist Russia: Science, Patriotism, and Civil Society* (Cambridge, London: Harvard University Press, 2009), pp. 86–168.

（11） Alexander Vucinich, *Science in Russian Culture 1861–1917* (Stanford, California: Stanford University Press, 1976), pp. 35–53.

（12） 橋本伸也『帝国・身分・学校——帝制期ロシアにおける教育の社会文化史』名古屋大学出版会、二〇一〇年、一八六頁。

（13） 橋本伸也『帝国・身分・学校』、二〇九頁。

（14） Краткий очерк за десять лет. С. 3–7, 11; Двадцатипятилетие. С. 3–5.

（15） 40-летний юбилей. С. 16–17.

（16） Нива. 1878. No. 13. С. 231.

（17） Природа и люди. 1890. No. 17. С. 269–271; 1890. No. 18. С. 286–287.

（18） Природа и люди. 1890. No. 21. С. 334–336.

（19） Природа и люди. 1912. No. 20. С. 318–319.

（20） Природа и люди. 1905. No. 21. С. 340.

（21） Природа и люди. 1897. No. 14. С. 227–229.

（22） バーバラ・M・スタフォード（高山宏訳）『アートフル・サイエンス——啓蒙時代の娯楽と凋落する視覚教育』産業図書、一九九七年、二九一五七頁。

（23） Двадцатипятилетие. С. 5.

（24） Природа и люди. 1902. No. 7. С. 113.

（25） Двадцатипятилетие. С.12. ただしソイキン社は、『自然と人間』『ロシアの巡礼者』のいずれの部数も公開していない。

（26） Manchester, *Holy Fathers, Secular Sons*, pp. 22–24.

（27） James W. Cunningham, *A Vanquished Hope: The Movement for Church Renewal in Russia, 1905–1906* (Crestwood, New York: St Vladimirs Seminary Press, 1981), p. 42.

（28） Cunningham, *A Vanquished Hope*, p. 47.

(29) РГИА. Ф. 802. Оп. 5. Д. 11815. Л. 1; Русский паломник. 1904. No. 14. Прибавление. С. III.
(30) РГИА. Ф. 802. Оп. 5. Д. 11815. Л. 5.
(31) 橋本伸也『帝国・身分・学校』、二五八―二五九頁。
(32) РГИА. Ф. 802. Оп. 5. Д. 11815. Л. 5.
(33) Cunningham, *A Vanquished Hope*, pp. 45–46.
(34) Cunningham, *A Vanquished Hope*, p. 21.
(35) Manchester, *Holy Fathers, Secular Sons*, pp. 3–4; Hedda, *His Kingdom Come*, pp. 31–105; 橋本伸也『帝国・身分・学校』、二四三―二七一頁。
(36) *Нетужилов К. Е.* Церковная периодическая печать. С. 46. 正教会の制度改革や国家との関係については、Cunningham, *A Vanquished Hope*; Gregory L. Freeze, *Parish Clergy in 19th Century Russia* (Princeton: Princeton University Press, 1983).
(37) *Нетужилов К. Е.* Церковная периодическая печать. С. 110.
(38) Русский паломник. 1904. No. 16. С. 267.
(39) Русский паломник. 1904. No. 14. Прибавление. С. II.
(40) Для друзей. С. 5–6, 34, 42, 65.
(41) Церковно-общественный вестник. 1874. No. 1. С. 2.
(42) Церковно-общественный вестник. 1874. No. 2. С. 1–2.
(43) Для друзей. С. 7.
(44) Церковно-общественный вестник. 1886. No. 26. С.1.
(45) Для друзей. С. 7.
(46) *Нетужилов К. Е.* Церковная периодическая печать. С. 186.
(47) Русский паломник. 1885. No. 17. С. 129.
(48) Для друзей. С. 7.
(49) Русский паломник. 1886. No. 18. С. 164.
(50) Двадцатипятилетие. С. 28.

（51）Русский паломник. 1896. No. 46. С. 734.
（52）Двадцатипятилетие. С. 8, 28.
（53）Русский паломник. 1904. No. 14. Прибавление. С. II.
（54）Русский паломник. 1904. No. 43. С. 737.
（55）Русский паломник. 1904. No. 17. С. 297.
（56）帝立正教パレスチナ協会については次の文献がある。*Дмитриевский* А.А. Императорское православное палестинское общество и его деятельность за истекшую четверть века: 1882–1907. М., 2008.
（57）ルイーズ・マクレイノルズ（高橋一彦ほか訳）『〈遊ぶ〉ロシア――帝政末期の余暇と商業文化』法政大学出版局、二〇一四年、二一二頁。
（58）«паломничество» // Энциклопедический Словарь Ф.А. Брокгауза и И.А. Ефрона. Т. 44. СПб., 1897. С. 643–645.
（59）Русский паломник. 1885. No. 2. С. 16.
（60）Русский паломник. 1885. No. 12. С. 94–96.
（61）Русский паломник. 1886. No. 51. С. 685 など。
（62）Русский паломник. 1885. No. 2. С. 9–11.
（63）Русский паломник. 1889. No. 21. С. 245–247.
（64）Русский паломник. 1896. No. 9. С. 140–142; No. 10. С. 154–156.
（65）Русский паломник. 1886. No. 35. С. 363–365.
（66）Русский паломник. 1887. No. 10. С. 133–134.
（67）Русский паломник. 1887. No. 41. С. 505–506.
（68）Русский паломник. 1886. No. 27. С. 268.
（69）Русский паломник. 1887. No. 10. С. 134.
（70）Русский паломник. 1896. No. 43. С. 687.
（71）Русский паломник. 1905. No. 12. С. 182.
（72）Двадцатипятилетие. С. 28.

(73) Двадцатипятилетие. С. 27.
(74) Русский паломник. 1904. No. 16. С. 274–275.
(75) Книжный вестник. 1891. No. 1. С. 5.
(76) Русский паломник. 1891. No. 5. С. 76.
(77) Русский паломник. 1891. No. 44. С. 703.
(78) Книга и читатель. 1900–1917: Воспоминания и дневники современников. Сост. А.И. Рейтблат. М., 1999. С. 30, 34, 46, 64, 86.
(79) Русский паломник. 1898. No. 44.
(80) Heretz, *Russia on the Eve of Modernity*, pp. 117, 138.
(81) Orlando Figes, *Natasha's Dance: A Cultural History of Russia* (London: Penguin Books, 2002), pp. 302–303.
(82) ベー・イー・エーシン(阿部幸男、阿部玄治訳)『ロシア新聞史』未来社、一九七四年、一〇二―一〇三頁。
(83) Catriona Kelly, *Refining Russia: Advice Literature, Polite Culture, and Gender from Catherine to Yeltsin* (Oxford: Oxford University Press, 2001), pp. 204–228.
(84) Figes, *Natasha's Dance*, p. 260.
(85) 桑野隆『二〇世紀ロシア思想史――宗教・革命・言語』岩波書店、二〇一七年、一三〇―一三二頁。
(86) Peter Kenez, *The Birth of the Propaganda State: Soviet Method of Mass Mobilization, 1917–1929* (Cambridge: Cambridge University Press, 1985), pp. 29–49.
(87) *Белов С.В.* Издательская деятельность П.П. Сойкина. С. 12–13.
(88) Научное обозрение. 1899. No. 1. С. 37–45; 1899. No. 8. С. 1564–1579; 1900. No. 5. С. 945–954; 1900. No. 6. С. 1061–1067; *Белов С.В.* Издательская деятельность П.П. Сойкина. С. 9–10.
(89) *Белов С.В.* Издательская деятельность П.П. Сойкина. С. 10.
(90) 40-летний юбилей. С. 1–2.
(91) *Белов С.В.* Издательская деятельность П.П. Сойкина. С. 11.
(92) 40-летний юбилей. С. 9.
(93) Великий подвижник русского книгоиздания П.П. Сойкин. С. 13.

第五章　専制と出版――ニコライ二世の肖像をめぐって

今日は午前ちゅう、ずっと新聞を読んですごした。スペインでは妙な事件が起こっている。おれには、どうもそれがよくのみこめない。記事によると、王位につく者がいなくなって、王位継承者を選ぶことで、臣下のものが難局に逢着し、そのため不穏の空気さえ醸成されているということだ。どうも奇態な話だ。王位を継ぐ者がないなんて、いったいどういうんだろう？　……国王がいなくては、すまされまい、一国に国王がいないなんて、そんな法があるはずがない。

〔ゴーゴリ『狂人日記』（一八三五年）
横田瑞穂訳、岩波文庫〕

はじめに

最終章では、専制と新しい出版メディアとの関係を考えよう。ロシアにおいて、ツァーリは無制限専制権力を有し、家父長的性格の支配を行ったとされる。しかしツァーリはロシア帝国の存立において、法的、政治的な機能ばかりを果たしたわけではない。専制の政治文化では、ツァーリのまとう全能の君主という表象それ自体が、国家統合に重要な意義を持っていたのだ。

ナロードのツァーリ観の根幹をなしていたのが、「よきツァーリ」への信仰だった。中世以来、ロシアの君主はその自然的身体と政治的身体が区別されることなく、受難者キリストの慈悲と聖性の表象がそこに重ね合わせられ、敬慕の対象となった。特に農民は、農奴制をはじめとする農村の過酷な現状は君側の奸がもたらしたもので、キリスト者であるツァーリは、実際にはナロードの救済を願っていると信じた。こうした信仰を背景に、ロシア史上、農民を救う者として偽ツァーリがしばしば出現し、また、ツァーリの「真の願い」である農奴解放を実現すると称して、農民たちはツァーリの名のもとに蜂起した(1)。

一方、ツァーリの側も自らをいかに表象するかに腐心した。たとえばエカテリーナ二世は、ビザンツ帝国の後継国家の支配者を名乗るため、古典ギリシア的モチーフによってツァーリを修飾した頌詩を作らせた(2)。農奴制を廃止したアレクサンドル二世は、ナロードの「愛」を受ける開明的かつ西欧的な君主として、アレクサンドル三世は、ロシア正教を奉ずる強いロシア人皇帝として、自らの振舞いを演出した(3)。

そして、ナロードのツァーリ信仰に呼応するように、自身を「聖なるツァーリ」として表象したのがニコライ二世だった。彼は、正教が尊重された「聖なるロシア」の時代への回帰を主張し、その頃のツァーリと農民との精神的紐帯を再現することで、帝国内の人心を収攬しようとした。この専制原理主義とでも言えるような姿勢のもと、ニコライ二世は、西欧化を断行したピョートル一世ではなくその父アレクセイ帝を理想視し、一七世紀的儀礼を復活させようとした。そして一九〇三年には、古ルーシ風の衣装による仮装舞踏会を開催した。その際の肖像写真は、宮内省の公式出版物である『一九〇三年二月の冬宮での仮装舞踏会アルバム』から民間出版物に転載され、皇帝の意図する、「前近代の父祖とつながったツァーリ」というイメージを広めたという(4)。

しかしツァーリ表象は、ナロードと、皇帝を取り巻く教養人や宮廷という二極からのみ論じられるべきだろうか。たしかに一九世紀半ばまでについては、農奴制のもとにあった農民たちの信仰を分析し、権力の舞台だった宮廷における儀礼を論じることは妥当だろう。だが、「大改革」以降、ロシア社会の構造は不可逆的に変化し、中間的な階層が現れつつあった。こうした人々にとってのツァーリ表象もまた、とりあげられる必要があるのではないか。

大衆向け出版物は、まさにそれに関わるメディアだった。本章では、ツァーリの表象と新しい出版メディアとのあいだに生じた、ふたつの事象に着目する。第一は、絵入り雑誌が頻繁にツァーリの肖像を掲載したことである。新しいメディアがなぜ皇帝像を載せるのを好み、また、それがツァーリ表象の伝統にどのような変化をもたらしたかを、図像に加えて、テキストをも分析しながら明らかにしよう。第二は、そうした変化が、国家儀礼のツァーリの表象をも変えたことである。その鍵を握ったのは、ニコライ二世戴冠式の広報を担当した、ヴァシーリー・クリヴェンコという異色の文人官僚だった。これらの事象の考察からは、出版メディアは君主の意図通りにツァーリのイメージを伝達したのではなく、固有の文化によって編集したこと、そして世紀転換期に、最後の皇帝ニコライ二世の表象戦略と社会のあいだにギャップが生じたことが明らかになるだろう(5)。

一　絵入り雑誌のツァーリ表象

検閲制度のあるロシア帝国で、出版社が皇帝と皇族の肖像を掲載するには、当然のことながら当局から許可を受ける必要があった。すなわち、掲載を希望する私人は宮内大臣に請願書を出さなければならない。あるいは内務省をはじめとする他の検閲担当部局や官庁から、宮内省に対して書面による照会が行われる。その際、提出書類には記事や写真の見本を添付する義務がある。こうした申請に対して、検閲担当部局から許可もしくは不許可の回答が文書で通知される。回答までの日数は最短で三日程度、長い場合は約二週間だった。(6)たとえば、一八七六年四月一二日に『ニーヴァ』が提出した「夏の庭園を散歩する皇帝」の挿画掲載の申請は、その三日後、四月一五日に特に理由の開示なく不許可とされている。(7)申請総数のうち許可された件数と比率は、一八六四年四八件中四一件（八五・四％）、一八七六年七四件中五八件（七八・四％）、一八八五年七四件中六一件（八二・四％）、一八九六年三五四件中二八〇件（七九・一％）であり、(8)次第に厳しくなったと言える。

このように宮内省検閲は、皇帝一族の肖像を民間の出版社が扱うことに制約を課した。だが、それでも絵入り雑誌はツァーリ像を掲載しつづけた。一八九六年、ニコライ二世と皇后アレクサンドラのあいだに第一子オリガ大公女が誕生すると、ペテルブルクのネフスキー大通りでは皇帝一家の写真が展示された。『ニーヴァ』はこの写真の複製を載せたが、その際、編集部は次のように述べている。

> ペテルブルクの住人と同様に、全ロシアがこの写真に強い関心を持っていることを考えて、『ニーヴァ』は三月末に撮影されたこの写真の複写を本号の付録として刊行します。(9)

図1　アレクサンドル二世
Нива. 1871. No. 1. C. 5.

図2　皇孫ニコライ，ゲオルギー，クセニヤ
Нива. 1879. No. 17. C. 324.

これは、皇帝一家の肖像を、出版メディアが全国に配布することを意味する。すなわち、この何気ない一文を、社会の側がツァーリ像を流通させる主体となった証左だと見做すこともできる。

王族のブロマイド

では、実際に絵入り雑誌が掲載した皇帝や皇族の姿を検討し、このメディアが好んでそれらを載せた理由を考えていこう。まずとりあげるのは、『ニーヴァ』が一八七一年に載せたアレクサンドル二世［図1］と、一八七九年に掲載した皇太子アレクサンドルの子供ニコライ大公（後のニコライ二世）、ゲオルギー大公、クセニヤ大公女［図2］の図像である。これらの挿画は、メダイヨンと呼ばれる装飾的な楕円に縁取られている。メダイヨンとは古代ローマに起源を持つ装飾形態で、皇帝や名士など公的人物を顕彰するときにカメオやペンダント、コイン等に用いられたものだ[10]。

このような体裁は、民間の写真館が撮影した肖像写真に由来する。一八三〇年代末のフランスでルイ・ダゲールによって写真術が実用化されて以来、肖像写真の撮影は西欧中でビジネスの一分野として成長した。貴族が肖像画を描かせたのを模倣して、ブルジョワ市民層がより安価な肖像写真を求めたからである。とりわけ、一八五四年にアンドレ・ディスデリが考案した八枚焼きの名刺判写真《カルト・ド・ヴィジット》は全ヨーロッパで大流行した(11)。ロシアでも、一八四〇年代から外国人技師によって写真館が開かれた。そして欧州諸国と同じく、一八五〇年代末から名刺判写真のブームが起きて写真館の利用者が数、階層ともに拡大し、一八六〇―七〇年代には、写真が芸術としてだけでなく、日常的な商品として広まった(12)。

こうした過程で、写真館は顧客自身の肖像写真だけでなく、女優や歌手など有名人《セレブリティ》の名刺判写真をいわゆるブロマイドとして販売するようになった。その中で大きな人気を博したのが、イギリスをはじめとする各国の王族の名刺判写真だった。それはゴシップ的な関心から蒐集熱を煽り、他の有名人のものよりもよく売れたという(13)。

西欧の絵入り雑誌は、名刺判写真の流行を背景として、頻繁に有名人や王族の肖像写真を掲載した。そして、ロシアの絵入り雑誌がこの様式を模倣した。『ニーヴァ』には一世を風靡した女優マリヤ・サヴィナ〔図3〕や、バレリーナのマチルダ・クシェシンスカヤの写真〔図4〕が載った。チャイコフスキー〔図5〕やムソルグスキー(14)、リムスキー・コルサコフら(15)、音楽家たちの肖像写真も誌面を賑わせた。作家も同様にとりあげられ、トルストイ〔図6〕やドストエフスキー〔図7〕らの姿が掲載された。こうして文学者はスターとなった。その結果、たとえば一九〇四年にチェーホフが死去した際には、ノヴォジェーヴィチ修道院で行われた葬儀に群衆が押し寄せた。ただし彼らは十字架を倒し、鉄柵をひっくり返して花々を踏みつけたので、参列していたシャリャーピンは激昂し、ゴーリキーに「こんな社会の屑のために、彼は生き、働き、教えてきたのか！(16)」と叫んだという。

ツァーリと皇族の姿は、このような有名人たちと同じようにブロマイドの体裁で載ったのである。出版各社は、アレクサンドル・パゼッティ、セルゲイ・レヴィツキー、アレクサンドル・ヤゲツキーら宮廷の契約写真家から皇族の

НИВА
ИЛЛЮСТРИРОВАННЫЙ ЖУРНАЛЪ
ЛИТЕРАТУРЫ, ПОЛИТИКИ И СОВРЕМЕННОЙ ЖИЗНИ.
№ 17
1875
Продолжается подписка на журналъ „НИВА“ на 1875 годъ.
ПОДПИСНАЯ ЦѢНА „НИВЫ“ НА 1875 ГОДЪ.
Марья Гавриловна Савина.

図3　マリヤ・サヴィナ
Нива. 1875. No. 17. С. 257.

図4　マチルダ・クシェシンスカヤ
Нива. 1899. No. 29. С. 554.

НИВА
ИЛЛЮСТРИРОВАННЫЙ ЖУРНАЛЪ
ЛИТЕРАТУРЫ
ПОЛИТИКИ И СОВРЕМЕННОЙ ЖИЗНИ.
XI годъ　годъ XI
№ 51　1880
Открыта подписка на 1881 годъ.
Подписная цѣна на годовое издание „Нивы“.
Петръ Ильичъ Чайковскій.

図5　チャイコフスキー
Нива. 1880. No. 51. С. 1053.

図6　トルストイ
Нива. 1897. No. 35. С. 833.

НИВА
ИЛЛЮСТРИРОВАННЫЙ ЖУРНАЛЪ
ЛИТЕРАТУРЫ
№ 1 ПОЛИТИКИ И СОВРЕМЕННОЙ ЖИЗНИ. 1878
Открыта подписка на „Ниву“ 1878 г.
Федоръ Михайловичъ Достоевскій.

図7　ドストエフスキー
Нива. 1878. No. 1. С. 1.

図8　絵入り雑誌『ズヴェズダ』の付録冊子が載せたニコライ二世一家の肖像写真
Альбом в память священного коронования их императорских величеств 14 мая 1896 года. СПб., 1896. С. 3.

公式写真を借用し、複製して掲載した(17)。一八九六年に絵入り雑誌『ズヴェズダ』の付録冊子が載せたニコライ二世、皇后アレクサンドラ、第一子オリガ大公女の肖像写真［図8］は、パゼッティ写真館の名が印字された縁取りを残したままの三枚を並べており、名刺判写真の雰囲気をよく伝えている。

また、皇帝と皇族の姿は、しばしば他国の王族と並んで掲載された。たとえば、アレクサンドル三世の次女オリガ大公女とピョートル・オリデンブルグスキー公との結婚に関する記事は、日本の皇太子（後の大正天皇）の婚礼についての記事と同一の規模で並載されている(18)。外国王族の記事とロシア皇族の記事が同じスタイルやサイズで掲載された

図 9　オリガ大公女とタチヤナ大公女
Нива. 1899. No. 34. С. 637.

図 10　ツァーリ一家
Нива. 1899. No. 48. С. 925.

ことは、両者を比較対照して眺めることを可能にしたのであり、ツァーリ一族は誌上で相対化される側面があったと言えよう。

王族たちはセレブリティとして扱われた結果、その生涯や私生活が関心を集めるようになった。たとえばフランスのウージェニー皇后の生涯は、栄光に包まれ、流行の最先端として憧れられた後、凋落した人生として物語化された[19]。ヴィクトリア女王は、序論に挙げた「ウィンザー城のクリスマス・ツリー」［序論図11］や「執務室での女王」［序論図12］などのように、西欧中でその私生活が頻繁にとりあげられるスターだった。

ロシア皇帝で、とりわけ私生活に言及されたのはニコライ二世である。たとえば『ニーヴァ』は、ニコライ二世が緊密な家族関係の中で育ち、子供時代に魚釣りが好きだったという人間的なエピソードを紹介している[20]。さらに絵入り雑誌各誌は、ニコライ二世夫妻に子供が誕生するたびに記念写真を掲載した。小さな大公女たちの肖像写真が『ニーヴァ』の巻頭を飾ったり［図9］、皇室一家の姿［図10］が現れたりする様子は、さ

図11　ツァーリ肖像写真の販売広告
Нива. 1895. No. 34. С. 821.

図12　ゴム靴会社の広告に付けられた双頭の鷲
Нива. 1895. No. 7. С. 176.

ながら現代の女性週刊誌のようである。先行研究は、ニコライ二世には「聖なるツァーリ」の他に、「よき家庭人」として自らを演出する戦略があったと指摘する(21)。しかし一九世紀後半においては、出版社側もまた独自の経営戦略を持ち、それによってツァーリの視覚的イメージを編集していたことには留意すべきだろう。

さらに、皇帝は広告欄にも登場した。出版社が肖像写真を商品化したからである。たとえば一八九五年の『ニーヴァ』には、マルクス社が版権を持つツァーリの肖像写真の額縁付き販売広告が載せられたが、そこでニコライ二世の顔は香水やミシンの宣伝と並べられた［図11］。同年末には、皇后アレクサンドラの肖像写真の広告も掲載されている(22)。国家の紋章である双頭の鷲もまた、博覧会で受賞した企業の広告に用いられるようになった［図12］。双頭の鷲を商標や広告に利用することは、公式博覧会での受賞企業と宮廷の御用達業者にのみ許可され、商品や企業のブランド・イメージの向上に寄与した(23)。

先に触れた宮内省検閲には、出版物の他に、「消費物資」という分野があった。一八九〇年代から増加した、香水、チョコレート、菓子などの商品パッケージに皇帝や皇族の像を付けたいという各企業からの申請の審査である。だが、こうした申請はほとんどが不許可とされた。たとえば一八九六年、香水メーカーのブロカル社は、まず皇帝と皇后の肖像入り商品ラベル、次に同様の肖像がプリントされた顧客への景品用スカーフ、そして香水小瓶にリボンで結わえられた小さなメダルへの肖像利用の申請を、全て却下されている。同社は最後にようやく、購入者向け無料付録の地図に、皇帝夫妻の肖像を掲載することを許可された(24)。このようにメーカー各社の申請が通りにくかったにもかかわらず、出版社は皇帝の肖像を比較的容易に商品化することができたわけである。出版メディアがツァーリの表象にもたらした変化は大きかったと言えるだろう。

以上のように、絵入り雑誌の中でツァーリ像は他国の王族に倣ってブロマイド化され、セレブリティとして私生活に関心を寄せられ、広告欄に並ぶ商品ともなった。一九世紀後半、出版メディアによって、ツァーリ表象は世俗化されたと考えることができよう。

ツァーリのふたつの身体

こうした時代に、皇帝の生命を脅かす事件が発生した。一八八一年のアレクサンドル二世暗殺事件と八八年のアレクサンドル三世御召列車転覆事故である。ツァーリ表象を世俗化した絵入り雑誌は、皇帝の身体に関わる非常事態をどのように扱ったのだろうか。

まず、アレクサンドル二世暗殺事件について見てみよう。これは、一八八一年三月一日に外出先から戻るアレクサンドル二世の一行が、エカテリーナ運河沿いの路上で「人民の意志」党員の爆弾テロによって両足を吹き飛ばされ、同日に冬宮で死去した事件である。『ニーヴァ』は、事件から一週間後に発行された第一〇号に特別付録を付け、訴状や新聞各紙の報道にもとづいて事件時のツァーリの言動を再現した(25)。それによれば、最初の爆発に遭っても無事だったツァーリは、馬車を降りて容疑者に近づいていく。

「おまえは何者だ」と、彼は犯罪者に尋ねた。

その者は、グリャズノフという名だと答えた。それから皇帝は、負傷者のほうへ向かった。

「行かないでください、陛下」と〔随員の〕ドヴォルジツキー大佐は訴えた。しかし、皇帝は運河側の歩道に向かった。ドヴォルジツキーはその三歩ほど前を歩いた。

突然、怖ろしい爆発音が、まさに皇帝の足元で響いた。……この瞬間、皇帝の声が聞こえた。

「助けてくれ」

ドヴォルジツキーは地面に横たわる皇帝のほうに飛んでいき、起こそうとしたが、両足の下部がぞっとするほど形をとどめず、血だらけなのを見た。

……数名の手を借りて、皇帝は、帽子を失い、顔は血にまみれた状態で、ドヴォルジツキーの橇に運び上げられた。(26)


テロが発生したら、第二の襲撃を避けるために、その場を全速力で離れるのが危機管理の初歩的原則ではないか……(27)と言いたくなる状況である。そして、「皇帝の最期の詳細を明らかにすればするほど、むごたらしく悲劇的になってくる(28)」と記しながらも、『ニーヴァ』は負傷後のツァーリを運んだ二等大尉の談話を続ける。

皇帝は雪の上に、帽子も外套もなく、工兵大隊の近衛兵の制服姿で横たわっていた。足は折れ、衣服はあちこち破れていた。血が足から流れ、雪の上にしみをつくった。……ツァーリは二度ほど、「寒い、寒い」と言い、血のついた唇に手をやろうとした。……そこへ、ミハイル・ニコラエヴィチ大公が駆け付けた。「サーシャ〔アレクサンドルの愛称〕！　気分はどうだ」と話しかけ、皇帝の顔のほうに身をかがめた。皇帝が何と答えたかは聞き取れなかったが、何か言ったようだった。その胸からは呻き声すら出なかった[29]。

このように『ニーヴァ』の記事は、負傷の様態やツァーリの弱々しい言動の描写が生々しい。同じことを、『全世界画報』はイラスト［図13］で再現した。ここでは、絵の中心点で、硝煙にあおられて両手を挙げている人物がアレクサン

図 13　アレクサンドル二世暗殺事件

Всемирная иллюстрация. 1881. No. 12. С. 220.

図 14　アレクサンドル二世暗殺事件を伝える誌面

見開きページに，アレクサンドル二世爆殺から三日後の現場の慰霊風景（左上）が外国王族の結婚式（右上）等のイラストと並置されている．Всемирная иллюстрация. 1881. No. 12. С. 232–233.

図 15　アレクサンドル三世の御召列車転覆事故現場
Нива. 1888. No. 46. C. 1160.

ドル二世である。すなわち、ツァーリが爆煙の中でうろたえる姿が描かれたのだ。こうした記事からは、アレクサンドル二世暗殺事件に際しては、生身の人間としてのツァーリの最期が読者に伝えられたと言うことができるだろう。

なお、絵入り雑誌の誌面では、この事件も外国王族やその他のニュースと並載されるものだった。『全世界画報』は、「三日目の爆発現場」と題するイラストを、「ベルリンでのプロイセン王子フリードリヒ・ヴィルヘルムとシュレスヴィヒ・ホルシュタイン公女アウグステ・ヴィクトリアの婚礼」など、他のイラストと見開き同一誌面上に掲載している［図14］。

以上のように、絵入り雑誌はアレクサンドル二世の暗殺事件に際して、それまで全能であることが表象されてきたツァーリの、身体の損傷を晒した。それは、いわゆる「王のふたつの身体」のうち、政治的身体ではなく自然的身体に焦点があてられたことを意味しよう。中世以来、キリスト教的聖性との不可分な結合を特質としてきたロシア君主においても、一九世紀後半には俗人としての像が注目され、それが広範囲に流通するようになったのだ。

では、アレクサンドル三世の列車転覆事件はどうだったのだろうか。これは一八八八年一〇月一七日、皇帝一家の専用列車が、クールスク＝ハリコフ＝アゾフ鉄道のハリコフ近郊の線路上で脱線転覆し、大破した事故である。ただし大惨事であったにもかかわらず、アレクサンドル三世と皇后、大公、大公女たちの誰にも被害がなかった。それゆえ絵入り雑誌のいずれもが、神が奇跡を起こしてツァーリを救ったという文言を使って、その聖性を強調した。たとえば『ニーヴァ』は脱線して大破した列車の写真［図15］を載せ、次のように述べる。

粉々に壊れた食堂車と大公女の車両の挿画からは、実際にこの目で見たかのように、全能の神がいかなる奇跡を起こして、畏れ多い皇帝陛下とそのご家族の尊い命を救ったのかが分かる。(30)

『ロージナ』もまた、脱線した列車の写真を載せた上で、事故の模様を次のように語る。

皇帝の列車の状況を見ると、明らかに、ただ全能の神の手が、自らの愛する君主かつ我々の父なるツァーリを救ったと言うことができる。(31)

そして、「粉々に壊れた車両の挿画からは、全能の神がいかなる奇跡を起こして、皇帝陛下とそのご家族の尊い命を救ったのかが一目瞭然である」と、『ニーヴァ』とほぼ同じ表現で記事を結んだ。こうした調子は、絵入り正教雑誌『ロシアの巡礼者』ではいっそう熱がこもる。

図16　『ロシアの巡礼者』が掲載したアレクサンドル三世の御召列車転覆事故現場

Русский паломник. 1888. No. 47. C. 560–561.

図17　『ロシアの巡礼者』の額縁入り御召列車事故写真の販売広告

中央が事故写真．左が「キヴァーチの滝」．右上は「ストルキンド社の南京虫用殺虫剤」．Русский паломник. 1895. No. 24. С. 384.

> 数日前、正教徒の国ルーシは、震えるような畏敬の念とともに新しい奇跡を知った。神の全能の手がロシアの大地と偉大なる最高権力者をひそかに守った証を、自らの目で見たのだ。打ち震えるロシアと驚愕する世界の眼前で、素晴らしい奇跡が達成された。ロシアのツァーリとそのご一家が死の宿命を免れた。この救済は明らかに、それがただの偶然ではなく、全能の創造主の右手が介入した証である。……神は、塗油された人〔皇帝のこと〕を奇跡によってお救いになった。[32]

そして、『ロシアの巡礼者』もまた、御召列車が転覆して大破した事故現場の写真を見開き二ページに大きく掲載した〔図16〕。

これらの事例では、アレクサンドル二世暗殺事件と異なり、いずれにおいても皇帝とキリスト教的な聖性との結びつきに焦点があてられている。したがって、ツァーリが出版メディアによって世俗化され、権威を完全に喪失し、政治的身体が消滅したと判断するのは適切ではないと言えよう。

ただし、この脱線事故に際しても、事故現場の写真が商品化されたことは指摘されなければならない。たとえばツァーリと神の結びつきを強調した『ロシアの巡礼者』でも、一八九五年、「皇帝列車の大事故」と題した写真が額縁に入れられ、デルジャーヴィンの詩に歌われた「キヴァーチの滝」の写真と広告欄に並載された〔図17〕。さらにその右隣には、「ストルキンド社の南京虫用殺虫剤」のパッケージが描かれた宣伝が並んでいる。この誌面からは、奇跡に遭ったツァーリの聖性はほとんど伝わってこない。

アレクサンドル三世は一八九四年に病死するが、その際、『ニーヴァ』は『官報』から公式の死亡診断書を転載しただけではなく、ツァーリを診療した医師と、臨終を看取った司祭の手記を掲載した(33)。ここには、先代アレクサンドル二世と同様、生身の人間としてのツァーリの最期への関心がうかがえる。ツァーリは「ふたつの身体」を失ったわけではない。だが、政治的身体と自然的身体のいずれが注目されるかは、出版メディアが決定したのである。

以上のように、絵入り雑誌は西欧に起源を持つメディアだったために、その王室記事の様式に則り、ツァーリをブロマイド化し、セレブリティとして私生活に関心を寄せ、広告欄に商品として並べもした。絵入り雑誌は、ナロードの信仰が育んだよきツァーリ像とも、宮廷エリートや教養人が知る親密なツァーリ像とも異なる皇帝の肖像を提供したのだ。そのように皇帝に対して従来とは異質な認識を促す情報が、読者にそのまま受容されたと考えるのは単純にすぎる。だが、商業出版各社は顧客の嗜好に注意を払っていたのであり、絵入り雑誌のツァーリ表象が、社会において相応の影響力を有したと考えることはできるだろう。少なくとも写真からおこしたリアルなツァーリ像が雑誌に載って全国に広まり、皇帝の顔は知られた。もはや首都から遠く離れた農村に偽ツァーリが忽然と現れ、崇拝されることはなくなった。ところがそのような時代に、ニコライ二世は「聖なるツァーリ」として自らを神聖化するシナリオを描いたのである。

二　戴冠式のツァーリ表象

では、ニコライ二世のイメージ戦略と出版メディアの新たなツァーリ表象が齟齬を来した局面を見ていこう。それは、一八九六年に挙行された戴冠式である。このとき鍵となる役割を果たしたのは、ヴァシーリー・クリヴェンコ［図18］という宮内省の官僚だった。

図18　ヴァシーリー・クリヴェンコ

帝政期には、ロシアを代表する文人が官僚である事例がしばしば見られた。たとえば、一八世紀後半の詩人ガヴリーラ・デルジャーヴィンは下級官吏から抜擢されて県知事、司法大臣などを歴任した人物だったし、一九世紀前半、アレクサンドル・グリボエードフは外務官僚であったがゆえにペルシアで落命した。一八四〇年代になると、国家勤務に就くことを拒んでものを書くインテリゲンツィヤが現れたが[34]、官僚として皇帝に奉仕しつづけた知識人も依然として多かった。文筆家アレクサンドル・ニキテンコが検閲官でもあったことはよく知られている。さらに一八五〇年代半ばから六〇年代には、ニコライ・ミリューチンら開明官僚が海軍省の機関誌『海軍選集』などで論陣を張り、「大改革」と専制を支持する世論を育成しようとした[35]。つまり官僚は、インテリゲンツィヤと並んでロシアの出版を教導する存在だった。

クリヴェンコは、一九世紀後半の出版業界と深い関わりを持った官僚であり、宮内省の広報体制に変化を生じさせ、国家儀礼におけるツァーリ表象にも影響を与えた。以下では、まず、クリヴェンコの出自、学歴、職歴を詳しくたどった上で、彼と出版業界との関わりがどのように生じたかを見る。そのうえで、彼が監督したニコライ二世の戴冠式の公式アルバムを分析し、国家儀礼のツァーリ表象がいかに変化したかについて明らかにしていこう。用いる主要な史料は、ニコライ二世の公式アルバム『戴冠式集成』[36]と国立歴史文書館所蔵の「『戴冠式集成』編集部文書」[37]、そしてクリヴェンコの回想録二点である[38]。

官僚クリヴェンコ

ヴァシーリー・シローヴィチ・クリヴェンコは一八五四年、カフカス軍の将校である父のもと、ダゲスタンに生まれた。一〇歳頃に親元を離れ、ポルタヴァのペトロフスキー陸軍幼年学校に入学する。そして一八七一年に幼年学校を卒業すると、パヴロフスキー陸軍学校の入学資格を得て首都ペテルブルクにのぼった。これは、卒業後に近衛将校としての任官が可能な中等教育機関であり、クリヴェンコは中央での社会的上昇の機会を手に入れたと言うことができる。ところが彼は、陸軍学校の入学手続きを担当した大尉が自分の話を遮って無愛想に命令したことに憤慨し、「このよそよそしい応対によって私は冷水を浴びせかけられ、さっさと「行進のアカデミー〔陸軍学校の渾名〕」から工兵学校に移ろうという気持ちを固め」ると、すぐに自身の希望を上官に訴えた。結局、学校長を務める将軍が「輝かしい未来図」を示して彼を諭したため、転学を思い止まったという(39)。

陸軍幼年学校をはじめとする軍事教育機関では、皇帝に対する忠誠心の涵養が図られた。クリヴェンコもまた、皇帝を「献身的に敬慕することを幼時から教わった(40)」と述べている。陸軍学校の在学中、皇帝による観閲を受けた際には、アレクサンドル二世を初めて目の当たりにして「まさに電流が大隊に走って、我々の縦隊は突然成長し、成熟した。遊び半分の部隊から、真の軍隊へと変わったのだ(41)」、「敬愛するツァーリが、少しはっきりしない発音で「ごきげんよう、諸君」と言うのを聞き、我々は力のかぎりその挨拶に答えた(42)」と述懐するほど感激した。

陸軍学校を卒業後、クリヴェンコは少尉としてフィンランド近衛連隊で勤務に就いた。そして一八七六年、同連隊内で上官イラリオン・ヴォロンツォフ＝ダーシコフの秘書となった。ところが一八八一年、ヴォロンツォフが、個人的に親交のあった新帝アレクサンドル三世の意向で宮内大臣に任命された。そのため、クリヴェンコは彼に随伴し、思いがけず宮内省で文官勤務に就くこととなった。ただし、軍事教育機関で幼少より皇帝への敬慕の念を植え付けられていたことから、宮内省勤務への心理的障壁はそれほど大きくなかったと考えられる。

宮内省は、宮廷の財政、行政、儀典、メセナ活動、および広報を担った。アレクサンドル三世は新大臣ヴォロンツォフに、このうち財政と行政に関する省内機構の改革を求めた。そのため、腹心のクリヴェンコは新設された大臣官房の長として、改革の実務を主導した。その結果、一八八一年から八五年にかけて、省内諸部局の合議制の廃止、諸宮殿の経営の一本化、省内の命令系統の新設が進められ、大臣への権限集中に一定程度成功した。しかし、懸案とされていた御料地管理の一元化は難航した。御料地からの収益が皇族に直接入る制度の改変に、当然ながら収入基盤を脅かされるロマノフ家の大公たちが激しく反発したのである。結局、一八八八年に、御料地は皇帝官房の管轄とすると決定され、宮内省による御料地管理の一元化は骨抜きにされた(43)。

クリヴェンコの大臣官房と、皇族、そしてそれを取り巻く高位貴族たちとの対立は、帝立美術アカデミーの教育改革問題でも繰り返された。一八二九年以来、帝立美術アカデミーは宮内省の管轄下に置かれて画家、彫刻家、建築家を育成し、宮廷のための美術活動を行っていた(44)。しかし次第に教育の硬直化が問題視されるようになり、一八九〇年、総裁ヴラジーミル大公のもと、会議書記イヴァン・トルストイ伯爵の組織する委員会が教育規約の改訂を検討しはじめたのだった。宮内大臣ヴォロンツォフは、この改革計画が自身の関与なく進められていることを問題視し、一八九一年に委員会を解散させると、クリヴェンコに新しい規約案を作成させた(45)。だが、ヴラジーミル大公をはじめ委員会側は強く反発し、さらに大臣ヴォロンツォフは健康を害したためにこの案件から手を引いた。その結果、一八九三年に皇帝の裁可を受けた新規約は、「美術アカデミーは宮内省の下部組織だが、最高の芸術機関として一定の自立性を有する」と明記したものとなった。トルストイはアカデミー副総裁に就任し、クリヴェンコの改革事業はここでも敗北に終わったのだった(46)。

文人クリヴェンコ

こうした過程において、クリヴェンコは徹底して嫌われ役となった。美術アカデミー助教授で画家のパーヴェル・チスチャコフは、「クリヴェンコ氏は人ではなく官僚であり、法秩序の追求という口実で、自分勝手かつ官僚的に〈事業を〉始め、進める。おそらくアカデミーをバレエ学校と同じように、あるいは収入源として見ているのだ」[47]と非難した。そうした見解が、皇族や高位貴族たちのあいだでも共有されたのである。

他方、クリヴェンコもこうした扱いに反発した。「彼らの態度はいつも冷たかったが、私は彼らに対して非はなく、敗北を認めることもなかった。私は、純然たる勤務の領域と個人的な家庭生活とを完全に分けることにした。「上流世界」や貴族の輪に入り込もうとしなかっただけでなく、公然と彼らを避けたのである。次第に皆こうしたことに慣れ、大臣官房長は宮廷の雰囲気から全く浮いているという状況になった[48]」。

陸軍学校では入学早々に上官に対する不平を述べ、宮内省に勤めながら皇族や高位貴族に追従しなかったクリヴェンコは、やや向こう気の強い、個性的な人物だったようである。部下ニコライ・オプリッツに宛てた一八九八年の書き付けには、「あなたはどこにいますか、ニコライ・イリイチ。ジャージー島に行ってしまってはいないですよね？しかし神はあなたを見つけ出してくださるでしょう[49]」と、省内文書にはいささか異色のユーモアある文章が残されており、その人柄をうかがわせる。

こうした闊達さは、文筆の才となって発揮された。一八八一年、彼はリベラル派の新聞『ストラナー』に民衆教育の拡充を主張する論考を初めて発表し、翌年に単著として公刊している[50]。上司ヴォロンツォフはクリヴェンコのそうした文才を評価し、一八八八年、官庁を総覧した公式出版物『政府諸機関についての概略集[51]』を執筆、編纂させた。同年、クリヴェンコは『官報』にアレクサンドル三世の御召列車転覆事故についての記事を書き、交通省の不手際を批判した。一八九一年には、同じく『官報』で皇太子ニコライの外遊についての連載を担当し、後に単著[52]にまとめた。

この宮内官僚の著述活動に注目したのが、スヴォーリン社である。一八九〇年、同社はクリヴェンコに、八八年の皇帝巡幸への随伴旅行について雑誌『歴史通報』に書くよう依頼した。クリヴェンコはこれを承諾し、「公刊許可を得るためには草稿を大臣に見せる必要があります(53)」とことわった上で、一八九〇年、同誌に寄稿した。その紀行文は連載後、九一年に『一八八八年の南ロシアへの旅』として、また、九三年には「宮内省許可」と銘打たれ、御召列車転覆事故にも言及した拡大版『カフカス見聞記』として単著にまとめられた(54)。以後、スヴォーリン社は、クリヴェンコのダゲスタン、ヤルタ、イスタンブルの旅行記や自伝を刊行し、文庫サイズの合冊版をも販売した(55)。クリヴェンコの文章は、新聞『ノーヴォスチ』（一八九六―九九年）や絵入り雑誌『全世界画報』（一八九七年）にも掲載された(56)。また、教育についての評論が複数点、スヴォーリン社と宮内省の出版所から刊行された(57)。

そのような仕事の中で、クリヴェンコとスヴォーリンは個人的な関係を深めた。一八九三年から一九〇〇年にかけて、両者はたびたび互いの家を訪れて会食し、観劇やモスクワ旅行を共にしている。スヴォーリンはこの交友関係を生かし、クリヴェンコから皇帝の健康状態などについての情報を得た(58)。

こうしてクリヴェンコは、出版界で作家として知られるようになった。皇帝を敬愛しつつも宮廷の「上流世界」に反発した宮内官僚は、「文壇や芸術家、俳優たちに心惹かれる(59)」文人となったのである。

戴冠式アルバムとロシア様式

以上に述べた、クリヴェンコの官僚かつ文人という二面的なキャリアが宮内省の広報体制に影響した局面が、一八九六年にモスクワで挙行されたニコライ二世の戴冠式である。

戴冠式は、王に超越的な「聖なる権威」を付与し、支配者としての正統性を与える機能を持つとされる儀礼である(60)。

ロシアではピョートル一世が戴冠式の演出を西欧風に刷新し、ツァーリを絶対主義的な「現世の神」として国家の頂点に位置づけることを図った(61)。

西欧諸国の王権は一七世紀以降、戴冠式の模様を伝える公式の印刷刊行物を制作した。国家が公認する権力の表象を臣民に周知するためである(62)。ピョートル一世はそのような広報戦略をも模倣し、一七二四年の妻エカテリーナの皇后戴冠式にあたって、ロシアで初めての公式アルバムを編纂させた(63)。以後、歴代のロマノフ皇帝たちは戴冠式アルバムを制作するようになる。

一八二五年に即位したニコライ一世は、皇帝の権威強化にとりわけ腐心し、表象戦略の深化に取り組んだ。そして帝立美術アカデミーに命じ、「ロシア様式」と呼ばれる古ルーシ風の装飾意匠を制作させた(64)。その意図は、ビザンツ帝国の文化的影響下にあったキエフ・ルーシ時代から、次第にロシア独自の文物が生み出されていくモスクワ公国時代までの古遺物に施された装飾を利用し、ロシアのツァーリがビザンツ皇帝の専制の伝統を継承する者だというイデオロギーを創出することだった(65)。こうして、国家が公認する権力の装飾様式が生み出され、ニコライ一世治下ではクレムリンの新宮殿の装飾に、そしてアレクサンドル二世、アレクサンドル三世の戴冠式で用いられることとなった。それ以来、美術アカデミーは宮廷装飾の主務機関として、戴冠式アルバムの制作を担当した(66)。

この伝統に従い、ニコライ二世の戴冠式に際しても、公式アルバムの制作準備が開始された。その際、編集責任者となったのがクリヴェンコだった。彼は編集部書記に腹心の部下オプリッツを据えると、挿画の主要部分の担当画家として、ニコライ・サモキシュと契約した(67)。サモキシュは美術アカデミー出身で、戴冠式アルバム編纂にあたってアカデミーが推薦した画家のリストにも記載されている(68)。だが他方で、絵入り雑誌『ニーヴァ』『自然と人間』『セーヴェル』の挿絵画家として著名であり(69)、クリヴェンコがスヴォーリン社から出した『カフカス見聞記』にも挿絵を寄せた知己だった(70)。改革問題で対立したクリヴェンコと美術アカデミーが折り合える人材だったと考えられる。

だが、サモキシュが適任だった理由はそれだけではない。この画家は、ロシア様式の描画の巧みさに定評があったのだ。[71] ニコライ二世は、前近代にはツァーリとナロードとの精神的紐帯があったと信じ、ピョートル大帝による西欧化改革よりも前の時代を再現することを願った。復古趣味のロシア様式は、皇帝のそうした狙いに適した意匠だった。サモキシュは、オプリッツから送付された戴冠式の一連の儀礼やニコライ二世夫妻、皇族、貴顕の写真を模写し、そこにロシア様式の装飾を施していった。[72] たとえば皇帝が帝冠を受け取る場面や、諸臣の前に立つ場面を写真からおこし、その外側に、ロシア様式の字体で『戴冠式集成』という題字と、双頭の鷲や蔓草状の枠飾りとを付した〔図19〕〔図20〕。また、扉ページ〔図21〕には、ルーシ以来のツァーリの正統性を体現する「モノマフの王冠」と、やはりロシア様式の字体による章タイトルを描いた。式典の実際の諸場面に「伝統の継承」という意図のある装飾を付与して、戴冠式のメッセージを作り出したのである。

ニコライ二世の「即位の宣言」〔図22〕には、建築家イヴァン・ペトロフ＝ロペトによって、やはりロシア様式による装飾が施された。また、ニコライ二世は一九〇三年、歴史的衣装を復元して着用する仮装舞踏会を開催し、自らはモスクワ大公国時代のツァーリの扮装をした〔図23〕。この舞踏会は、一七世紀以前の儀礼を復活させる手始めとして構想された国家的な催しであり、戴冠式と同様、宮内省から公式出版物『一九〇三年二月の冬宮での仮装舞踏会アルバム』が刊行された。こうした嗜好からすると、戴冠式アルバムの意匠もまた、ニコライ二世の意図をよく表現していたと言えるだろう。

ニコライ二世戴冠式の公式アルバムは、クリヴェンコ編『戴冠式集成』と題した二巻本として、第一巻が一八九六年に、第二巻が九九年に刊行された。[73] ロシア国内で最高水準の技術を持つ造幣局が印刷を担当し、ロシア語版一三六〇部、フランス語版三四〇部が刊行されたこの出版物が、ニコライ二世の「聖なるツァーリ」としての姿を知らしめたのだった。[74] 官僚クリヴェンコは、その実現に力を尽くした。

図 19　宮内省『戴冠式集成』の戴冠の場面（部分）
Коронационный сборник. Под ред. В.С. Кривенко. СПб., 1899. С. 259.

図 20　宮内省『戴冠式集成』の多稜宮でのメダル贈呈の場面（部分）
Коронационный сборник. Под ред. В.С. Кривенко. СПб., 1899. С. 277.

図 21　宮内省『戴冠式集成』第一部扉絵
Коронационный сборник. Под ред. В.С. Кривенко. СПб., 1899. С. 1а.

図 22　即位の宣言（1896 年）

図 23　仮装舞踏会でのニコライ二世（1903 年）

民間出版社の戴冠式アルバム

ところが一方で、文人たるクリヴェンコが進めた施策が、ツァーリ表象の伝達状況を変容させた。すなわち彼は親近感を抱く民間の出版界に対して、戴冠式の取材機会を積極的に与えたのである。戴冠式期間中のモスクワに設置された「プレス・ビューロー」は、彼の姿勢を象徴する。この施設は出版関係者に午前一〇時から夜まで開放され、式場への通行許可証を発行するとともに、茶、コーヒー、クッキー、サンドウィッチなどの飲食物や作業スペースを提供した。ビューローの運営を任されたオプリッツは当初、それほどまでにプレスに協力的な上司の方針を理解できずに記者たちと衝突したため、クリヴェンコが自ら仲裁して軌道に乗せたという。戴冠式期間中、モスクワには三〇〇人を超える記者、画家、写真家たちが訪れ、ビューローはさかんに利用された[75]。

こうして「記者たちに自らの目で式典を見る機会」を与えたクリヴェンコは、彼らが「式部官よりもはるかに詳しく〔宮廷儀礼の〕細部を見ている」と好意的に評価した[76]。そのため、『戴冠式集成』制作にあたって、定期刊行物が掲載した戴冠式の記事を資料として収集させている。対象となったのは、『新時代』『取引所報知』『サンクトペテルブルク報知』『グラジダニン』『モスクワ報知』など両首都の新聞と、『オデッサ・ノーヴォスチ』『ニジェゴロド・リストーク』『リャザン・リストーク』などの地方新聞の計二三紙だった[77]。

クリヴェンコが戴冠式の取材に公開的な姿勢を取ったことは、多くの民間出版社が戴冠式記念出版物を刊行することにつながった。宮内省の検閲部門は、戴冠式後に記念アルバムの刊行を希望する民間出版社に対し、「聖なる戴冠式」という語を用いることの義務付けや、紋章の利用禁止などの条件を課し、申請を却下することもあった[78]。だが、全体としては許可された事例が多かった。

その結果、ニコライ二世の戴冠式の図像が、出版各社の刊行物に数多く現れることとなった。注目すべきは、その装飾が多様だったことだ。

第一に、公式の『戴冠式集成』に酷似した出版物が挙げられる。『ニーヴァ』は一八九六年の第二〇号で戴冠式を特集し、自誌の契約画家だったサモキシュに挿画を描かせた。それは宮内省『戴冠式集成』と同じように、ロシア様式の飾り文字が用いられ、「モノマフの王冠」をはじめとする古遺物の挿絵〔図24〕が収録されたものだった(79)。『ニーヴァ』の刊行部数は約二〇万部であったから、公式アルバムと同じ画家によってロシア様式が施された図像が、公式アルバムの発行規模を超えて全国に配布されたことになる。また、ニコライ二世が再現を望んだツァーリとナロードとの精神的紐帯を、テキストによって積極的に賛美する事例もあった。モスクワのロシア印刷出版事業組合の出版物『両陛下の戴冠式アルバム』は、巻頭に「ツァーリとナロード」と題した次のような詩を掲げている。ここからは、アレクサンドル三世に対して見られた聖性賛美が受け継がれ、国粋主義的な傾向を帯びつつあったことがうかがわれる。

何世紀にもわたって精神的絆が固められてきた
ツァーリと大いなるナロードとの間で
ルーシはこの絆を誇りとしながら大きくなり
ツァーリとその一族を愛する
いったい誰がこの愛を説明できようか
それはロシアの魂の秘密なのだ
だが、愛しているし、愛していたし、これからも愛するだろう
ルーシは専制君主ツァーリを永遠に
この愛によって固く、強く
祖国への信念を抱きながら(80)

図 24　『ニーヴァ』のモノマフの王冠
Нива. 1896. No. 20. C. 467.

図 26　『全世界画報』の式典場面
Всемирная иллюстрация. 1896. No. 1427. C. 582.

図 25　『新時代』付録の戴冠式当日の赤の広場
Приложение к газете «Новое время». 1896. No. 279. C. 1.

図 27　『絵画時報』の式典場面
Живописное обозрение. 1896. No. 21. C. 37.

図 28　『家族』誌の『戴冠式典』の表紙
Коронационные торжества. Альбом священного коронования их Императорских Величеств Государя Императора Николая Александровича и Государыни Императрицы Александры Федоровны. Издание Газеты «Новости Дня» и журнал «Семья». М., 1896. Обложка.

図 29　ドブロデーエフ社『戴冠式アルバム』の表紙
Коронационный альбом в память священного коронования их Императорских Величеств. 14 мая 1896 года. Издание С. Добродеева. СПб., 1896. Обложка.

これに対して、第二に、一切の装飾をしなかった出版物もあった。たとえば『新時代』の付録が載せた戴冠式当日の赤の広場の写真〔図25〕は、報道写真という性格が強い。また、『全世界画報』が掲載した式典に臨む皇帝、皇后、皇太后の姿〔図26〕や、『絵画時評』のニコライ二世による皇后アレクサンドラ戴冠の場面[81]〔図27〕は、自誌の契約画家を参列させ、独自に式典の諸場面を写実的に描かせたものである。

第三に、独自の装飾を行った出版物があった。絵入り雑誌『家族』のアルバム『戴冠式典』の表紙では、ロシア様式の内装や飾り文字が描かれたものの、ニコライ二世とは容貌の異なる、中世風の衣装のツァーリがクレムリンを眺めるという、空想的な情景が描かれた〔図28〕。ドブロデーエフ社の『戴冠式アルバム』の表紙には、西方キリスト教的な天使たちが、モノマフの王冠ではなく、ピョートル大帝が導入した西欧流の皇帝冠を運ぶ〔図29〕。そして新聞『取引所報

図 30　『取引所報知』付録のニコライ二世と皇后アレクサンドラの軌跡

Литературная часть воскресных номеров ежедневной бесцензурной газеты «Биржевые ведомости». Бесплатное еженедельное приложение. 3 ноября. 1896. С. 357–358.

知』の日曜付録の絵入り雑誌は、戴冠式を記念して、ニコライと妻アレクサンドラの幼時から成人までの肖像写真［図30］を並べた[82]。その体裁は、今でも「ロイヤルウェディングまでの道のり」といった類の写真入り特集記事で馴染み深く、自然的身体に関心を寄せるブロマイドの性格が強い。

公式アルバムの図像が民間の出版物に転載されるのは、宮内省の期待通りだった。だが、これらの事例はロシア様式による意味づけがされず、独自に編集されている。ニコライ二世が意図した表象戦略は、特に反映されていないと言えるだろう。絵入り雑誌をはじめとする民間の出版メディアは、決してツァーリの表象戦略を否定したわけではなかった。しかし暗殺事件や列車転覆事故のときと同様、ツァーリの肖像をどのように演出するかを選択する主体は、出版メディアだった。

官僚クリヴェンコは、ツァーリの表象戦略を反映する戴冠式アルバムを忠実に制作した。ところが文人クリヴェンコは自律性ある出版各社の独自取材を許したため、ニコライ二世の戴冠式は、多様なイメージで社会に伝達されることとなった。ロシアでは歴史的に、官僚が文人として出版を教導する立場にあった。この世紀末の事例の場合、宮廷に反発して文壇に心惹かれたクリヴェンコの個性と、それまでの時代と異なり、営利的な出版業界が成長していたという事情が、メディアに国家儀礼のヴィジュアルを改変することを可能にしたのである。こうして最後の皇帝ニコライ二世の表象は、必ずしも権力のシナリオ通りに伝達されなかった。

おわりに

以上のように、絵入り雑誌は、ツァーリ表象という専制の正統性に関わる視覚的要素を、西欧の刊行物に由来する固有の出版文化にもとづいて複製印刷した。それは決して専制に抵抗したわけではなく、ツァーリの権威を軽視したのでもない。だが、ツァーリを敬愛する姿勢から商品として提供する立場まで、その表現の様式は多様化した。すなわち出版メディアが、ツァーリの肖像を編集し、社会に流通させる主体となったのである。世紀末を迎える頃、もはや公式出版物が、皇帝自身の望むイメージを伝達する源泉として支配的な位置にあったわけではなかった。

聖なるツァーリ像が解体した環境で、自らを神聖化しようとするニコライ二世の意図がそのまま受け入れられることはなかった。このことは世紀転換期に、従来の政治文化の維持が難しくなり、専制が政治的機能不全を起こしつつあったことの暗示だとも考えられよう。ニコライ二世が臣民のツァーリ信仰に信を置いたにもかかわらず、社会には、既にそれと必ずしも合致しないツァーリ認識が広がっていたのである。絵入り雑誌のツァーリ表象は、最後の皇帝の治世に、ロシアの国家と、近代化した社会との均衡が大きく変化する局面を迎えていたことの兆しだった。

ニコライ二世の戴冠式から四日後、モスクワ郊外ホドインカ平原で、祝典に集まった群衆二〇〇〇人あまりが圧死する事故が発生した。宮内大臣ヴォロンツォフは、この事故が皇帝に対する憤懣を高めることを理解しないニコライ二世と不和になり、一八九七年に退任する。クリヴェンコは慰留され、『戴冠式集成』刊行の業績で三等官に昇進したものの、庇護者だった上官を失って間もなく省務から退いた。その後、彼は作家業を続ける一方でペテルブルク市議会のオクチャブリストの一議員となったが、一九一七年の革命を境にいずれの活動も止め、三一年に没した。史料に残る最後の肉声は、一九二八年、『現代人事典』作成のためのアンケートに対する、趣味は「一人で遠くまで散歩すること」という回答である。[83] 文才に長け、向こう気の強かった元宮内官僚は、一人で黙って歩きながら帝政の崩壊をどのように見ていたのだろう。

（1） Alain Besançon, *Le tsarévitch immolé : la symbolique de la loi dans la culture russe* (Paris : Plon, 1967)；栗生沢猛夫『ボリス・ゴドノフと偽のドミトリー――「動乱」時代のロシア』山川出版社、一九九七年、Daniel Field, *Rebels in the Name of the Tsar* (Boston: Houghton Mifflin Company, 1976)；和田春樹『農民革命の世界――エセーニンとマフノ』東京大学出版会、一九七八年、Michael Cherniavsky, *Tsar and People: Studies in Russian Myths* (New Haven, London: Yale University Press, 1961).

（2） *Зорин А.Л.* Кормя двуглавого орла... Литература и государственная идеология в России в последней трети XVIII – первой трети XIX века. М., 2001; 鳥山祐介「エカテリーナ二世の『壮麗なる騎馬競技』とペトロフの頌詩――近代ロシア国家像の視覚化に向けた一七六六年の二つの試み」『スラヴ研究』第五四号、二〇〇七年、三三一―六三頁。

（3） Richard S. Wortman, *Scenarios of Power: Myth and Ceremony in Russian Monarchy*, vol. 2 (Princeton, N.J.: Princeton University Press, 2000), pp. 19–57, 161–195.

（4） Wortman, *Scenarios of Power*, vol. 2, pp. 365–391.

（5） ツァーリ表象については、前出のウォートマン『権力のシナリオ』が包括的な研究成果であり、民間出版社の刊行物に掲載された皇帝像や、『戴冠式集成』を編集したクリヴェンコにも言及している。だがウォートマンの研究に対しては、権力者の描くシナリオがいつの時代も社会にそのまま伝わると想定している、という問題点を指摘できる。本章はメディア文化を詳しく分析することで、伝達という側面からウォートマンの研究に異論を提起する試みである。

（6）宮内省で検閲を担当する部局は一八五五年から常設となり、省内で第一部（一八五八—六七年）、第二部（一八六七—八二年）、第三部（一八八二—八八年）と配置転換を経た後、皇帝直属官房（第一部）への移管を経て、一八九七年から再び省内の第二部に設置された。ただし一八九〇年代には、内務省も皇室に関連する記事を審査した。*Григорьев С.И.* Придворная цензура и образ верховной власти 1831–1917. СПб., 2007. С. 138–139, 144, 185.

（7）РГИА. Ф. 472. Оп. 16. Д. 8. ЛЛ. 170–172.

（8）*Григорьев* Придворная цензура. С. 185.

（9）Нива. 1896. No. 15. С. 353, 361.

（10）『新潮世界美術辞典』新潮社、一九八五年、一四六七頁、若桑みどり『皇后の肖像——昭憲皇太后の表象と女性の国民化』筑摩書房、二〇〇一年、三一—三三頁。

（11）多木浩二『眼の隠喩——視線の現象学』ちくま学芸文庫、二〇〇八年（初出一九八二年）、一八七—二二〇頁。

（12）David Elliott（ed.）, *Photography in Russia, 1840–1940*（London: Thames & Hudson, 1992）, pp. 31, 33, 35–36.

（13）イギリスのヴィクトリア女王のメディアにおける表象戦略については、厚い研究蓄積がある。本章では以下の文献を参照した。John Plunkett, “Civic publicness: the creation of Queen Victoria’s royal role 1837–61,” in *Encounters in the Victorian Press: Editors, Authors, Readers*, edited by Laurel Brake and Julie F. Codell（NY: Palgrave Macmillan, 2005）, pp. 11–28; Idem, *Queen Victoria: First Media Monarch*（NY: Oxford University Press, 2005）; Virginia McKendry, “The *Illustrated London News* and the Invention of Tradition,” *Victorian Periodical Review* 27:1（Spring 1994）, pp. 1–24. イギリスの王族肖像写真とカルト・ド・ヴィジットとの関係については、次の文献を参照。Frances Dimond and Roger Taylor, *Crown and Camera: The Royal Family and Photography 1842–1910*（Harmondsworth, Middlesex : Penguin, 1987）; Audrey Linkman, *The Victorians Photographic Portraits*（London, NY: Tauris Parke Books, 1993）.

（14）Нива. 1881. No. 15. С. 346.

（15）Нива. 1898. No. 13. С. 258.

（16）アンリ・トロワイヤ（村上香住子訳）『チェーホフ伝』中央公論社、一九八七年（原著一九八四年）、三五一頁。

（17）一九世紀後半ロシアにおける写真の普及については、以下を参照。*Васильев А.* Русская мода: 150 лет в фотографиях. Изд.

4-e. M., 2008. C. 61; Catherine Evtuhov, "A. O. Karelin and provincial bourgeouis photography," in *Picturing Russia: Explorations in Visual Culture*, edited by V. A. Kivelson and J. Neuberger（New Haven, London: Yale University Press, 2008）, p. 113.

（18）Нива. 1901. No. 11. C. 217–218.

（19）Нива. 1879. No. 32. C. 633.

（20）Нива. 1894. No. 45. C. 1086–1087.

（21）それが反映された事例として、ウォートマンは一八九九年のコノヴァロヴァ社『ロシア廉価カレンダー』に掲載された一家の挿絵を挙げている。しかし、カレンダーもまた営利的な出版社の商品だったことは見落とされるべきではない。Wortman, *Scenarios of Power*, vol. 2, pp. 336–337.

（22）Нива. 1895. No. 50. C. 1207.

（23）Sally West, *I Shop in Moscow: Advertising and the Creation of Consumer Culture in Late Tsarist Russia*（DeKalb: Northern Illinois University Press, 2011）, pp. 63–77.

（24）*Григорьев* Придворная цензура. C. 172.

（25）Нива. 1881. No. 10. C. 233–236.

（26）Нива. 1881. No. 10. C. 233.

（27）和田春樹『テロルと改革』山川出版社、二〇〇五年、二三〇頁。

（28）Нива. 1881. No. 10. C. 234.

（29）Нива. 1881. No. 10. C. 234.

（30）Нива. 1888. No. 46. C. 1162.

（31）Родина. 1888. No. 50. C. 1421–1422.

（32）Русский паломник. 1888. No. 44. C. 521.

（33）Нива. 1894. No. 45. C. 1091; No. 46. C. 1122–1124; No. 48. C. 1166–1167.

（34）Nicholas V. Riasanovsky, *A Parting of Ways: Government and the Educated Public in Russia 1801–1855*（Oxford: the Clarendon Press, 1976）.

（35）William Bruce Lincoln, *Nikolai Miliutin, an Enlightened Russian Bureaucrat*（Newtonville, Mass.: Oriental Research Partners,

1977), pp. 20–36; Idem, *In the Vanguard of Reform: Russia's Enlightened Bureaucrats, 1825–1861* (DeKalb: Northern Illinois University Press, 1982), pp. 41–76; Idem, "Russia's enlightened bureaucrats and problems of state reform, 1848–1856," *Cahiers du Monde russe et soviétique* XII:4 (1971), pp. 410–421; Idem, "The circle of the Grand Duchess Yelena Pavlovna, 1847–1861," *The Slavonic and East European Review* 48 (1970), pp. 373–387; Idem, "The genesis of an enlightened bureaucracy in Russia, 1825–1855," *Jahrbücher für Geschichte Osteuropas* 20 (1972), s. 321–330.

(36) Коронационный сборник. Под ред. В.С. Кривенко. СПб., 1899.

(37) РГИА. Ф. 472. Оп. 44. Дело редакции «Коронационного сборника» (26 февраля 1896 – 1 января 1899).

(38) *Кривенко В*. Юнкерские годы. СПб., 1898; *Он же*. В Министерстве двора. Воспоминания. СПб., 2006. 近年、クリヴェンコが宮内省で果たした役割の大きさが注目され、右に述べた回想録に詳しい解説文（*Григорьев С.И.*; *Куликов С.В*. В.С. Кривенко и Министерство двора: забытый мемуарист в контексте истории забытого ведомства）が付けられた。本章は官僚と出版メディアの関係を考えるにあたり、この解説に多くの示唆を受けた。

(39) *Кривенко В*. Юнкерские годы. С. 6–7.

(40) *Кривенко В*. Юнкерские годы. С. 42.

(41) *Кривенко В*. Юнкерские годы. С. 39.

(42) *Кривенко В*. Юнкерские годы. С. 42.

(43) *Григорьев С.И.*; *Куликов С.В*. В.С. Кривенко и Министерство двора// *Кривенко В.С*. В Министерстве двора. С. 20, 23–25.

(44) Во главе Императорской Академии художеств: граф И.И. Толстой и его корреспонденты, 1889–1898. Отв. ред. Р.Ш. Ганелин. М., 2009. С.11.

(45) РГИА. Ф. 892. Оп. 3. Д. 105. ЛЛ. 1–42.

(46) Во главе Императорской Академии художеств. С. 13–33.

(47) Во главе Императорской Академии художеств. С. 32.

(48) *Кривенко* В Министерстве двора. С. 165.

(49) РГИА. Ф. 472. Оп. 44. Д. 2. Л. 30.

(50) *Кривенко В.С*. Народное образование. СПб., 1882. 同書は一八九六年に再刊されている。

(51) Сборник кратких сведений о правительственных учреждениях. По поручению Министерства императорского двора и уделов. Сост. В. Кривенко. СПб., 1888.

(52) Путешествие его императорского высочества наследника цесаревича на Восток, от Гатчины до Бомбея. СПб., 1891.

(53) РНБ ОР. Арх. С.Н. Шубинского. Оп. 1. N. 46. Л. 76 об.

(54) *Кривенко В.С*. Поездка на юг России в 1888 году. СПб., 1891; *Он же*. Очерки Кавказа. СПб., 1893.

(55) *Кривенко В.С*. По дороге в Дагестан. СПб., 1895; *Он же*. В дороге и на месте. СПб., 1899; *Он же*. На окраинах. 1902.

(56) *Григорьев С.И*.; *Куликов С.В*. В.С. Кривенко и Министерство двора. С.33–34.

(57) *Кривенко В.С*. Женщины – врачи. СПб., 1889; *Он же*. Общие и военные школы. СПб., 1899; *Он же*. Учебное дело. СПб., 1901.

(58) Дневник Алексея Суворина. М., 1999. С. 96, 98, 217, 265, 272– 273, 286, 369; *Григорьев С.И*.; *Куликов С.В*. В.С. Кривенко и Министерство двора. С.30–31.

(59) *Кривенко* В Министерстве двора. С. 165.

(60) Arthur M. Hocart, *Kingship* (London: Oxford University Press, 1927), pp. 70–98.

(61) Cherniavsky, *Tsar and People*, pp. 82–83.

(62) Wortman, *Scenarios of Power*, vol. 1, p. 15.

(63) Wortman, *Scenarios of Power*, vol. 1, pp. 42–78.

(64) この装飾意匠は、「ネオ＝ロシア様式」「偽ロシア様式」「ロシア＝ビザンツ様式」とも呼ばれるが、本書では「ロシア様式」という名称で統一する。ロシア様式の創造については、以下の文献を参照。Cynthia H. Whittaker, *Visualizing Russia: Fedor Solntsev and Crafting a National Past* (Leiden, Boston: Brill, 2010), pp. 1–60.

(65) 命令を受けた美術アカデミーの総裁アレクセイ・オレーニンとその部下フョードル・ソールンツェフは、キエフをはじめとする帝国内各地で歴史的遺物を調査し、それらの意匠を組み合わせてロマン主義的な新たな装飾様式を作り出すと、全六巻のアルバム『ロシア国家の古物』にまとめた。このアルバムは一九世紀後半以降、ロシア様式の重要な参照源となる。Древности российского государства. Отделение 1–6. М., 1849–1853.

(66) Во главе Императорской Академии художеств. С. 58.

（67）РГИА. Ф. 472. Оп. 44. Д. 5. Л. 2.

（68）Во главе Императорской Академии художеств. С. 59.

（69）妻エレーナ・スドコフスカヤも『戴冠式集成』の挿画作成に関与した。РГИА. Ф. 472. Оп. 44. Д. 5. Л. 59.

（70）『カフカス見聞記』（Очерки Кавказа. 1893）と『戴冠式集成』に続き、サモキシュはクリヴェンコの『黒海旅行記』（На окраинах. 1902）の挿画も担当した。また、サモキシュは、日露戦争に『ニーヴァ』の特派員として従軍し、その際のスケッチを回想と共に出版している。*Самокиш Н.С*. Война. 1904–1905. Из дневника художника. [1908]. サモキシュについては次の文献を参照。*Лапидус Н*. Николай Самокиш. М., 2006. С. 7, 19, 20, 22, 24; *Пикулев И*. Николай Семенович Самокиш 1860–1944. М., 1955.

（71）*Лапидус Н*. Николай Самокиш. М., 2006. С. 20. 後にサモキシュは、ロシア様式の研究成果として、妻スドコフスカヤと共著で『ウクライナの装飾』（プラハ、一九一二年）を出版している。

（72）РГИА. Ф. 472. Оп. 44. Д. 5. ЛЛ. 41, 54–54 об., 79–79 об.『戴冠式アルバム』には、後述のイヴァン・ペトロフ＝ロペトによる「即位の宣言」や、ヴィクトル・ヴァスネツォーフらによる晩餐会メニュー表など、ロシア様式で装飾された諸文書も収録されている。Wortman, *Scenarios of Power*, vol. 2, p. 346.

（73）第一巻は刊行時、『ロシア戴冠式の歴史的概観』という別タイトルを付けられた。

（74）РГИА. Ф. 472. Оп. 44. Д. 38. Л.49.

（75）*Кривенко* В Министерстве двора. С. 241–243; *Григорьев* Придворная цензура. С. 149–150.

（76）*Кривенко* В Министерстве двора. С. 194.

（77）РГИА Ф. 472. Оп. 44. Д. 128–Д. 212; *Кривенко* В Министерстве двора. С. 245.

（78）*Григорьев С.И*. Придворная цензура. С. 205–214.

（79）一九一三年、ロマノフ朝三〇〇周年を記念した『ニーヴァ』一九一三年第三五号にも、サモキシュの妻スドコフスカヤがロシア様式で装飾したニコライ二世一家の肖像が掲載されている。Нива. 1913. No. 35. С. 681, 684, 685, 688, 690, 691.

（80）*Русское Товарищество печати и издательского дела*. Альбом коронации Императорских Величеств. М., [1896]. С. 3.

（81）聖堂内に特派員の参列を許可された出版社数は、アレクサンドル三世の戴冠式では一二社だったのに対して、このときは二〇社に増えた。Wortman, *Scenarios of Power*, vol. 2, p. 348.

（82）ただしウォートマンは、宮内省『戴冠式アルバム』にニコライ二世夫妻と祖母、両親の肖像を名刺判写真風に載せて家族のルーツを示したページがあることから、このアルバムも人間としてのツァーリ像を強調する性格があったと見做している。Wortman, *Scenarios of Power*, vol. 2, pp. 346–347.

（83）РНБ ОР. Ф. 103. Ед. хр. 83. Л. 2; *Кривенко* В Министерстве двора. С. 244–245, 248; *Григорьев С.И.*; *Куликов С.В.* В.С. Кривенко и Министерство двора. С. 31–32, 35–38.

結論　帝政末期の読書の社会史

こんにち、あなたの信頼できるようなまじめな勤労者は、インテリゲンチヤと百姓、つまりこの両極端のなかにしか見つけることはできない、ということですよ。あなたは、いわば、誠実無比の医者だとか、最優秀の教育者だとか、実直無比の農夫や鍛冶屋だとかは見つけられても、中間の連中は……まったく頼りにならぬ分子なんですよ。

〔チェーホフ『不愉快』一八八八年
松下裕訳『チェーホフ全集（三）』筑摩書房〕

絵入り雑誌と文化の変容

本書は近代ロシアの読書の社会史をたどってきた。この分野の先駆けであるフランス史研究においては、ロジェ・シャルチエやロバート・ダーントンらが、大革命直前の様相について優れた論考を著している(1)。彼らは粗悪な海賊版である青本やポルノまがいのベストセラー哲学書といった、必ずしも真面目ではない書物をとりあげて、フランス社会で実際には何が、誰に、どのように読まれていたかという「読書の実践」に焦点をあてた。その背景には、革命へと向かった集合的な心性を、マルクス主義的な「民衆」という固定された範疇からではなく、現実に社会の構成者であったさまざまな主体の慣行から明らかにしようという視座があった(2)。ロシア史においても、知的ではなくとも全国で読まれたメディアをとりあげ、それを媒介として成立した読者、発行者、著作者の実態を明らかにすることで、革命へと向かった時代の社会について考えられるはずである。一九世紀後半の読書の実践はロシアにどのような新しい文化を生み出し、それは旧来の文化にいかに影響を与えたのだろうか。

一八七〇年代以降のロシアで本格的に普及した絵入り雑誌は、そうした問いに取り組むにあたって、「見失われるべきではない出版メディアだった。その発行者はポーランドやドイツ出身で、パリ、ライプツィヒなど、西欧の書籍事業の中心地で経験を積んだ人々である。商機を求める彼らは、「大改革」が産業振興を意図したことと、ロシア帝国に西欧から企業家が流入するルートがあったことから帝都ペテルブルクに移住し、英仏独で普及していた絵入り雑誌を刊行した。彼らの営利主義的な出版ビジネスを模倣するロシア人企業家たちも現れ、世紀末までに誌数はさらに増えた。

このメディアの登場は、読書する人々の中心が、官吏、聖職者から、商人、医師、教師、弁護士といった都市住民に移り、さらに町人、労働者ら、中下層民に拡大する過程と同調していた。図書館の司書たちは彼らを、休息と娯楽を求めるためだけに「軽い読書」をする、知的に未成熟な人々だと批判した。世紀転換期は西欧各国で都市大衆が登場し、社会の知的水準の低下と知識人の影響力の弱まりが嘆かれた時代だった(3)。ロシアでも軌を一にして、同様の事態が生じていたと言えよう。

しかし、彼らが出版社から消費者として遇される、能動的な読者大衆だったことは見落とされるべきではない。絵入り雑誌は彼らに、近代化する社会で有用な知識や「上品な」振舞いを指南して、新しい文化的規範を提供した。近代ロシアにおいて、西欧と同様にミドルクラスが公共圏を形成し、市民社会が成立したかについては、長らく議論が続いてきた。だが、西欧的なリベラリズムがどの程度定着したかという判断基準から離れるならば、ロシア都市に、固有の消費志向の文化を持つ大衆が現れたのはたしかだった。新しいメディアと読者大衆は、ナロードと知識人の読み物とのあいだにもうひとつの文化の領域を作り出したのである。一八八〇年代から世紀末にかけて、すなわち政治的には「反改革」と呼ばれ、文学史ではチェーホフに代表されるこの時代は、保守反動で、思想を欠き、停滞したと言われてきた。しかしまさにこの時期に、ロシアの日常を形づくる文化は着実に変容しつつあった。

それまでのロシアには、マルク・ラエフが三つの勢力として定式化した「専制」「インテリゲンツィヤ」「民衆《ナロード》」が、自らの権力、権威、あるいは伝統に立脚して、各々に固有の文化の領域を構築していた。これらは研究上の術語をあてはめるならば、それぞれ政治文化、高級文化《ハイカルチャー》、民衆文化と呼ばれる価値規範の体系にあたるだろう。では、新しいメディアとこの三つの勢力とのあいだにはいかなる関係が形づくられ、その結果、既存の文化はどのように変化したのか。

第一に、大衆向けメディアが現れたことによって、インテリゲンツィヤの「文芸の共和国」は解体した。スターソフのキャリアに見たように、「厚い雑誌」で文筆活動を展開してきた教養人たちは、新聞や絵入り雑誌において営利主義に晒された。もはや彼らは、ハイカルチャーの枠組みの中にとどまることはできなかった。ただし、スターソフが絵入り雑誌に評論を書くことを受け入れたように、紋切り型の分かりやすさを求める読者群に適応した文筆家も多かった。大衆もまた、チェーホフの葬儀にファンが群がったことが示すように、文人をスターと見做して憧憬した。出版メディアは、インテリゲンツィヤが大衆と接する新しい回路となりつつあった。

第二に、ナロードは読者大衆の一部分をなした。また、ソイキンのように、ナロード出身の出版人も現れた。その刊行物は、農村で共有された伝統的な価値観や信仰を尊重すると同時に、都市の実利的、娯楽的情報を提供した。すなわち、ナロードは知識人によって受動的に啓蒙されたばかりではなく、出版メディアの発信と受信の主体となったのである。これは、社会主義体制の建国神話の語りに必ずしも適合しないために見落とされてきた側面だったのではないか。知識人たちは、トルストイが農民のために準備した良書が売れなくなったことを、ナロードの堕落として嘆いた。だが、ナロードは都市のメディアを自ら選んで読み、一定程度、自らの文化を保持しつづけた。

第三に、大衆向けメディアによって、専制はその表象を管理できなくなった。ロシアにおいて、ツァーリは無制限専制権力を有し、全能の君主というイメージが国家統合に重要な意義を持った。それゆえ、ピョートル一世以来の歴代皇帝は戴冠式をはじめとする国家儀礼が挙行されると、公認のツァーリ表象を周知させるために公式アルバムを刊行した。だが、ニコライ二世が即位した頃には多数の民間出版社と読者大衆が現れ、絵入り雑誌は、西欧の刊行物に由来する様式にしたがって、自らツァーリの肖像を編集した。新しいメディアは決して専制に反抗したわけではなく、ツァーリの権威を軽視したのでもない。しかし、もはや公式出版物が、皇帝自身の望むイメージを独占的に伝達することは不可能だった。こうして、ツァーリの表象を正統性の表現に用いる専制の政治文化は、揺らぐに至ったのである。

以上のように、一八七〇年代以降のロシアには新しいメディア文化が生まれ、それが既存の文化に変容をもたらした。一九世紀半ば以降、ロシアでは、農奴制廃止や教育改革をはじめとする「大改革」の施策によって、身分制《サスローヴィエ》に依拠する社会構造に変化が生じた。そうした近代化改革に対する各層の不満と、皇帝暗殺という未曽有の危機から、一八八〇年代以降、国家は「反改革」とも呼ばれる路線を選んだが、変化は不可逆的だった。出版メディアの歴史をたどるならば、そうした通史の背景において、「誰が読み、書くことができる主体なのか」という、情報に対する権力の所在が遷移したこと、そしてそれが、既存の社会関係の解体と文化の変容を惹き起こしていたことを指摘できるのである。

帝政末期の出版メディア

では、読者大衆の形成と社会関係の変化は、一九〇五年革命から第一次世界大戦、一九一七年の革命に至る帝政末期の歴史的展開にどのように関わったのか。

読者大衆は、一九〇五年革命によって政治に触れることになった。ニコライ二世は血の日曜日事件、要人の暗殺、戦艦ポチョムキンの反乱、ゼネラル・ストライキなどの情勢不安に直面し、日露戦争に敗北したことで、国会の開設を約束し、一〇月詔書で言論、結社、信教の自由を宣言した。そして一九〇五年一一月—〇六年四月の勅令にもとづく新たな出版に関する暫定規則によって検閲は廃止され、西欧諸国と同様に、司法処分に依拠する出版制度が成立した。

この新しい出版制度のもとでは、新聞が相次いで創刊されてメディアの中心となり、一九一三年には八五六紙を数えるに至った(4)。絵入り雑誌も誌数を増やし、また、一九世紀半ばの『イスクラ』廃刊以降、『目覚まし時計』と『サティリコン』以外に目立ったものがなかった諷刺雑誌も多数創刊された。これらの誌上を、検閲廃止によって可能になったふたつの主題、政治とセックスに関わる記事が席捲した。九歳以上のロシア語使用者の識字率は一八九七年に三〇・一%だったのが一九一七年には四二・八%に、同じ期間に、総人口に占める都市人口比率は一四・七%から二一・三%へと上昇する中(5)、そうした記事を通して、読者大衆が政治に関わる情報に接することになったのである(6)。

一九〇六年の国会の開設によって政治の場に出たインテリゲンツィヤは、出版メディアを通じて人々との接触を試みた。リベラル勢力を代表する、カデットの党首パーヴェル・ミリュコーフは、「中間の分子」が政治的定見を身につけて自党の支持者となることを望み、機関紙『レーチ』で議会の意義、自由の対価としての責任、法の尊重など、市民としての徳目を説いた。(7) 左翼勢力は、一〇月詔書によって合法の革命的新聞を刊行できるようになり、たとえばボリシェヴィキは首都で新聞『ノーヴァヤ・ジーズニ』を刊行した他、地方新聞も多数発行した。これらの新聞はレーニンらの論文を載せ、革命思想やスローガンを都市労働者や農民に浸透させようとした。(8)

ただし、大衆向けメディアには右寄りの傾向が相当程度に強かった。検閲体制下で合法とされてきた出版メディアはもともと保守主義的な傾向を持ち、右翼的な言辞すら載せていたからだ。たとえば、『ニーヴァ』をはじめとする絵入り雑誌は、露土戦争から日露戦争を経て第一次世界大戦に至るまで、戦況報道に多くの紙面を割いた。従軍した記者や画家による戦場のレポートと挿画は、読者大衆のあいだに愛国主義が育つための材料になった。(9) また、スヴォーリンは反ユダヤ主義で知られた。(10) 彼の新聞『新時代』は、労働者が搾取されるのは非ロシア人が経営者になったためだ、と説明するなどして、しばしば外国資本への反感や排外的な民族感情を煽った。(11) さらに、ポポヴィツキーの絵入り雑誌『ロシアの巡礼者』のように、大衆に信仰と道徳心を奨励する正教系の刊行物が増えた。ロシアの伝統を重んじ、皇帝を崇敬する正教会関係者の中には、保守主義的な領主層と共にロシア王政党、ロシア人民同盟のような右翼団体を結成する者もいた。彼らは一九〇五年革命以降、「真のロシア人」たる正教徒から広範に支持を得ようと、出版物も用いながら社会に働きかけた。(12) 読者大衆は、多様な政治的情報に接していたと言える。

しかし、保守系メディアが専制を支えたわけではなかった。皇帝ニコライ二世は、正教が尊重された「聖なるロシア」の時代への回帰を主張し、ツァーリと農民との精神的紐帯を再現することを目指した。こうした専制原理主義とでも呼ぶべき姿勢は、右翼の言説とは相性がよかったはずだ。実際、ニコライ二世は極右団体と接触している。(13) だが、右翼にとって、議会とは皇帝の無制限専制権力に制限を課す制度であり、一九〇五年革命によってニコライ二世が国会の開設を決めたことは、伝統を破壊する許しがたい譲歩だった。彼らは強いツァーリによる専制の復活を夢想し、ニコライ二世を批判した。[14] それゆえ、大衆向けメディアが保守主義的傾向を有していても、それが必ずしも専制の支持基盤となる状況ではなかった。

一九一四年に第一次世界大戦が始まると、愛国主義が高揚する一方で、戦況の悪化につれて皇帝一家への反感が強まった。敵国ドイツ出身である皇后アレクサンドラは、内通を疑われ、特に標的となった。やがて一九一七年には、皇太子の病に悩む皇后アレクサンドラと、その治療によって彼女に接近した「怪僧」ラスプーチン、妻を「寝盗られた」皇帝ニコライ二世のポルノ作品が刊行されるに至る。[15] 前世紀末からその権威が揺らぎつつあったツァーリの表象は、徹底的に解体されたのである。そして二月革命によって帝政は終焉した。出版メディアと読者大衆は、また新たな局面に置かれることになる。最後にその様相と、今後論じられるべき課題を述べよう。

ボリシェヴィキ政権と絵入り雑誌

二月革命後のロシアには、二重権力状態が生まれた。一方では、官僚と将校の支持を得て改革志向のエリートたちが臨時政府の中核となり、他方、労働者、農民、兵士たちは社会主義者とソヴィエトに参集した。権力が二つの極に分かれたのは、ロシア社会に、上層と下層を分かつ太い線が存在したことの反映だったとされる。[16] しかし、出版メディアの広がりと読者大衆の存在から考えるならば、ロシア社会には、必ずしも上下に分断されずに共有された価値規範の体系もまた存在したと想定できよう。しばしばブルジョワ文化として括られてきたそれの趨勢は、今後、文化史の領域からより精査されるべきである。

ボリシェヴィキは、出版メディアの役割を重視した。一〇月革命によって政権を掌握した二日後には「出版に関する布告」を、一一月八日には「広告国有化の布告」を出し、出版メディアの統制、再編を開始する。二月革命直後は依然として、タブロイド紙や大新聞が出版界の主流を占めており、社会主義系新聞は総流通量の四分の一以下にとどまっていた。だが、ボリシェヴィキは順次、ブルジョワ出版と見做した出版社を閉鎖し、その資産を国有化していった。たとえば、スヴォーリン社の社屋は『プラヴダ』編集部に転用され、その販売網は、一九一八年に設置された書籍取次機関ツェントロペチャーチに引き継がれた。印刷工にはメンシェヴィキの支持者が少なくなかったが、一九二〇年末には彼らの闘争が終焉を迎え、民間印刷所もなくなった。統轄はコンテンツにも及んだ。一九一八年には著作権を国有化する原則が示され、教育人民委員部がプーシキン、ゴーゴリ、ドストエフスキー、チェーホフらの作品を独占的に刊行した。そして一九一九年には国内の全出版所を統括する国家出版局《ゴスイズダート》が、二二年には検閲機関にあたる文書・出版問題総局《グラヴリト》が設置された[17]。

こうして、近代ロシアに新たな文化をもたらし、秩序を変容させた大衆向けメディアは、当局の管理下に置かれた。既に一九一八年後半には、ヴォリフ社、マルクス社、ゴッペ社、スヴォーリン社など、主だった民間出版社の創業家一族はほとんどが亡命した。それとともに、絵入り雑誌はロシアから姿を消したのだった。

ただし間もなく、このメディアは復活する。一九二三年、『赤いニーヴァ』という絵入り雑誌が創刊されたからだ。革命前の最大誌の名前に革命のシンボル・カラー「赤」を付したこの雑誌は、教育人民委員アナトーリー・ルナチャルスキーらの編集によるもので、九万部前後の規模で一九三一年まで発行された。一九二〇年代にはこの他にも、『アガニョーク』『世界一周』など、帝政期のものと同タイトルの絵入り雑誌が発行され、体裁を変えつつ現在まで刊行が続いている。こうした社会主義体制下の絵入り雑誌と読者大衆については、また別の考察を必要とするだろう。

以上、本書は五章にわたって、近代ロシアの読書の社会史をたどってきた。そこでは、読書する新たな主体が現れ、その価値体系が文化的規範を変容させ、既存の秩序を揺るがした。その様相は、王権に抗して市民がデモクラシーを達成した、西欧の政治的公共圏と同じではない。また、革命家や民衆の闘争史から、あるいは帝国論や国制史といった統治の領域から語られるロシアの歴史的イメージとも必ずしも重ならない。だが、この国には支配と被支配の枠組みに回収されない、優れて豊穣な文化がある。その多彩な事象を切り口として社会の秩序に分け入り、歴史と現在を再解釈する大きな余地が、ロシアには今なお残されているのである。

（1）ロジェ・シャルチエ（松浦義弘訳）『フランス革命の文化的起源』岩波書店、一九九九年（原著一九九〇年）、ロバート・ダーントン（関根素子、二宮宏之訳）『革命前夜の地下出版』岩波書店、二〇〇〇年（原著一九八二年）、同（近藤朱蔵訳）『禁じられたベストセラー――革命前のフランス人は何を読んでいたか』新曜社、二〇〇五年（原著一九九五年）。

（2）フランソワ・フュレ（大津真作訳）『フランス革命を考える』岩波書店、一九八九年（原著一九七八年）、リン・ハント（松浦義弘訳）『フランス革命の政治文化』平凡社、一九八九年（原著一九八四年）。

（3）同時期のフランス、ドイツ、イギリスの知識人の位置づけについては、次の文献を参照。クリストフ・シャルル（白鳥義彦訳）『「知識人」の誕生――一八八〇―一九〇〇』藤原書店、二〇〇六年（原著一九九〇年）、ヴォルフガング・シヴェルブシュ（初見基訳）『知識人の黄昏』法政大学出版局、一九九〇年（原著一九八三年）、ジョン・ケアリ（東郷秀光訳）『知識人と大衆――文人インテリゲンチャにおける高慢と偏見一八八〇―一九三九』大月書店、二〇〇〇年（原著一九九二年）。

（4）ベー・イー・エーシン（阿部幸男、阿部玄治訳）『ロシア新聞史』未来社、一九七四年、一二一―一二二頁。

（5）Книга в России 1895–1917. СПб., 2008. С. 635.

（6）この時期、帝国内の非ロシア系住民の出版活動もまた本格化し、政治的言論が現れる。ヴォルガ・ウラル地域のムスリム社会で固有の公共圏が成立したことを指摘した次の文献からは、多民族・多宗派の共同体からなる帝国の「社会」の全体像についても、有益な示唆が得られるだろう。長縄宣博『イスラームのロシア――帝国・宗教・公共圏　一九〇五―一九一七』名古屋大学出版会、二〇一七年。

（7）Melissa Kirschke Stockdale, *Paul Miliukov and the Quest for a Liberal Russia, 1880–1918* (Ithaca and London: Cornel University Press, 1996), pp. 133–134, 168–169.

（8）エーシン『ロシア新聞史』、一四一―一四三頁。

（9）ただし、戦争報道がロシア・ナショナリズムの形成を促し、国民統合に貢献したと見做すのは、ベネディクト・アンダーソンの「想像の共同体」論のいささか単純な適用だと考えられる。ロシア帝国では、非ロシア系住民もまた、リンガ・フランカたるロシア語メディアの受容者だったからだ。エリック・ロアーと松里公孝は、長期的に成熟するナショナリズムと戦時に短期的に高揚する一体感とを区別して、後者を「戦時ナショナリズム」と呼ぶ。ここでは、その心性に類するものとして「愛国主義」の語を用いた。Eric Lohr, "War nationalism," in Eric Lohr et al. eds., *The Empire and Nationalism at War*（Bloomington, IN: 2014）, pp. 91–107; 松里公孝「総力戦社会再訪――第一次世界大戦とロシア帝政の崩壊」『ロシア革命とソ連の世紀（1）』岩波書店、二〇一七年、一〇二頁。第一次世界大戦中のロシアの愛国主義については、Melissa Kirschke Stockdale, *Mobilizing the Russian Nation: Patriotism and Citizenship in the First World War*（Cambridge: Cambridge University Press, 2016）.

（10）当時刊行されたパンフレットは、スヴォーリンと『新時代』がユダヤ人問題について偏向していると強く批判する。*Штенберг А.Я.* А.С. Суворин и евреи. Киев, 1897.

（11）エーシン『ロシア新聞史』、一一七頁、George Gilbert, *The Radical Right in Late Imperial Russia: Dreams of a True Fatherland?*（London, NY: Routledge, 2016）, pp. 26–27.

（12）Gilbert, *The Radical Right in Late Imperial Russia*, pp. 57–68; Donald C. Rawson, *Russian Rightists and the Revolution of 1905*（Cambridge, NY: Cambridge University Press, 1995）, pp. 64, 92–95; 根村亮「ロシア第一革命と右翼」『ロシア史研究』七八、二〇〇六年、二六、二九頁。

（13）Gilbert, *The Radical Right in Late Imperial Russia*, p. 117.

（14）Gilbert, *The Radical Right in Late Imperial Russia*, p. 52; 根村「ロシア第一革命と右翼」、二五―二六頁。

（15）Orlando Figes and Boris Kolonitskii, *Interpreting the Russian Revolution: the Language and Symbols of 1917*（New Haven and London: Yale University Press, 1999）, pp. 9–29; *Колоницкий Б.* "Трагическая эротика": Образ императорской семьи в годы Первой мировой войны. М., 2010. С. 352–374.

（16）池田嘉郎『ロシア革命――破局の八か月』岩波新書、二〇一七年、一七頁。

（17）James von Geldern and Richard Stites, *Mass Culture in Soviet Russia*（Bloomington and Indianapolis: Indiana University Press, 1995）, p. xi; Peter Kenez, *The Birth of the Propaganda State: Soviet Method of Mass Mobilization, 1917–1929*（Cambridge: Cambridge University Press, 1985）, pp. 29–49, 96–104; *Динерштейн Е.А.* Начало советского книгоиздания // Российское книгоиздание（конец XVIII – XX в.）. М., 2004. С. 267–274.

あとがき

本書は、二〇一二年度に東京大学大学院人文社会系研究科に提出した博士論文「近代ロシア絵入り雑誌の研究—一九世紀後半における都市中間層の文化的側面の分析」を、大幅に加筆修正したものである。また、その前後に発表した左記の論文も、各章の内容に反映されている。

第一章　「「大改革」期ロシアにおける商業的定期刊行物と新興読者集団」『ロシア史研究』七四、二〇〇四年、一一一—一二六頁。「近代サンクトペテルブルクの出版人たち—一八六〇年代と一八七〇年代の比較を通して」『れにくさ』二、二〇一〇年、一九三—二〇六頁。

第二章　「ロシア帝国の公共図書館——「大改革」後ロシア社会における読者層拡大の検証」『スラヴ研究』五五、二〇〇八年、二四九—二七二頁。

第三章　"Russian Critics and *Obshchestvennost'*, 1840–1890: The Case of Vladimir Stasov," in Matsui Yasuhiro (ed.), *Obshchestvennost' and Civic Agency in Late Imperial and Soviet Russia: Interface between State and Society*, Palgrave Macmillan, 2015, pp. 16–33.

第四章　「近代ロシア都市のメディアと科学—サンクトペテルブルクの事例から」『ロシア史研究』八六、二〇一〇年、一四—三〇頁。「帝政期ロシアの定期刊行物と科学、宗教、革命—ソイキン出版社の事例から」中嶋毅編『新史料で読むロシア史』山川出版社、二〇一三年、五三—七一頁。

第五章　「近代ロシア社会とツァーリ表象――絵入り雑誌「王室記事」の分析を中心に」『史学雑誌』一一八（九）、二〇〇九年、一―三二頁。「帝政末期ロシアの官僚と出版」池田嘉郎、草野佳矢子編『国制史は躍動する――ヨーロッパとロシアの対話』刀水書房、二〇一五年、一八八―二〇八頁。

刊行に際しては、日本学術振興会平成三〇年度科学研究費補助金（研究成果公開促進費）の交付を受けた。編集、出版の労は東京大学出版会の山本徹さんが引き受けてくださった。なお、翻訳作品より引用した各章のエピグラフには、雑誌の呼称を本書での表記に合わせて改変した箇所がある。

文学、音楽、美術、バレエやオペラ、演劇と、ロシアの芸術の水準は傑出している。とりわけ一九世紀後半から二〇世紀初頭は、頂点へと向かった時代だと言えるだろう。だが他方で、それは労働者と農民が社会の歪みにあえぎ、革命家たちが皇帝の圧政に対して立ち上がった時代だったという。この懸隔についてしばしば、暗い世相のもとロシアの人々は苦悩したがゆえに、美しいものを生み出したのだ、という説明を耳にした。しかし、優れた文化は苦しみからしか生まれないのだろうか。そもそも、当時のロシア人は皆そんなに真面目だったのか。

学生時代に抱いた素朴な疑問が、大学院に入って自身で研究に取り組みはじめた頃、必ずしも帝政下の政治的検閲には取り締まられない、「くだらない」絵入り雑誌へと目を向けさせた。はじめは日本国内に所蔵されているマイクロフィッシュで読み、後にロシアで現物を参照するようになったそれらの雑誌の誌面には、遊ぶロシアの人々の姿があった。文筆家たちは、けばけばしいほど俗悪な出版界を立ち回る流行作家だったことも知った。やがて、読者というオーディエンスの反応を分析するメディア研究や、テキスト外状況を歴史的側面から考察する文学研究の諸理論に出会った。そして、日常の価値観の体系がいかに歴史の展開にインパクトを与えたかを考えるための、文化史という理論的枠組みが歴史学の一分野をなしていることも学んだ。

この本は、そうした過程を経て書かれた。とはいえ、筆者の能力の低さゆえにその道はいたずらに長く、ようやく書いた博士論文は反省ばかりのものとなり、修正にまた長い時間を要した。この道のりを支えてくれた、周囲の助けに感謝している。ごく一部にとどまるが、ここに何名かのお名前を挙げたい。

東京大学文学部西洋史学研究室では、本当に優秀な方たちと院生時代を過ごし、鍛えられた。中でも近代ロシア史の青島陽子さんは、基礎的な参照文献を手ほどきしてくださったことから始まり、今も忌憚なく議論を闘わせることができる、得がたい関係の先輩である。博士論文の作成にあたっては、審査者の和田春樹先生、沼野充義先生、姫岡とし子先生、長谷川まゆ帆先生から、厳しくも有益な数々のご助言をいただいた。東北大学東北アジア研究センターの寺山恭輔先生は、先行きの見えないポストドクターの時期に、研究員として勉強に打ち込める恵まれた環境を与えてくださった。そして現在の勤務先である東京外国語大学ロシア語専攻では、風通しがよく温かい雰囲気の中、沼野恭子先生、鈴木義一先生、匹田剛先生、前田和泉先生と共に仕事をさせていただいている。

二つの研究プロジェクトに参加できたことも、研究の進捗に不可欠だった。橋本伸也先生の「ロシア帝国支配地域における民族知識人形成と大学網の発展に関する研究」（科研費・基盤研究B、二〇〇九―一一年度）では、ロシア・中東欧の近代における知識社会史について第一線の議論に触れ、知見を深めることができた。松井康浩先生の「近現代ロシアにおける公衆／公論概念の系譜と市民の「主体性（agency）」」（科研費・基盤研究B、二〇一一―一三年度）では、帝政期からソ連期を通じての、ロシアの公共圏の歴史的特性について多くを学んだ。いずれのプロジェクトにも、筆者の力不足によって充分に貢献できたとは言いがたいが、そこでの経験は、本書を完成させるために欠くことのできない背骨となった。

また、ロシア史研究の先生方からも多くの教えを受けた。鈴木健夫先生は近代ヨーロッパ史の大局的な観点や社会経済史の実証的な研究論文を、いつも温かい励ましとともにご教示くださった。根村亮先生の先駆的なロシア文化史の諸論考には大いに刺激を受けるとともに、私の論文への鋭い批判に目を開かされることが何度もあった。高橋一彦先生には、近代ロシアの読書の社会史という未開拓の課題に取り組むことを早くから評価していただいたと同時に、息をするように勉強される姿勢から多くを教わっている。

半ば私事にわたるところでは、夫でオスマン史研究者の藤波伸嘉に、ともに大学院生だった頃から研究上の教示や助言を無数に受けてきた。私が勉強を続け、多少なりとも向上する基盤をそばで築いてくれたように思う。そして今はユーモアに富み、よく笑う小さな娘と一緒に、日々の生活に秩序と活力を与えてくれている。

最後に、指導教授の石井規衛先生に。博士課程に進学した頃、先生に「きみは原石である」と言われたことがある。一瞬、そんなに期待してくださっているのか、と感激しかけたが、「その心は」と続きがあって、「磨いたら光るかもしれない、磨いても石かもしれない、磨いている途中に割れるかもしれない」――要するに、海のものとも山のものともつかない、という意味であった。今、とりあえず割れずにここまで来られたのは、真に厳しかったご指導のおかげだと思っている。深く感謝して、本書を締めくくることにしたい。

二〇一九年一月

巽　由樹子

著者略歴
1978年　神奈川県鎌倉市に生まれる
2001年　東京大学文学部卒業
2009年　東京大学大学院人文社会系研究科博士課程単位取得満期退学
　日本学術振興会特別研究員，東北大学東北アジア研究センター教育研究支援者を経て
現　在　東京外国語大学大学院総合国際学研究院講師．博士（文学）

主要業績
「ロシア革命と文化史研究」（『西洋史研究』新輯47，2018年）
「19世紀後半サンクト・ペテルブルグにおけるポーランド人の出版活動」（橋本伸也編『ロシア帝国の民族知識人——大学・学知・ネットワーク』昭和堂，2014年）
ルイーズ・マクレイノルズ『〈遊ぶ〉ロシア——帝政末期の余暇と商業文化』（共訳，法政大学出版局，2014年）

ツァーリと大衆
——近代ロシアの読書の社会史

2019年1月31日　初　版

［検印廃止］

著　者　巽《たつみ》由樹子《ゆきこ》

発行所　一般財団法人　東京大学出版会
代表者　吉見俊哉
153-0041 東京都目黒区駒場4-5-29
http://www.utp.or.jp/
電話 03-6407-1069　Fax 03-6407-1991
振替 00160-6-59964

印刷所　研究社印刷株式会社
製本所　誠製本株式会社

ISBN 978-4-13-026161-6　Printed in Japan

索　引

あ　行

か　行

さ　行

た　行

な　行

は 行

ま　行

や　行

ら　行

わ　行

史料と参考文献

[史料]

・定期刊行物

〈絵入り雑誌〉

Волна.

Всемирная иллюстрация.

Газета Гатцука.

Живописное обозрение.

Нива.

Огонек.

Природа и люди.

Родина.

Русский паломник.

Стрекоза.

〈「厚い雑誌」，書誌雑誌，教育雑誌，新聞ほか〉

Биржевые ведомости.

Книжник.

Книжный вестник.

Мир Искусства.

Научное обозрение.

Неделя.

Российская библиография.

Русская школа.

Русский мир.

Современник.

Солнце России.

Сын отечества.

Церковно-общественный вестник.

・文書館史料

РГИА (Российский государственный исторический архив).

Ф. 472 / Ф. 733 / Ф. 776 / Ф. 802.

РНБ ОР (Российская национальная библиотека, Отдел рукописей).

Ф. 103 / Ф. 115 / Ф. 708 / Ф. 861 / Арх. С.Н. Шубинского.

・公刊物（リプリントを含む）

1853–1878: К двадцатипятилетию издательской деятельности Маврикия Осиповича Вольфа.

СПб., 1878.
40-летний юбилей издательской деятельности П.П.Сойкина. Л., 1926.
XIX век: иллюстрированный обзор минувшего столетия. СПб., 1901.
Альбом «Нивы»: главная премия «Нивы» на 1891–1893 гг. СПб., 1891–1893.
Библиотеки (общественные и народные) и книжная торговля: Систематический свод законов, распоряжений, правил, инструкций, уставов, справочных сведений и пр. СПб., 1905.
В.В. Стасов, избранные сочинения: в трех томах. Сост. П.Т. Щипунов; комментарии М.П. Блиновой, А.Н. Дмитриева, П.Т. Щипунова. М., 1952.
Всеобщий календарь на 1870 г. СПб., 1869.
Геннади Г.Н. Указатель библиотек в России. СПб., 1864.
Двадцатипятилетие Сибирского книжного магазина П.И. Макушина в Томске (19 февраля 1873–1898 г.) Томск, 1898.
Двадцатипятилетие типографско-издательской деятельности Петра Петровича Сойкина 1885–1910. СПб., 1910.
Для друзей. Александр Иванович Поповицкий. Два юбилея его литературной деятельности 1845–1885–1895. Издание сотрудников Церковно-Общественного Вестника и Русского Паломника. СПб., 1895.
Дневник Алексея Суворина. М., 1999.
Древности российского государства. Отделение 1–6. М., 1849–1853.
Жизнь в свете, дома и при дворе. Библиотека практических сведений. Т. 2. приложение к журналу «Вестник Моды». 1890. Репринтное воспроизведение издания. М., 1990.
Иллюстрированный каталог книгопродавца-издателя М.О. Вольфа 2000 изящных и полезных книг. СПб., 1882.
Каренин В. Владимир Стасов. Очерк его жизни и деятельности. Ч. 1–2. Л., 1927.
Коронационные торжества. Альбом священного коронования их Императорских Величеств Государя Императора Николая Александровича и Государыни Императрицы Александры Федоровны. Издание Газеты «Новости Дня» и журнал «Семья». М., 1896.
Коронационный альбом в память священного коронования их Императорских Величеств. 14 мая 1896 года. Издание С. Добродеева. СПб., 1896.
Коронационный сборник. Под ред. В.С. Кривенко. СПб., 1899.
Краткие сведения об учебном курсе школы при типографии газеты «Новое время». СПб., 1895.
Краткий обзор деятельности С.-Петербургского комитета грамотности, за 10 лет его существования. СПб., 1871.
Краткий обзор деятельности состоящего при Императорском вольном экономическом обществе Комитета грамотности за время от 1861 по 1894 год. СПб., 1895.
Краткий очерк издательской деятельности Алексея Сергеевича Суворина и развития принадлежащей ему типографии «Нового Времени», СПб., 1900.
Краткий очерк развития и деятельности типографии П.П. Сойкина за десять лет ее существования 1885–1895. СПб., 1895.
Кривенко В.С. В дороге и на месте. СПб., 1899.
Кривенко В.С. В Министерстве двора. Воспоминания. СПб., 2006.
Кривенко В.С. Женщины – врачи. СПб., 1889.
Кривенко В.С. На окраинах. 1902.
Кривенко В.С. Общие и военные школы. СПб., 1899.

Кривенко В.С. Очерки Кавказа. СПб., 1893.
Кривенко В.С. По дороге в Дагестан. СПб., 1895.
Кривенко В.С. Поездка на юг России в 1888 году. СПб., 1891.
Кривенко В.С. Учебное дело. СПб., 1901.
Кривенко В.С. Юнкерские годы. СПб., 1898.
Ленин В.И. Полное собрание сочинений. М., 1965. Т. 55.
Либрович С.Ф. На книжном посту. Петроград и М., 1916.
Мережковский Д.С. О причинах упадка и о новых течениях современной русской литературы // Стихотворение: о причинах упадка и о новых течениях современной русской литературы. СПб., 1912. С. 209–305.
Образцы шрифтов и орнаментов типографии газеты «Новое время» А.С. Суворина и В.И. Лихачева. СПб., 1878.
Отчет Комитета общества распространения полезных книг на 1861. М., 1862.
Отчет по изданию «Русских ведомостей» за 1896 год. [М., 1897.]
Первое десятилетие русского общества книгопродавцев и издателей и журнала «Книжный вестник» 1883–1893 г. СПб., 1894.
Пургавин А.С. Программа для собрания сведений о том, что читает народ и как он относится к школе и книге. Изд. 2-е. М., 1891.
Путешествие его императорского высочества наследника цесаревича на Восток, от Гатчины до Бомбея. СПб., 1891.
Русов А.А. Книжная торговля на Воздвиженской ярмарке 1895 г. в Чернигове. Чернигов, 1897.
Русский календарь на 1876 г.
Русское Товарищество печати и издательского дела. Альбом коронации Императорских Величеств. М., [1896].
Самокиш Н.С. Война. 1904–1905. Из дневника художника. [СПб., 1908].
Сборник кратких сведений о правительственных учреждениях. По поручению Министерства императорского двора и уделов. Сост. В. Кривенко. СПб., 1888.
Стасов В.В. Собрание сочинений 1847–1886. В трех томах. СПб., 1894.
Суворин А.С. Россия превыше всего. Отв. ред. О.А. Платонов. М., 2012.
Суворин А.С. Русско-японская война и русская революция. Маленькие письма (1904–1908). М., 2005.
Сытин И. Д. Жизнь для книги. М., 1960〔イワン・スイチン（松下裕訳）『本のための生涯』図書出版社，1991 年〕.
Топоров А.Д. Систематический указатель литературного и художественного содержания журналы «Нива» за XXX лет (с 1870–1899 г.) СПб., 1902.
Штенберг А.Я. А.С. Суворин и евреи. Киев, 1897.

・史料集

Книга и читатель 1900–1917: Воспоминания и дневники современников. сост. А.И. Рейтблат. ред. М.М. Панфилов. М., 1999.
Музееведческая мысль в России XVIII–XX веков: сборник документов и материалов. М., 2010.
Во главе Императорской Академии художеств: граф И.И. Толстой и его корреспонденты, 1889–1898. Отв. ред. Р.Ш. Ганелин. М., 2009.

・公共図書館報告書
Годовой отчет по Карамзинской библиотеки. Симбирск, 1876–1895.
Двадцати-прятилетие Нижегородской городской библиотеки 1861–1886. Нижний Новгород, 1886.
Де-Рибас М.Ф. Краткий исторический обзор деятельности Одесской городской публичной библиотеки; Речь, читанная 15-го апреля 1880 года, по случаю исполнившегося 50 летия существования Библиотеки (1830–1880). Одесса, 1880.
Десятилетие Харьковской Общественной библиотеки (26 сентября 1886 г.–26 сентября 1896 г.) Харьков, 1898.
Краткий исторический обзор 25-летней деятельности Херсонской общественной библиотеки (1872–1897 г.) и отчет библиотеки за 1897 год. Херсон, 1898.
Одесская городская публичная библиотека, ее основание и успехи. Одесса, 1848.
Отчет дирекции Херсонской общественной библиотеки за 1895 год. Херсон, 1896.
Отчет Нижегородской городской библиотеки за время ее существования (1861–1882). Нижний Новгород, 1883.
Отчет о деятельности городской бесплатной читальни, учрежденной В.А. Морозовой в память И.С. Тургенева за 1887 год. М., 1889.
Отчет о состоянии Карамзинской библиотеки за 1869 году. Симбирск, 1870.
Отчет о состоянии Саратовской городской публичной библиотеки в 1890 году. Саратов, 1891.
Отчеты Харьковской общественной библиотеки за 1890–1900. Харьков, 1891–1901.
Попруженко М.Г. Одесская городская публичная библиотека 1830–1910 г. (Исторический очерк). Одесса, 1911.
Рудченка И. Десять лет Житомирской русской публичной библиотеки 1866–1876. Житомир, 1876.
Чупров А.И. Городская бесплатная читальня в Москве за 1886 год. М., 1887.
Яковлев В.А. К новоселью городской публичной библиотеки в Одессе (1829–1883). Одесса, 1883.

・法令集
Полное собрание законов Российской Империи. Собр. 2. 12 декабря 1825 г. – 28 февраля 1881 г.
Полное собрание законов Российской Империи. Собр. 3. 1 марта 1881 г. — 1913 г.

・統計
Материалы для статистики газетного и журнального дела в России за 1868 год. СПб., 1870.
Общий свод по Империи результатов разработки данных Первой Всеобщей переписи населения, произведенной 28 января 1897 года. Под ред. Н. А. Тройцкого. СПб., 1905. Т. II.
Статистический временник Российской империи. I. СПб., 1866.
Статистический временник Российской империи. II. Вып.1. СПб., 1871.
Центральный статистический комитет Министерства Внутренних Дел Статистика Российской Империи XL, Сборник сведений по России 1896. СПб., 1897.

[書誌学事典]

Книговедение: Энциклопедический словарь. М., 1982.
Лисовский Н.М. Библиография русской периодической печати 1703–1900 гг. 2 тт. Петроград, 1915.

Русская периодическая печать (1702–1894): Справочник. Под ред. А.Г. Дементьева, А.В. Западова, М.С. Черепахова. М., 1959.

［研究文献］

Абрамов К. И. Городские публичные библиотеки России: История становления (1830 – начало 1860-х гг.) М., 2001.

Абрамов К. И. Из истории развития библиотечного дела в России в 30-х – начала 60-х годов XIX века. Автореферат диссертации на соискание ученой степени кандидата педагогических наук. М., 1953.

Абрамов К. И. История библиотечного дела в СССР. М., 1980.

Абрамов К. И., Васильченко В.Е. История библиотечного дела в СССР (до 1917 года). М., 1959.

Адмиральский А., Белов С. Рыцарь книги: Очерки жизни и деятельности П.П. Сойкина. Л., 1970.

Алексеев В. В. Из истории русских календарей // Альманах библиофила. Вып. 16. М., 1984. С. 125–129.

Алексеев В. В. Мир русских календарей. М., 2002.

Ананьич Б. В., Ганелин Р.Ш. Сергей Юльевич Витте и его время. СПб., 1999.

Аникст М., Бабурина Н.,Черневич Е. Русский графический дизайн. 1880–1917. М., 1997.

Антюхин Г. В. Печатное слово России: История журналистики Черноземного центра страны XIX века. Воронеж, 1993.

Арсеньев К. К. Законодательство о печати. СПб., 1903.

Архангельская И. Д. Реклама в старые добрые времена (конец XIX – начало XX века). М., 2009.

Афанасьев М. Д. Место библиотеки в культурной жизни провинции (XIX в.) // Российская провинция XVIII – XX веков: реалии культурной жизни. кн. 2. Пенза, 1996. С. 3–8.

Балков И.В. Библиотечное дело в дореволюционной Чувашии // История библиотек. вып. 2. СПб., 1999.

Банк Б.В. Изучение читателей в России (XIX в.) М., 1969.

Баренбаум И.Е. Книжный Петербург. М., 1980.

Баренбаум И.Е. Книжный Петербург: три века истории: очерки издательского дела и книжной торговли. СПб., 2003.

Белов С.В. Издательская деятельность П.П. Сойкина. Автореферат диссертации на соискание ученой степени кандидата филологических наук. М., 1973.

Белов С.В. Издательство Г.Д. Гоппе // Книга: Исследование и материалы. Сб. 53, 1986. С. 52–69.

Белов С.В. Издательство «Брокгауз и Ефрон» // Книга: Исследования и материалы. 2005. Сб. 84. С. 182–218.

Блюм А.В. Издательская деятельность С.-Петербургского комитета грамотности (1861–1895) // Книга: Исследование и материалы. Сб. 38. 1979. С. 99–117.

Бутник-Сиверский В.С. Советский плакат эпохи гражданской войны: 1918–1921. М., 1960.

Ванеев А.Н. Развитие библиотековедческой мысли в России в начале XX века. СПб., 1999.

Васильев А. Русская мода: 150 лет в фотографиях. 4-е изд. М., 2008.

Великий подвижник русского книгоиздания П.П. Сойкин: издание Национальной библиотеки им. А.С. Пушкина Республики Мордавия. Саранск, 2002.

Видуэцкая И.П. А.П. Чехов и его издатель А.Ф. Маркс. М., 1977.

Вишиленкова Е. Визуальное народоведение империи, или «Увидеть русского дано не каждому». М., 2011.

Воронкевич А. С. Русские иллюстрированные еженедельники в XIX веке // Вестник Московского университета. Сер. 10 Журналистика. 1984. №1. С. 32–39.

Воронкевич А. С. Русский иллюстрированный еженедельник в 1895–1904 гг. Диссертация на соискание ученой степени кандидата филологических наук. М., 1986.

Газетная и журнальная иллюстрация: сборник материалов ГМИ СПб., Научная конференция «Иллюстрация в печати: от прошлого к будущему». СПб., 2014.

Ганенко П. Т. История Кишиневской публичной библиотеки (1830–1917 гг.) Кишинев, 1966.

Герасимова Ю. И. Отношение правительства к участию печати в обсуждении крестьянского вопроса в период революционной ситуации конца 50-х – начала 60-х годов XIXв. // Революционная ситуация в России в 1859–1861 гг. Под ред. М.В. Нечкины. М., 1974. С. 81–105.

Гильмиянова Р. А. История библиотек Башкортостана: XVIII век – 1917 год (По материалам Оренбургской и Уфимской губерний). Автореферат диссертации на соискание ученой степени кандидата исторических наук. Новосибирск, 2003.

Глинтерник Э. Реклама в России: XVIII – первой половины XX века. Опыт иллюстрированных очерков. СПб., 2007.

Голубцова И. А. Народные библиотеки дореволюционной России: история создания и развития. Автореферат диссертации на соискание ученой степени кандидата педагогических наук. СПб., 2000.

Гражданская идентичность и сфера гражданской деятельности в Российской империи: вторая половина XIX – начало XX века. Отв. редакторы Б. Пиетров-Эннкер и Г.Н. Ульянова. М., 2007.

Григорьев С. И. Придворная цензура и образ верховной власти 1831–1917. СПб., 2007.

Гриц Т., Тренин В., Никитин М. Словесность и коммерция: Книжная лавка Смирдина. М., 1929.

Гришина З. В., Пушков В.П. Библиотеки. Накопление и использование книжных богатств // Очерки русской культуры XIX века. Т. 3. М., 2001. С. 513–563.

Дерунов К. Н. Избранное: труды по библиотековедению и библиографии. М., 1972.

Динерштейн Е. А. «Фабрикант» читателей А.Ф. Маркс. М., 1986.

Динерштейн Е. А. А.С. Суворин: человек, сделавший карьеру. М., 1998.

Динерштейн Е. А. Российское книгоиздание (конец XVIII–XX в.) М., 2004.

Дмитриевский А. А. Императорское православное палестинское общество и его деятельность за истекшую четверть века: 1882–1907. М., 2008.

Есин Б.И. Русская дореволюционная газета, 1702–1917 гг.: краткий очерк. М., 1971〔ボリス・エーシン（阿部幸男，阿部玄治訳）『ロシア新聞史』未来社，1974 年〕.

Есин Б.И. Путешествие в прошлое (Газетный мир XIX века). М., 1983.

Жирков Г. В. Век официальной цензуры // Очерки русской культуры XIX века. Т. 2. М., 2000.

Жирков Г. В. История цензуры в России XIX–XX вв. М., 2001.

Заблотских Б. Книжная улица // Москва. 1983. №9. С. 158–162.

Зайончковский П. А. Кризис самодержавия на рубеже 1870–1880-х годов. М., 1964.

Зайончковский П. А. Отмена крепостного права в России. М., 1954.

Зайончковский П. А. Российское самодержавие в конце XIX столетия: политическая реакция 80-х – начала 90-х годов. М., 1970.

Западные окраины Российской империи. М., 2006.

Захарова О. Русский бал XVIII – начала XX века: танцы, костюмы, символика. М., 2010.

Зорин А.Л. Кормя двухглавного орла... Литература и государственная идеология в России в

последней трети XVIII – первой трети XIX века. М., 2001.
Зоркая Н. М. На рубеже столетий: у истоков массового искусства в России 1900–1910 годов. М., 1976.
Зоркая Н. М. Фольклор, лубок, экран. М., 1994.
Иванова Н. А., Желтова В.П. Сословно-классовая структура России в конце XIX– начале XX века. М., 2004.
Камскова Т. А. Народные библиотеки как явление культуры (на примере Оренбургской губернии второй половины XIX – начала XX вв.). Автореферат диссертации на соискание ученой степени кандидата педагогических наук. Самара, 2003.
Кельнер В.Е. Очерки по истории русско-еврейского книжного дела во второй половине XIX – начале XX в. СПб., 2003.
Ким Е. Х. Роль и значение журнала «Нива» в развитии русского общества на рубеже 1870-х гг. – начала XX века. Диссертация на соискание ученой степени кандидата исторических наук. М., 2004.
Кирсанова Р. М. Русский костюм и быт XVIII–XIX веков. М., 2002.
Книга в России, 1861–1881. в 3 тт. Под общей редакцией И.И. Фроловой. М., 1990.
Книга в России, 1881–1895. Под общей ред. И.И. Фроловой. СПб., 1997.
Книга в России, 1895–1917. Под общей ред. И.И. Фроловой. СПб., 2008.
Книжное дело в Молдаве в XVII – начала XX в. // Развитие книжного дела, библиотечно-библиографической деятельности в Молдаве. Кишинев, 1991.
Колоницкий Б. «Трагическая эротика»: образы императорской семьи в годы Первой мировой войны. М., 2010.
Копанев А.И. Волостные крестьянские библиотеки XVI–XVII вв. // Русские библиотеки и их читатель. Л., 1983. С. 59–70.
Креацца Д. К. «Вехи» и проблема русской интеллигенции: к истории термина «интеллигенция» в русской общественной мысли. М., 1993.
Культуры городов российской империи на рубеже XIX–XX веков. СПб., 2009.
Куфаев М. Н. История русской книги в XIX веке. Л., 1927.
Лапидус Н. Николай Самокиш. М., 2006.
Лебедев А. К., Солодовников А.В. Владимир Васильевич Стасов: жизнь и творчество. Л., 1982.
Лебедева В. Г. Судьбы массовой культуры в России: вторая половина XIX – первая треть XX века. СПб., 2007.
Легкий Д. М. Дмитрий Васильевич Стасов: судебная реформа 1864 г. и формирование присяжной адвокатуры в российской империи. СПб., 2011.
Лейкина-Свирская В.Р. Интеллигенция в России во второй половине XIX века. М., 1971.
Леликова Н. К. Становление и развитие книговедческой и библиографической наук в России в XIX – первой трети XX века. СПб., 2004.
Лемке М. Очерки по истории русской цензуры и журналистики XIX столетия. СПб., 1904.
Мадан И. К. История Молдавской книги. Кишинев, 1982.
Маркевич А. П. Гражданин, критик, демократ. Киев, 1968.
Матвеев М. Ю. Возникновение публичных (общественных) библиотек в губернских городах // XXIX научная конференция молодых специалистов: материалы. СПб., 1994.
Матвеев М. Ю. Земские народные библиотеки в дореволюционной России: становление и развитие // История библиотек. Вып. 3. СПб., 2000. С. 9–27.

Матвеев М. Ю. Общественные библиотеки России и их читатель: вторая половина XIX – начало XX в.: диссертация на соискание ученой степени кандидата педагогических наук. СПб., 1998.

Миронов Б. Н. Социальная история России периода империи (XVIII–начало XX в.): генезис личности, демократической семьи, гражданского общества и правового государства. 3-е изд. СПб., 2003.

Мохначева М. П. Читатели провинциальных публичных библиотек и репертуар их чтения в освещении газеты «Губернских ведомости» (источниковедческий анализ) // Культура российской провинции: век XX–XXI веку: материалы всероссийской научно-практической конференции 23–26 мая 2000 г. Калуга, 2000.

Нетужилов К. Е. Церковная периодическая печать в России XIX столетия. СПб., 2008.

Пикулев И. Николай Семенович Самокиш. 1860–1944. М., 1955.

Полищук Ф. М. История библиотечного дела в дореволюционном Иркутске (конец XVIII в. – февр. 1917 г.) Иркутск, 1983.

Полонский В. Русский революционный плакат // Печать и революция. №2. 1922. С. 58–61.

Предпринимательство и городская культура в России 1861/1914. Под редакцией У.К. Браумфилда, Б. А наньича, Ю. Петрова. М., 2002.

Рейтблат А. И. От Бовы к Бальмонту: очерки по истории чтения в России во второй половине XIX века. М., 1991.

Рейтблат А. И. От Бовы к Бальмонту и другие работы по исторической социологии русской литературы. М., 2009.

Розенберг Вл., Якушкин В. Русская печать и цензура в прошлом и настоящем. М., 1905.

Романовская М. История костюма и гендерные сюжеты моды. СПб., 2010.

Рощевская Л.П. Библиотеки Яренского уезда Вологодской губернии в XIX– начале XX в. // История библиотек. вып. 4. СПб., 2002. С. 9–29.

Рубакин Н. А. Что такое библиологическая психология. Л., 1924.

Рубакин Н. А. Избранное. В 2-тт. М., 1975.

Рукописи. Редкие издания. Архивы: из фонда Отдела редких книг и рукописей Научной библиотеки МГУ. М., 2004.

Русское географическое общество 150 лет. СПб.-М., 1995.

Салита Е. Г., Суворова Е.И. Стасов в Петербурге. Л., 1971.

Салита Е. Г. Стасовы в Петербурге – Петрограде. Л., 1982.

Сартор В. Международные фирмы в Российской империи, 1800–1917 гг. // Экономическая история: ежегодник. М., 2005. С. 108–151.

Северюхин Д. С. Старый художественный Петербург: рынок и самоорганизаций художников. СПб., 2008.

Семенов-Тян-Шанский В. Город и деревня в европейской России. СПб., 1910.

Сонина Е. С. Петербургская универсальная газета конца XIX века. СПб., 2004.

Станько А. И. Пресса южного региона России (XIX в.). Краснодар, 1998.

Тацуми Ю. Популярность иллюстрированных журналов среди читателей публичных и народных библиотек России в XIX в. // История библиотек. Вып. 6. 2006. С. 35–48.

Товарный знак в Европе и в России. СПб., 2002.

Торговая реклама и упаковка в России XIX–XX вв.: из фондов Государственного Исторического Музея. М., 1993.

Туманова А. С. Общественные организации и русская публика в начале XX века. М., 2008.

Ученова В. В. Реклама и массовая культура: служанке или госпожа? М., 2008.

Хавкина Л. Б. Библиотеки, их организация и техника: руководство по библиотековедению. СПб., 1911.

Цензура в России: история и современность: сборник научных трудов. Ред. В.Р. Фирсов и др. СПб., 2001.

Ценикова М.В. Первая публичная библиотека в Рязани // История библиотек. вып. 1. СПб., 1996.

Частное предпринимательство в дореволюционной России: этноконфессиональная структура и региональное развитие, XIX – начало XX в. Отв. ред. Б.В. Ананьич, Д. Дальманн, Ю. А. Петров. М., 2010.

Чернуха В. Г. Правительственная политика в отношении печати 60–70-е годы XIX века. Л., 1989.

Что читать народу?: критчческий указатель книг для народного и детского чтения. Сост. Х. Д. Алчевская, Е. Д. Гордеева, А. П. Грищенко и др. Т. 1–3. СПб., 1884–1906.

Шабанов А. Передвижники: между коммерческим товариществом и художественным движением. СПб., 2015.

Шепелев Л. Е. Чиновный мир России XVIII – начало XX в. СПб., 2001.

Шумихин В. Г. Для жизни настоящей и будущей: книжное дело вятского земства. Киров, 1996.

Ялышева В. В. Изучение читателей общественными библиотеками российской провинции (1880-е гг.–1911г.). Диссертация на соискание ученой степени кандидата педагогических наук. СПб., 2001.

Ambler, E., *Russian Journalism and Politics, 1861–1881: The Career of Aleksei S. Suvorin* (Detroit: Wayne State University Press, 1972).

Anderson, P., *The Printed Image and the Transformation of Popular Culture* (Oxford: Clarendon Press, 1991).

Balzer, H. D. (ed.), *Russia's Missing Middle Class: The Professions in Russian History* (Armonk, N.Y.: M.E. Sharpe, 1996).

Bennigsen, A. et Lemercier-Quelquejay, C., *La presse et le movement national chez les musulmans de Russie avant 1920* (Paris: Mouton, 1964).

Besançon, A., *Le tsarévitch immolé: la symbolique de la loi dans la culture russe* (Paris: Plon, 1967).

Bradley, J., *Voluntary Associations in Tsarist Russia: science, Patriotism, and Civil Society* (Cambridge, London: Harvard University Press, 2009).

Bradley, J., "Pictures at an exhibition: science, patriotism, and civil society in Imperial Russia," *Slavic Review* 67, No. 4 (Winter 2008), pp. 934–966.

Bradley, J., "Subjects into citizens: societies, civil society, and autocracy in Tsarist Russia," *American Historical Review* 107 (2002), pp. 1094–1123.

Brooks, J., "Liberalism, Literature, and the Idea of Culture – Russia 1905–1914," Ph.D. dissertation, Stanford University, 1972.

Brooks, J., *When Russia Learned to Read: Literacy and Popular Literature, 1861–1917* (Princeton, N.J.: Princeton University Press, 1985).

Brooks, J., "The Russian nation imagined: the people of Russia as seen in popular imagery, 1860s–1890s," *Journal of Social History* 43–3 (Spring 2010), pp. 535–557.

Brooks, J., "Chekhov, Tolstoy and the illustrated press in the 1890s," *Cultural and Social History,* Vol. 7, Issue 2 (2010), pp. 213–232.

Brower, D. R., *The Russian City between Tradition and Modernity, 1850–1900* (Berkeley: University of California Press, 1990).

Bruce Lincoln, W., *In the Vanguard of Reform: Russia's Enlightened Bureaucrats, 1825–1861* (DeKalb, Illinois: Northern Illinois University Press, 1982).
Bruce Lincoln, W., *Nikolai Miliutin, an Enlightened Russian Bureaucrat* (Newtonville, Mass.: Oriental Research Partners, 1977).
Bruce Lincoln, W., *The Great Reforms: Autocracy, Bureaucracy, and the Politics of Change in Imperial Russia* (Dekalb, Illinois: Northern Illinois University Press, 1990).
Bruce Lincoln, W., "Russia's enlightened bureaucrats and problems of state reform, 1848–1856," *Cahiers du Monde russe et soviétique* XII: 4 (1971), pp. 410–421.
Bruce Lincoln, W., "The circle of the Grand Duchess Yelena Pavlovna, 1847–1861," *The Slavonic and East European Review* 48 (1970), pp. 373–387.
Bruce Lincoln, W., "The Genesis of an Enlightened Bureaucracy in Russia, 1825–1855," *Jahrbücher für Geschichte Osteuropas* 20 (1972), pp. 321–330.
Bruce Lincoln, W., "The Problem of *Glasnost'* in Mid-Nineteenth Century Russian Politics," *European Studies Review* 11 (1981).
Byford, A., *Literary Scholarship in Late Imperial Russia: Rituals of Academic Institutionalisation* (London: Legenda, 2007).
Carstensen, F. V., *American Enterprise in Foreign Markets: Studies of Singer and International Harvester in Imperial Russia* (Chapel Hill: University of North Carolina Press, 1984).
Carstensen, F. V., *American Multinational Corporations in Imperial Russia: Chapters on Foreign Enterprise and Russian Economic Development* (Ann Arbor, Mich.: University Microfilms International, 1976).
Cherniavsky, M., *Tsar and People: Studies in Russian Myths* (New Haven and London: Yale University Press, 1961).
Choldin, M. T., *A Fence around the Empire: Russian Censorship of Western Ideas under the Tsars* (Durham: Duke University Press, 1985).
Clowes, E. W.; Kassow, S.D.; West, J.L. (eds.), *Between Tsar and People: Educated Society and the Quest for Public Identity in Late Imperial Russia* (Princeton, N.J.: Princeton University Press, 1991).
Clowes, E. W., "Russia: literature and society," in M.A.R. Habib (ed.) *The Cambridge History of Literary Criticism,* vol. 6 (Cambridge: Cambridge University Press, 2013), pp. 205–228.
Cunningham, J. W., *A Vanquished Hope: The Movement for Church Renewal in Russia, 1905–1906* (Crestwood, New York: St Vladimirs Seminary Press, 1981).
Dianina, K., *When Art Makes News: Writing Culture and Identity in Imperial Russia* (Dekalb, Illinois: Northern Illinois University Press, 2013).
Dimond, F.; Taylor, R., *Crown and Camera: The Royal Family and Photography 1842–1910* (Harmondsworth, Middlesex: Penguin, 1987).
Eagleton, T., *The Function of Criticism: from the Spectator to Post-Structuralism* (London: Verso, 1984).
Easley, R., *The Emancipation of the Serfs in Russia: Peace Arbitrators and the Development of Civil Society* (London and N.Y.: Routledge, 2009).
Ellegård, Al., *Darwin and the General Reader: The Reception of Darwin's Theory of Evolution in the British Periodical Press, 1859–1872* (Chicago: University of Chicago Press, 1990).
Elliott, D. (ed.), *Photography in Russia, 1840–1940* (London: Thames & Hudson, 1992).
Ely, C., *This Meager Nature: Landscape and National Identity in Imperial Russia* (DeKalb, Illinois:

Northern Illinois University Press, 2002).
Ely, C., "The origins of Russian scenery: Volga river tourism and Russian landscape aesthetics," *Slavic Review* 62–4 (Winter 2003), pp. 666–682.
Ferenczi, C., "Freedom of the press under the Old Regime, 1905–1914," in Olga Crisp and Linda Edmondson (eds.), *Civil Rights in Imperial Russia* (Oxford: Clarendon Press, 1989), pp. 191–214.
Field, D., *Rebels in the Name of the Tsar* (Boston: Houghton Miffin Company, 1976).
Figes, O.; Kolonitsikii, B., *Interpreting the Russian Revolution: The Language and Symbols of 1917* (New Haven and London: Yale University Press, 1999).
Figes, O., *Natasha's Dance: A Cultural History of Russia* (London: Penguin, 2003).
Fitzpatrick, S., *The Commissariat of Enlightenment: Soviet Organization of Education and the Arts under Lunacharsky, October 1917–1921* (Cambridge: Cambridge University Press, 1970).
Foote, I. P., "Firing a censor: the case of N. V. Elagin, 1857," *Oxford Slavonic Papers (new series)* 19, 1986.
Frank, S. P.; Steinerg, M.D. (eds.), *Culture in Flux: Lower-Class Values, Practices, and Resistance in Late Imperial Russia* (Princeton, N. J.: Princeton University Press), 1994.
Freeze, G. L., *Parish Clergy in 19th Century Russia* (Princeton: Princeton University Press, 1983).
Freeze, G. L., "The *Soslovie* (estate) paradigm and Russian social history," *American Historical Review* 91, 1986, pp. 11–36.
von Geldern, J.; Stites, R., *Mass Culture in Soviet Russia* (Bloomington: Indiana University Press, 1995).
von Geldern, J.; McReynolds, L. (eds.), *Entertaining Tsarist Russia: Tales, Songs, Plays, Movies, Jokes, Ads, and Images from Russian urban life, 1779–1917* (Bloomington: Indiana University Press, 1998).
Gilbert, G., *The Radical Right in Late Imperial Russia: Dreams of a True Fatherland?* (London and NY: Routledge, 2016).
Guroff, G.; Starr, S. F., "A note on urban literacy in Russia, 1890–1914," *Jahrbücher für Geschichte Osteuropas* 19 (1971), pp. 520–531.
Haimson, L., "The problem of social stability in urban Russia on the eve of war and revolution revisited," *Slavic Review* 59–4 (winter 2000), pp. 848–875.
Hall, S., "Encoding/decoding," in Centre for Contemporary Cultural Studies (ed.), *Culture, Media, Language: Working Papers in Cultural Studies, 1972–79* (London: Hutchinson, 1980 [1973]), pp. 128–138.
Hedda, J., *His Kingdom Come: Orthodox Pastorship and Social Activism in Revolutionary Russia* (DeKalb, Illinois: Northern Illinois University Press, 2008).
Heretz, L., *Russia on the Eve of Modernity: Popular Religion and Traditional Culture under the Last Tsars* (Cambridge: Cambridge University Press, 2008).
Hilton, M. L., *Selling to the Masses: Retailing in Russia, 1880–1930* (Pittsburgh: University of Pittsburgh Press, 2012).
Hocart, A. M., *Kingship* (London: Oxford University Press, 1927).
Hohendahl, P. U., *The Institution of Criticism* (Ithaca: Cornell University Press, 1982).
Holmgren, B., *Rewriting Capitalism: Literature and the Market in Late Tsarist Russia and the Kingdom of Poland* (Pittsburg: University of Pittsburg Press, 1998).
Jahn, H. F., *Patriotic Culture in Russia during World War I* (Ithaca and London: Cornell University Press, 1995).

Kaiser, R. J., *The Geography of Nationalism in Russia and the USSR* (Princeton, N.J.: Princeton University Press, 1994).

Kelly, C., *Refining Russia: Advice Literature, Polite Culture, and Gender from Catherine to Yeltsin* (Oxford: Oxford University Press, 2001).

Kenez, P., *The Birth of the Propaganda State: Soviet Method of Mass Mobilization, 1917–1929* (Cambridge: Cambridge University Press, 1985).

Kivelson V. A.; Neuberger, J. (eds.), *Picturing Russia: Explorations in Visual Culture* (New Haven and London: Yale University Press, 2008).

Koenker, D. P., "Travel to work, travel to play: on Russian tourism, travel, and leisure," *Slavic Review* 62–4 (Winter 2003), pp. 657–665.

Linkman, A., *The Victorians Photographic Portraits* (London and N.Y.: Tauris Parke Books, 1993).

Lohr, E., *Russian Citizenship: From Empire to Soviet Union* (Cambridge, MA and London: Harvard University Press, 2012).

Lohr, E. et al. (eds.), *The Empire and Nationalism at War* (Bloomington, IN: 2014).

Lovell, S., *Summerfolk: A History of the Dacha, 1710–2000* (Ithaca and London: Cornell University Press, 2003).

Manchester, L., *Holy Fathers, Secular Sons: Clergy, Intelligentsia, and the Modern Self in Revolutionary Russia* (DeKalb, Illinois: Northern Illinois University Press, 2008).

Martin, M., *Images at War: Illustrated Periodicals and Constructed Nations* (Toronto, Buffalo, London: University of Toronto Press, 2006).

Martinsen, D. A. (ed.), *Literary Journals in Imperial Russia* (New York: Cambridge University Press, 1997).

McDermid, J.; Hillyar, A., *Women and Work in Russia 1880–1930: A Study in Continuity through Change* (London and New York: Longman, 1998).

McKendry, V., "The *Illustrated London News* and the invention of tradition," *Victorian Periodical Review* 27–1 (Spring 1994), pp. 1–24.

McReynolds, L., *Russia at Play: Leisure Activities at the End of the Tsarist Era* (Ithaca: Cornell University Press, 2002)〔ルイーズ・マクレイノルズ（高橋一彦，田中良英，巽由樹子，青島陽子訳）『〈遊ぶ〉ロシア――帝政末期の余暇と商業文化』法政大学出版局，2014 年〕.

McReynolds, L., *The News under Russia's Old Regime: The Development of a Mass-circulation Press* (Princeton, N. J.: Princeton University Press, 1991).

McReynolds, L.; Neuberger, J. (eds.), *Imitations of Life: Two Centuries of Melodrama in Russia* (Durham, N.C.: Duke University Press, 2002).

Miller, A.; Rieber, A. J. (eds.), *Imperial Rule* (Budapest and New York: Central European University Press, 2004).

Morson, G. S. (ed.), *Literature and History: Theoretical Problems and Russian Case Studies* (Stanford, California: Stanford University Press, 1986).

Norris, S. M., *A War of Images: Russian Popular Prints, Wartime Culture, and National Identity, 1812–1945* (DeKalb, Illinois: Northern Illinois University Press, 2006).

Owen, T. C., *Capitalism and Politics in Russia: A Social History of the Moscow Merchants, 1855–1905* (New York: Cambridge University Press, 1981)〔トーマス・オーウェン（野口建彦・栖原学訳）『未完のブルジョワジー――帝政ロシア社会におけるモスクワ商人の軌跡，1855～1905 年』文眞堂，1988 年〕.

Plunkett, J., *Queen Victoria: First Media Monarch* (New York: Oxford University Press, 2005).

Plunkett, J., "Civic publicness: the creation of Queen Victoria's royal role 1837–61," in *Encounters in the Victorian Press: Editors, Authors, Readers,* edited by L. Brake and J. F. Codell (New York: Palgrave Macmillan, 2005), pp. 11–28.

Pravilova, E, "From the zloty to the ruble: the kingdom of Poland in the monetary politics of the Russian empire," in Jane Burbank, Mark von Hagen, and Anatolyi Remnov (eds.), *Russian Empire: Space, People, Power, 1700–1930* (Bloomington and Indianapolis: Indiana University Press, 2007), pp. 295–319.

Raeff, M., *Origins of the Russian Intelligentsia: the Eighteenth-Century Nobility* (New York: Harcourt, Brace & World, 1966).

Raeff, M., *Plans for Political Reform in Imperial Russia, 1730–1905* (New Jersey: Prentice-Hall, 1966).

Raeff, M., *Understanding Imperial Russia: State and Society in the Old Regime* (New York: Columbia University Press, 1984)〔マルク・ラエフ（石井規衛訳）『ロシア史を読む』名古屋大学出版会，2001 年〕.

Rawson, D. C., *Russian Rightists and the Revolution of 1905* (Cambridge.: Cambridge University Press, 1995).

Remnek, M. (ed.), *The Space of Book: Print Culture in the Russian Social Imagination* (Toronto, Buffalo, London: University of Toronto Press, 2011).

Riasanovsky, N.V., *A Parting of Ways: Government and the Educated Public in Russia 1801–1855* (Oxford: Clarendon Press, 1976).

Rieber, A. J., *Merchants and Entrepreneurs in Imperial Russia* (Chapel Hill, NC: University of North Carolina Press, 1982).

Riley, S. G. (ed.), *Consumer Magazine of the British Isles* (Westport, Conneticut, London: Greenwood Press, 1993).

Rogers, J. A., "Darwinism, scientism, and nihilism," *Russian Review,* vol. 19, no. 1 (1960), pp. 10–23.

Roosevelt, P., *Life on the Russian Country Estate: A Social and Cultural History* (New Haven: Yale University Press, 1995).

Ruane, C., *The Empire's New Clothes: A History of the Russian Fashion Industry, 1700–1917* (New Haven: Yale University Press, 2009).

Ruane, C., "Clothes make the comrade: a history of the Russian fashion industry," *Russian History* 23: 1–4 (1996), pp. 311–343.

Ruane, C., "Clothes shopping in Imperial Russia: the development of a consumer culture," *Journal of Social History* 28–4 (1995), pp. 765–782.

Ruud, C. A., *Fighting Words: Imperial Censorship and the Russian Press, 1804–1906* (Toronto, Buffalo: University of Toronto Press, 1982).

Ruud, C. A., "Censorship and the peasant question: the contingencies of reform under Alexander II (1855–1859)," *California Slavic Studies* 5, 1970, pp. 137–167.

Salmond, W. R., *Arts and Crafts in Late Imperial Russia: Reviving the Kustar Art Industries, 1870–1917* (Cambridge: Cambridge University Press, 1996).

Sinnema, P.W., *Dynamics of the Pictured Page: Representing the Nation in the Illustrated London News* (Aldershot: Ashgate, 1998).

Stavrou, T. G. (ed.), *Art and Culture in Nineteenth-century Russia* (Bloomington: Indiana University Press, 1983).

Steinberg, M. D., *Moral Community: The Culture of Class Relations in the Russian Printing Industry*

1867–1907 (Berkley, L.A.: Oxford: University of California Press, 1992).
Stites, R., *Russian Popular Culture: Entertainment and Society since 1900* (Cambridge and New York: Cambridge University Press, 1992).
Stockdale, M. K., *Paul Miliukov and the Quest for a Liberal Russia, 1880–1918* (Ithaca and London: Cornel University Press, 1996).
Stockdale, M. K., *Mobilizing the Russian Nation: Patriotism and Citizenship in the First World War* (Cambridge: Cambridge University Press, 2016).
Stuart, M., "'The ennobling illusion': the public library movement in late Imperial Russia," *The Slavonic and East European Review* 76–3 (1998), pp. 401–440.
Taruskin, R., *Musorgsky: Eight Essays and an Epilogue* (Princeton, N.J.: Princeton University Press, 1993).
Tatsumi, Y., "Russian illustrated journals in the late nineteenth century: the dual image of Readers," *Acta Slavica Iaponica,* vol. 26 (2009), pp. 159–176.
Tatsumi, Y., "Russian critics and *Obshchestvennost'*, 1840–1890: the case of Vladimir Stasov," in Matsui Yasuhiro (ed.), *Obshchestvennost' and Civic Agency in Late Imperial and Soviet Russia: Interface between State and Society* (London: Palgrave Macmillan, 2015), pp. 16–33.
Terras, V., *Belinskij and Russian Literary Criticism: The Heritage of Organic Aesthetic* (Madison: University of Wisconsin Press, 1974).
Tolz, V., *Russia* (London: Arnold, 2001).
Tuminez, A. S., *Russian Nationalism since 1856: Ideology and the Making of Foreign Policy* (Lanham, MD: Rowman & Littlefield, 2000).
Valkenier, E., *Ilya Repin and the World of Russian Art* (New York: Columbia University Press, 1990).
Vucinich, A., *Darwin in Russian Thought* (Berkeley, LA, London: University of California Press, 1988).
Vucinich, A., *Science in Russian Culture 1861–1917* (Stanford: Stanford University Press, 1976).
Vucinich, A., *Social Thought in Tsarist Russia: The Quest for a General Science of Society, 1861–1917* (Chicago and London: The University of Chicago Press, 1976).
Ware, R. J. A., "Russian journal and its public: *Otechestvennye zapiski,* 1868–1884," *Oxford Slavonic Papers* (*new series*), vol. 14, 1981, pp. 121–146.
West, S., *I Shop in Moscow: Advertising and the Creation of Consumer Culture in Late Tsarist Russia* (DeKalb, Illinois: Northern Illinois University Press, 2011).
White, S., *The Bolshevik Poster* (New Haven and London: Yale University Press, 1988).
Whittaker, C. H., *Visualizing Russia: Fedor Solntsev and Crafting a National Past* (Leiden and Boston: Brill, 2010).
Wirtschafter, E. K., *Social Identity in Imperial Russia* (DeKalb, Illinois: Northern Illinois University Press, 1997).
Wirtschafter, E. K., *Structures of Society: Imperial Russia's "People of Various Ranks"* (DeKalb, Illinois: Northern Illinois University Press, 1994).
Wortman, R. S., *Scenarios of Power: Myth and Ceremony in Russian Monarchy,* 2 v. (Princeton, N.J.: Princeton University Press, 1995–2000).
Yeo, R., *Defining Science: William Whewell, Natural Knowledge, and Public Debate in Early Victorian Britain* (Cambridge: Cambridge University Press, 1993).
青島陽子「帝政期ロシアの教育制度における身分制原理の弛緩——国民教育省管下の中等教育改革（1862–1864）」『史学雑誌』116–1，2007 年，66–89 頁．

青島陽子『19 世紀中葉「大改革」期ロシアにおける一般教育制度改革——教育専門職者の登場と教養層の拡大』東京大学博士論文，2010 年．

ダナ・アーノルド（鈴木杜幾子訳）『美術史』岩波書店，2006 年（原著 2004 年）．

アルジュン・アパデュライ（門田健一訳）『さまよえる近代——グローバル化の文化研究』平凡社，2004 年（原著 1996 年）．

ジョン・アーリ（武田篤志，松本行真，齋藤綾美，末良哲，高橋雅也訳）『場所を消費する』法政大学出版局，2003 年（原著 1995 年）．

ベネディクト・アンダーソン（白石隆，白石さや訳）『定本想像の共同体——ナショナリズムの起源と流行』書籍工房早山，2007 年．

池田嘉郎『革命ロシアの共和国とネイション』山川出版社，2007 年．

池田嘉郎「専制，総力戦と保養地事業——衛生・後送部門最高指揮官オリデンブルグスキー」『ロシア史研究』84，2009 年，47–63 頁．

池田嘉郎『ロシア革命——破局の 8 か月』岩波新書，2017 年．

ヴォルフガング・イーザー（轡田収訳）『行為としての読書——美的作用の理論』岩波書店，1982 年（原著 1976 年）．

石井規衛「「大改革」とツァリーズム」北原敦ほか編『ヨーロッパ近代史再考』ミネルヴァ書店，1983 年，93–99 頁．

石井規衛「ロシア近・現代史の一国制史的考察——強制団体体制・官僚制的名望家体制・党＝「国家」体制：論文集『ロシア専制の危機』（1984 年）によせて」『ロシア史研究』42，1986 年，65–96 頁．

石原千秋『読者はどこにいるのか——書物の中の私たち』河出書房新社，2009 年．

レイモンド・ウィリアムズ（山本和平ほか訳）『田舎と都会』晶文社，1985 年（原著 1973 年）．

ロザリンド・H・ウィリアムズ（吉田典子，田村真理訳）『夢の消費革命——パリ万博と大衆消費の興隆』工作舎，1996 年（原著 1982 年）．

デイヴィド・ヴィンセント（北本正章監訳）『マス・リテラシーの時代——近代ヨーロッパにおける読み書きの普及と教育』新曜社，2011 年（原著 2000 年）．

ジュディス・ウェクスラー（高山宏訳）『人間喜劇——19 世紀パリの観相術とカリカチュア』ありな書房，1987 年（原著 1982 年）．

マックス・ウェーバー（肥前栄一，鈴木健夫，小島修一，佐藤芳行訳）『ロシア革命論 II』名古屋大学出版会，1998 年（原著 1906 年）．

海野弘『ロシア・アヴァンギャルドのデザイン——アートは世界を変えうるか』新曜社，2000 年．

浦雅春「メディアの興亡——19 世紀ロシアの文芸ジャーナリズム」『文学』4（2），1993 年，91–100 頁．

浦雅春『チェーホフ』岩波新書，2004 年．

ノルベルト・エリアス（波田節夫，中埜芳之，吉田正勝訳）『宮廷社会』法政大学出版局，1981 年（原著 1975 年）．

大澤聡『批評メディア論——戦前期日本の論壇と文壇』岩波書店，2015 年．

大野斉子「1840 年代のロシアの木版画——『ゴーゴリの作品《死せる魂》からの 100 杓の絵』を中心に」『ロシア語ロシア文学研究』33，2001 年，79–88 頁．

大野斉子『メディアと文学——ゴーゴリが古典になるまで』群像社，2017 年．

大矢温「ゲルツェンの自由出版活動と「Bureau de la Presse」計画」『中央大学法学新報』100（3·4），1994 年，339–357 頁．

大矢温「Ф. И. チュッチェフと検閲改革——専制の擁護と言論の自由の問題によせて」『スラヴ

研究』41，1994 年，167–187 頁.
大矢温「ゲルツェンの自由印刷所活動と政府の検閲政策」『ロシア史研究』56，1995 年，19–27 頁.
小倉孝誠『19 世紀フランス夢と創造――挿し絵入新聞「イリュストラシオン」にたどる』人文書院，1995 年.
小倉孝誠『19 世紀フランス光と闇の空間――挿し絵入新聞「イリュストラシオン」にたどる』人文書院，1996 年.
小倉孝誠『19 世紀フランス愛・恐怖・群衆――挿し絵入新聞「イリュストラシオン」にたどる』人文書院，1997 年.
ホセ・オルテガ=イ=ガセット（桑名一博訳）「大衆の反逆」『オルテガ著作集 2』白水社，1969 年（原著 1930 年）.
貝澤哉「19 世紀後半から 20 世紀初頭のロシアにおける文学教育と文学の国民化――ギムナジアにおける文学教育カリキュラムをめぐって」『スラヴ研究』53，2006 年，61–91 頁.
貝澤哉「『厚い雑誌（トールストイ・ジュルナール）』の興亡――19 世紀の雑誌読者」『すばる』29（4），2007 年，259–263 頁.
貝澤哉「革命前ロシアの民衆読書教育と国民意識形成――1870 年代から 20 世紀初頭」『スラブ・ユーラシア学の構築』研究報告集 23，2008 年，1–18 頁.
梶雅範『メンデレーエフの周期律発見』北海道大学図書刊行会，1997 年.
北田暁大『広告の誕生――近代メディア文化の歴史社会学』岩波現代文庫，2008 年.
北山晴一『おしゃれと権力――19 世紀パリの原風景 1』三省堂，1985 年.
久野康彦『革命前のロシアの大衆小説――探偵小説，オカルト小説，女性小説』東京大学博士論文，2003 年，48–98 頁.
久野康彦「実証主義の彼岸――И. С. ツルゲーネフの中編『クララ・ミリッチ（死後）』における写真のテーマ」『スラヴ研究』54，2007 年，1–32 頁.
カテリーナ・クラーク，マイケル・ホルクイスト（川端香男里，鈴木晶訳）『ミハイル・バフチーンの世界』せりか書房，1990 年（原著 1984 年）.
栗生沢猛夫『ボリス・ゴドノフと偽のドミトリー――「動乱」時代のロシア』山川出版社，1997 年.
黒岩比佐子『編集者国木田独歩の時代』角川学芸出版，2007 年.
黒岩比佐子『古書の森逍遥――明治・大正・昭和の愛しき雑書たち』工作舎，2010 年.
桑野隆『20 世紀ロシア思想史――宗教・革命・言語』岩波書店，2017 年
ジョン・ケアリ（東郷秀光訳）『知識人と大衆――文人インテリゲンチャにおける高慢と偏見 1880–1939 年』大月書店，2000 年（原著 1992 年）.
ロバート・ジャスティン・ゴールドスティーン（城戸朋子，村山圭一郎訳）『政治的検閲――19 世紀ヨーロッパにおける』法政大学出版局，2003 年（原著 1989 年）.
エルンスト・H. ゴンブリッチ（下村耕史，後藤新治，浦上雅司訳）『芸術と進歩――進歩理念とその美術への影響』中央公論美術出版，1991 年（原著 1978 年）.
佐々木照央「『婦人労働奨励協会』小史（1863–65）」和田春樹編『ロシア史の新しい世界――書物と史料の読み方』山川出版社，1986 年，39–61 頁.
佐藤卓己『現代メディア史』岩波書店，1998 年.
佐藤卓己『「キング」の時代――国民大衆雑誌の公共性』岩波書店，2002 年.
ヴォルフガング・シヴェルブシュ（初見基訳）『知識人の黄昏』法政大学出版局，1990 年（原著 1983 年）.
下里俊行「聖なるロシアの「乞食」――「大改革」時代の慈善論争」坂内徳明，栗生沢猛夫，長

縄光男，安井亮平編『ロシア　聖とカオス――文化・歴史論叢』彩流社，1995年，287–314頁．

下里俊行「ロシアにおけるスペンサーの受容の初期状況」『ロシア思想史研究』2，2005年，37–53頁．

下里俊行『論戦するロシア知識人――1860年代の論壇状況とトカチョーフの思想形成』一橋大学博士論文，2005年．

下里俊行『19世紀後半のロシアの絵入り新聞にみる東アジア表象にかんする基礎的研究』科学研究費補助金（基盤研究C）研究成果報告書，2006年．

ロジェ・シャルチエ（福井憲彦訳）『読書の文化史――テクスト・書物・読解』新曜社，1992年．

ロジェ・シャルチエ（長谷川輝夫，宮下志朗訳）『読書と読者――アンシャン・レジーム期フランスにおける』みすず書房，1994年（原著1987年）．

ロジェ・シャルチエ（松浦義弘訳）『フランス革命の文化的起源』岩波書店，1999年（原著1990年）．

ロジェ・シャルティエ，グリエルモ・カヴァッロ編（田村毅ほか共訳）『読むことの歴史――ヨーロッパ読書史』大修館書店，2000年（原著1997年）．

クリストフ・シャルル（白鳥義彦訳）『「知識人」の誕生――1880–1900』藤原書店，2006年（原著1990年）．

鈴木健夫「近代ロシア鉄鋼業の先駆者ジョン・ヒューズ――南ウェイルズから南ロシアへ」鈴木健夫，南部宣行編『大英帝国の光と影』早稲田大学現代政治経済研究所，1992年，157–171頁．

鈴木健夫『近代ロシアと農村共同体――改革と伝統』創文社，2004年．

バーバラ・M. スタフォード（高山宏訳）『アートフル・サイエンス――啓蒙時代の娯楽と凋落する視覚教育』産業図書，1997年（原著1994年）．

バーバラ・M. スタフォード（高山宏訳）『実体への旅――1760年–1840年における美術，科学，自然と絵入り旅行記』産業図書，2008年（原著1984年）．

ハーバート・スペンサー（清水禮子訳）「知識の価値」『コント，スペンサー』中央公論社，1970年．

『世界史への問い6　民衆文化』岩波書店，1900年．

ミシェル・ド・セルトー（山田登世子訳）『日常的実践のポイエティーク』国文社，1987年（原著1980年）．

アレクセイ・ゾートフ（石黒寛，濱田靖子訳）『ロシア美術史』美術出版社，1976年（原著1971年）．

高田和夫「ロシア農民とリテラシイ」『九州大学法政研究』62，1995年，1–81頁．

高田和夫『近代ロシア社会史研究――「科学と文化」の時代における労働者』山川出版社，2004年．

高田和夫『近代ロシア農民文化史研究――人の移動と文化の変容』岩波書店，2007年．

高橋一彦『帝政ロシア司法制度史研究――司法改革とその時代』名古屋大学出版会，2001年．

高橋一彦「福祉のロシア――帝政末期の「ブラーゴトヴォリーチェリノスチ」」『神戸市外国語大学外国学研究所研究年報』44，2007年，1–96頁．

多木浩二『天皇の肖像』岩波新書，1988年．

多木浩二『眼の隠喩――視線の現象学』ちくま学芸文庫，2008年．

竹中浩「ロシア自由主義の形成過程――「大改革」時代における社会認識と制度論（一）〜（三）」『国家学会雑誌』99，1986年，333–393頁，646–711頁；100，1987年，123–193頁．

竹中浩「大改革期のロシア官僚制――アメリカ合衆国の研究における近年の動向」『阪大法学』42，1992 年，587–606 頁.
竹中浩『近代ロシアへの転換――大改革時代の自由主義思想』東京大学出版会，1999 年.
巽由樹子「「大改革」期ロシアにおける商業的定期刊行物と新興読者集団」『ロシア史研究』74，2004 年，111–126 頁.
巽由樹子「ロシア帝国の公共図書館――「大改革」後ロシア社会における読者層拡大の検証」『スラヴ研究』55，2008 年，249–272 頁.
巽由樹子「近代ロシア社会とツァーリ表象――絵入り雑誌「王室記事」の分析を中心に」『史学雑誌』118–9，2009 年，1–32 頁.
巽由樹子「近代サンクトペテルブルクの出版人たち――1860 年代と 1870 年代の比較を通して」『れにくさ』2，2010 年，193–206 頁.
巽由樹子「近代ロシア都市のメディアと科学――サンクトペテルブルクの事例から」『ロシア史研究』86，2010 年，14–30 頁.
巽由樹子「帝政期ロシアの定期刊行物と科学，宗教，革命――ソイキン出版社の事例から」中嶋毅編『新史料で読むロシア史』山川出版社，2013 年，53–71 頁.
巽由樹子「19 世紀後半サンクト・ペテルブルグにおけるポーランド人の出版活動――地理書『絵のように美しいロシア』の刊行をめぐって」橋本伸也編『ロシア帝国の民族知識人――大学・学知・ネットワーク』昭和堂，2014 年，197–220 頁.
巽由樹子「帝政末期ロシアの官僚と出版」池田嘉郎・草野佳矢子編『国制史は躍動する――ヨーロッパとロシアの対話』刀水書房，2015 年，188–208 頁.
巽由樹子「19 世紀後半ロシアの出版メディアとポピュラー・サイエンス――帝政末期の通史を再考する手がかりとして」『科学史研究』54（272），2015 年，68–75 頁.
ロバート・ダーントン（関根素子，二宮宏之訳）『革命前夜の地下出版』岩波書店，2000 年（原著 1982 年）.
ロバート・ダーントン（近藤朱蔵訳）『禁じられたベストセラー――革命前のフランス人は何を読んでいたか』新曜社，2005 年（原著 1995 年）.
ロバート・ダーントン（海保眞夫，鷲見洋一訳）『猫の大虐殺』岩波現代文庫，2007 年（原著 1984 年）.
土屋好古「労働者の世界――19 世紀末―20 世紀初頭のペテルブルクにおけるその考察」『ロシア史研究』40，1984 年，2–20 頁.
土屋好古「「血の日曜日」とペテルブルクの労働者」『史叢』51，1993 年，1–14 頁.
土屋好古「日露戦争関連記事索引作成のための覚書――『ニーヴァ』（1）（2）」『史叢』71・72，2005 年，141–180 頁；75，2006 年，55–86 頁.
土肥恒之『ロシア・ロマノフ王朝の大地』講談社，2007 年.
鳥山祐介「19 世紀前半のロシア文学とピクチャレスク概念」『19 世紀ロシア文学という現在』北海道大学スラブ研究センター，2005 年，53–65 頁.
鳥山祐介「エカテリーナ二世の『壮麗なる騎馬競技』とペトロフの頌詩――近代ロシア国家像の視覚化に向けた 1766 年の二つの試み」『スラヴ研究』54，2007 年，33–63 頁.
アンリ・トロワイヤ（村上香住子訳）『チェーホフ伝』中央公論社，1987 年（原著 1984 年）.
中嶋毅『テクノクラートと革命権力――ソヴィエト技術政策史 1917–1929』岩波書店，1999 年.
長縄宣博『イスラームのロシア――帝国・宗教・公共圏 1905–1917』名古屋大学出版会，2017 年.
永嶺重敏『「読書国民」の誕生――明治 30 年代の活字メディアと読書文化』日本エディタースクール出版部，2004 年.

永嶺重敏『モダン都市の読書空間』日本エディタースクール出版部，2001年.
永嶺重敏『雑誌と読者の近代』日本エディタースクール出版部，1997年.
中村喜和『聖なるロシアを求めて——旧教徒のユートピア伝説』平凡社，1990年.
中村喜和編『イワンのくらしいまむかし——ロシア民衆の世界』成文社，1994年.
中村喜和『武器を焼け——ロシアの平和主義者たちの軌跡』山川出版社，2002年.
沼野充義『チェーホフ——七分の絶望と三分の希望』講談社，2016年.
根村亮「『道標』について」『スラヴ研究』39，1992年，181–209頁.
根村亮「最近の欧米のロシア文化史研究とニューヒストリシズム」ロシア史研究会共通論題報告，1997年（未公刊）.
根村亮「フィリッポフについて——ロシアにおけるダーウィニズムの一つの受容」『ロシア思想史研究』1，2004年，123–130頁.
根村亮「ロシア第一革命と右翼」『ロシア史研究』78，2006年，23–32頁.
乗松亨平『リアリズムの条件——ロシア近代文学の成立と植民地表象』水声社，2009年.
ピーター・バーク（長谷川貴彦訳）『文化史とは何か』法政大学出版局，2008年（原著2004年）.
橋本伸也，藤井泰，渡辺和行，進藤修一，安原義仁『エリート教育』ミネルヴァ書房，2001年.
橋本伸也『帝国・身分・学校——帝制期ロシアにおける教育の社会文化史』名古屋大学出版会，2010年.
ジョン・バージャー（伊藤俊治訳）『イメージ——視覚とメディア』Parco出版，1986年（原著1972年）.
ジョン・バージャー（飯沢耕太郎監修，笠原美智子訳）『見るということ』ちくま学芸文庫，2005年（原著1980年）.
ピエール・パスカル（川崎浹訳）『ロシア・ルネサンス　1900–1922』みすず書房，1980年（原著1971年）.
リン・バーバー（高山宏訳）『博物学の黄金時代』国書刊行会，1995年（原著1980年）.
ユルゲン・ハーバーマス（細谷貞雄，山田正行訳）『公共性の構造転換——市民社会の一カテゴリーについての探究』第二版，未来社，1994年（原著新版1990年）.
原卓也編『チェーホフ研究』中央公論社，1960年.
リン・ハント（松浦義弘訳）『フランス革命の政治文化』平凡社，1989年（原著1984年）.
リン・ハント編（筒井清忠訳）『文化の新しい歴史学』岩波書店，2000年（原著1989年）.
坂内徳明「ソビエトにおけるナロードノエ・グリャーニエ（民衆遊歩）研究の現段階と今後の方向」『一橋論叢』89–5，1983年，85–98頁.
坂内徳明『ルボーク——ロシアの民衆版画』東洋書店，2006年.
番場俊『ドストエフスキーと小説の問い』水声社，2012年.
ロナルド・ヒングリー（川端香男里訳）『19世紀ロシアの作家と社会』平凡社，1971年.
ジョン・フィスク（山本雄二訳）『抵抗の快楽——ポピュラーカルチャーの記号論』世界思想社，1998年（原著1989年）.
スタンリー・フィッシュ（小林昌夫訳）『このクラスにテクストはありますか——解釈共同体の権威3』みすず書房，1992年（原著1980年）.
ジョアン・フィンケルシュタイン（成実弘至訳）『ファッションの文化社会学』せりか書房，2007年（原著1996年）.
深沢克己編『ユーラシア諸宗教の関係史論——他者の受容，他者の排除』勉誠出版，2010年.
藤沼貴『トルストイ』第三文明社，2009年.
フランソワ・フュレ（大津真作訳）『フランス革命を考える』岩波書店，1989年（原著1978年）.
ピエール・ブルデュー『ディスタンクシオン——社会的判断力批判（1・2）』藤原書店，1990

年.
フィリップ・ペロー (大矢タカヤス訳)『衣服のアルケオロジー――服装からみた19世紀フランス社会の差異構造』文化出版局，1985年 (原著1981年).
ヴァルター・ベンヤミン (今村仁司他訳)『パサージュ論』全5巻，1993–1995年，岩波書店.
ヴァルター・ベンヤミン (佐々木基一編集・解説)『複製技術時代の芸術』晶文社，1993年 (原著1935年).
ジョン・E・ボウルト編著 (川端香男里，望月哲男，西中村浩訳)『ロシア・アヴァンギャルド芸術――理論と批評 1902–34年』岩波書店，1988年 (原著1976年).
ジャン・ボードリヤール (今井仁司，塚原史訳)『消費社会の神話と構造』紀伊國屋書店，1979年 (原著1970年).
シュテファン＝ルートヴィヒ・ホフマン (山本秀行訳)『市民結社と民主主義1750–1914』岩波書店，2009年 (原著2006年).
前田愛『近代読者の成立』岩波書店，2001年 (初出1973年).
フランシス・マース (森田稔，梅津紀雄，中田朱美訳)『ロシア音楽史――『カマーリンスカヤ』から『バービイ・ヤール』まで』春秋社，2006年 (原著1996年).
増田冨壽『ロシヤ史研究50年』早稲田大学出版部，1991年.
松里公孝「ゼムストヴォの最後――ロシアにおける市民的民主主義の可能性」『講座スラブの世界3 スラブの歴史』弘文堂，1995年，243–269頁.
松里公孝「総力戦社会再訪――第一次世界大戦とロシア帝政の崩壊」『ロシア革命とソ連の世紀1』岩波書店，2017年，87–112頁.
宮下志朗『読書の首都パリ』みすず書房，1998年.
宮下志朗『本を読むデモクラシー――“読者大衆”の出現』刀水書房，2008年.
リン・L・メリル (大橋洋一，照屋由佳，原田祐貨訳)『博物学のロマンス』国文社，2004年 (原著1989年).
森宜人『ドイツ近代都市社会経済史』日本経済評論社，2009年.
ハンス・ヤウス (轡田収訳)『挑発としての文学史』岩波書店，1999年 (原著1970年).
吉見俊哉『メディア時代の文化社会学』新曜社，1994年.
吉見俊哉『カルチュラル・ターン，文化の政治学へ』人文書院，2003年.
T・H・フォン・ラウエ (菅原崇光訳)『セルゲイ・ウィッテとロシアの工業化』勁草書房，1977年 (原著1963年).
フリッツ・K・リンガー (西村稔訳)『読書人の没落――世紀末から第三帝国までのドイツ知識人』名古屋大学出版会，1991年 (原著1969年).
フリッツ・K・リンガー (筒井清忠ほか訳)『知の歴史社会学――フランスとドイツにおける教養1890–1920』名古屋大学出版会，1996年 (原著1992年).
ユーリー・ミハイロヴィチ・ロートマン (桑野隆，望月哲男，渡辺雅司訳)『ロシア貴族』筑摩書房，1997年 (原著1994年).
若桑みどり『皇后の肖像――昭憲皇太后の表象と女性の国民化』筑摩書房，2001年.
和田春樹「近代ロシア社会の発展構造――1890年代のロシア (一) (二)」『社會科學研究』17 (2)，1965年，120–195頁；17 (3)，1965年，111–206頁.
和田春樹「近代ロシア社会の法的構造」『基本的人権の研究3』東京大学社会科学研究所，1968年，253–255頁.
和田春樹『農民革命の世界――エセーニンとマフノ』東京大学出版会，1978年.
和田春樹『テロルと改革――アレクサンドル二世暗殺前後』山川出版社，2005年.
和田春樹『ロシア革命――ペトログラード1917年2月』作品社，2018年.